国家社科基金研究项目成果（项目编号：10BYY098）

江 苏 高 校 优 势 学 科 建 设 工 程 项 目 成 果

U0731468

俄汉语流重音声学实验对比及应用研究

◎ 徐来娣 著

南京大学出版社

序

徐来娣是我的硕士研究生，现为南京大学俄语语言文学专业的语言与文化方向学术带头人、硕士生导师、教授。2010—2014年间，她主持完成了国家社会科学基金项目"俄汉语流重音声学实验对比及应用研究"，本书即为该项目的最终成果。作为她曾经的导师，看到她继专著《汉俄语言接触研究》之后，又有一部力作问世，我深感欣慰。

遥想20世纪90年代，我曾主持过中华社科基金研究项目"汉俄语音对比实验研究"，项目成果也曾以同名专著形式得以出版。尽管项目验收专家一致认为，《汉俄语音对比实验研究》具有很高的理论意义和实践价值，填补了当时我国对比语言学研究领域中的一个空白点，但我认为，该成果对于俄汉对比语音学领域的研究来说还仅仅只是开始，远未穷尽所有的课题，例如俄汉语流重音之间的实验对比等。长期以来，俄汉语流重音实验对比研究可以说是国内外俄汉对比语音学研究领域中的一大难题和一个空白点。

徐来娣的课题"俄汉语流重音声学实验对比及应用研究"，正是我当年的课题"汉俄语音对比实验研究"的延续和深化。她的课题研究成果不仅使我们认识到俄汉两种语言在重音方面的本质性差异，而且还使我们进一步认识到非声调语言与声调语言在重音方面的本质性差异。该课题的研究成果对于俄汉对比语音学乃至普通语音学研究具有重要的理论意义，对于语言类型学的理论研究也有一定的参考价值。此外，她的课题研究成果还具有重大的实践意义，对于中国俄语重音教学具有重要的指导意义。我认为，徐来娣的课题研究成果，填补了国内外俄汉对比语音学研究领域中的又一个空白点，有着重要的创新意义。

其创新点主要表现如下：

第一，现有的相关研究成果大多较为零散，迄今国内外尚未有学者进行关于俄汉语流重音的系统对比研究，因此，该成果的选题具有重要的创新意义；

第二，在我国俄语界，尽管已有一部分学者涉猎零星的俄汉语流重音对比研究，但是，绝大多数学者仍然局限于传统的口耳之学，很少有人采用声学实验的研究方法，因此，该成果的研究方法具有重要的创新意义；

第三，该成果就俄汉语流重音对比这一课题，提出了一系列具有独创性质的新观点、新理论、新概念。其中，"语流重音"、"语流重音层级体系"、"语流重音变体"、"重音位"、俄语"非重读音节链"、汉语"重读音节链"、俄语"相对平稳调音节链"、汉语"波浪起伏调"等系列新概念的推出，尤其是语流重音层级体系理论构想的推出，对于俄语和汉语重音研究、俄汉重音对比研究以及普通语音学意义上的重音研究，具有重要的理论创新意义。

总之，徐来娣的《俄汉语流重音声学实验对比及应用研究》一书，选题新颖，思路明晰，语料翔实，行文流畅，实验方案设计合理，实验结果分析细致，论证严密，结论可信，既有理论创新，又有实践价值，是我国俄汉对比语音学研究领域中的一部佳作。

当然，俄汉对比语音学研究任重而道远，在我们面前依然有着各种难题和空白点，需要我们继续努力。衷心祝愿徐来娣今后能在俄汉对比语音学领域中继续努力探索，取得更多的成绩。

诸葛苹

2015 年 10 月于南京大学

前　言

　　俄汉语流重音对比在国外俄语语音学研究领域基本可以说是一个空白点。迄今为止,笔者尚未发现有关俄汉语流重音对比的外文论著。在国内俄语语音学界,尽管已有部分学者涉足俄汉语流重音对比这一课题,但是现有研究成果大多较为零散,笔者尚未见到有关俄汉语流重音对比的系统研究成果,迄今只发现几篇相关论文。而以声学实验结果为基础的俄汉语流重音对比及应用研究,则更是鲜有问津。

　　俄汉语流重音对比研究,是俄汉对比语音学中一个重要的、不可分割的组成部分。俄语是典型的非声调语言,汉语是典型的声调语言,俄汉语流重音对比研究具有重要的理论意义,研究成果不仅可以让我们认识到俄汉两种语言在重音方面的本质性差异,而且还可以让我们进一步认识到非声调语言与声调语言在重音方面的本质性差异,研究成果对于俄语语音学、汉语语音学、俄汉对比语音学乃至普通语音学研究具有重要的理论意义,对于语言类型学的理论研究也有一定的参考价值。

　　在俄语教学实践中,我们经常会发现,有许多中国学生由于受到母语汉语负迁移因素的干扰,在俄语语流重音习得中往往会出现这样或那样的偏误,从而使得他们的俄语带有极其明显的“汉腔汉调”。因此,俄汉语流重音对比研究具有重要的实践意义,它对中国的俄语语音教学具有相当重要的参考价值。此外,课题的研究成果对于我国的对外汉语语音教学,同样也有着一定的参考价值。

　　本书以俄、汉语音学理论为依托,以对比语音学为研究视角,采用先进的声学实验方法,试图在整理声学实验数据和分析语图的基础上,进行俄汉语流重音对比研究,发现俄汉语流重音在声学特征方面的主要异同点,从而探索中国学生在俄语语流重音习得中典型偏误发生的最根本原因及规律,最终寻求纠正和预防这些偏误的有效策略。

本书由绪论、本论(共5章)、结论、参考文献及附录组成。

绪论分成两个部分。第一部分首先介绍对比语言学的研究意义,分析对比语言学的产生动因,厘清对比语言学的内涵与外延,随后简要阐述俄汉对比语言学的定义和研究范围。第二部分在论述俄汉语音对比研究意义的基础上,重点分析俄汉语流重音对比的研究意义,综述国内外俄汉语流重音研究现状,介绍本课题"俄汉语流重音声学实验对比及应用研究"的目的、任务、内容与方法。

本书主体部分共由5章构成。

第一章在分析词汇词和语音词之间的区别和联系的基础上,提出了语流重音的概念,阐述了语流重音与词重音之间的区别与联系,认为词重音是语流重音的基础,它在某种程度上决定了语流重音,但是,语流重音并不是词重音的简单复制品,而是词重音在语音句不同位置上的不同变体。随后,笔者还提出了语流重音层级体系的理论构想。笔者认为,不管是俄语语流重音,还是汉语语流重音,都是一个完整的包括各种突出程度不一的语流重音变体的重音层级体系。这个体系由四个不同层级的语流重音变体构成:节奏重音、语段重音、句重音和逻辑重音。各种不同类型的语流重音变体,由于它们相对应的语音词在语音句中所承载的语义分量和交际功能不同,在语音句中处于不同的重音位,受到不同的语音条件的限制,因而具有不同的区别性声学特征。

第二章在整理声学实验数据和分析语图的基础上,分析了俄语语流重音的主要声学特征。实验结果表明,不同的声学要素在俄语语流重音不同变体的突出过程中有着不同的作用。俄语语流重音变体的决定性声学要素主要为音长和音高,而音强和能量在俄语语流重音体系中的突出作用不是十分明显。俄语语流重音根据不同的声学特征表现出不同的层级序列。但是,如果我们综合考虑各种声学要素,那么,俄语语流重音层级序列大致为:逻辑重音>句重音>语段重音>节奏重音。

第三章在整理声学实验数据和分析语图的基础上,分析了汉语语流重

音的主要声学特征。实验结果表明,不同的声学要素,在汉语语流重音不同
变体的突出过程中有着不同的作用。汉语语流重音变体的决定性声学要素
主要为音长,而音强、能量和音高在汉语语流重音体系中的突出作用不是十
分明显。汉语语流重音根据不同的声学特征表现出不同的层级序列。但
是,如果我们综合考虑各种声学要素,那么,汉语语流重音层级序列大致为:
逻辑重音＞句重音＞语段重音＞节奏重音。

　　第四章在二、三两章的基础上进行了俄汉语流重音对比研究。结果表
明,俄语和汉语不仅具有极其相似的语流重音层级体系,而且,如果我们综
合考虑各种声学要素,那么,俄、汉两种语言的语流重音层级序列同样也大
致相同,为:逻辑重音＞句重音＞语段重音＞节奏重音。但是,俄语语流重
音和汉语语流重音的决定性声学要素有一定的差异,两种语言的不同语流
重音变体在声学特征方面的突出方法也不尽相同。在俄语语流重音不同变
体的突出过程中,音长和音高是决定性要素,而音强和能量在俄语语流重音
体系中的突出作用不是十分明显;而在汉语语流重音不同变体突出过程中,
音长是决定性要素,而音强、能量和音高在汉语语流重音体系中的突出作用
不是十分明显。其中,逻辑重音的突出方法比较特殊,无论是俄语逻辑重
音,还是汉语逻辑重音,都是充分利用了各种声学要素来得以突出:音长、
音高、音强和能量。

　　俄语语流中的大多数音节是非重读音节,重读音节所占比例相对较小,
因而很容易形成"非重读音节链";而汉语语流中的绝大多数音节是重读音
节,非重读音节所占比例极低,因而很容易形成"重读音节链"。在俄语语流
中,重读音节由于众多非重读音节的衬托而处于突出醒目的重要地位;而在
汉语语流中,非重读音节(亦即轻声)由于众多重读音节的衬托而处于突出
醒目的重要地位。"非重读音节链"是俄语语流中的一种独特语音现象;而
"重读音节链"是汉语语流中的一种独特语音现象。其根本原因在于俄语和
汉语在重音方面的一个本质性差异——俄语属于典型的重音语言,重音是
俄语的节奏骨架,它以语音词为依附单位;而汉语属于典型的声调语言,声
调是汉语的节奏骨架,它以音节为依附单位。

　　"相对平稳调音节链"是俄语语流的音调特征,而"波浪起伏调"则是汉
语语流的音调特征。俄语语流中的"相对平稳调音节链",使得俄语语音句

句调调心得以更加突出,形成明显的句调"大波浪";而汉语语流中的"波浪起伏调",使得汉语语音句的句调调心难以得到突显,难以形成明显的句调"大波浪"。其根本原因在于俄语和汉语在音调方面的一个本质性差异——俄语属于典型的语调语言,音调在俄语中的主要依附单位是语段和语音句;而汉语属于典型的声调语言,音调在汉语中的主要依附单位是音节。

第五章以语言迁移理论为依托,在前文研究的基础上,结合俄汉语流重音在各种声学特征方面的本质性差异,详细分析了中国学生在俄语语流重音习得中的一些典型偏误:1. 俄语语流重音基本依附单位的节律变异现象;2. 俄语语音句中所有音节的一律重读现象;3. 俄语非重读音节上的冗余重音现象;4. 俄语非重读元音的弱化缺失现象;5. 俄语语音句中每个词汇词的刻意重读现象;6. 俄语节奏重音相对平稳调的习惯性升降现象;7. 俄语语流重音的位移现象;8. 俄语语流重音的层次不明现象。笔者认为,上述偏误发生的根本原因主要有三个方面:第一,中国学生对俄语语流重音知识的匮乏;第二,教师和学生对俄语语流重音教学的长期忽视;第三,来自母语汉语的负迁移因素的干扰作用。其中,汉语的种种负迁移因素,主要源自俄汉语流重音之间的各种差异性,它们是中国学生在俄语语流重音习得中典型偏误发生的最根本原因。此外,本章的每一小节还提出了纠正和预防偏误的有效策略,并编写了部分有针对性的语音练习。

本书结论部分对全书研究加以总结,并且对以后的进一步研究进行展望。

本书的创新之处主要表现在以下几个方面:

1. 选题新。现有的相关研究成果大多较为零散,迄今国内外尚未有学者进行关于俄汉语流重音的系统对比研究;

2. 方法新。在我国俄语界,尽管已有一部分学者涉猎零星的俄汉语流重音对比研究,但是,绝大多数学者仍然局限于传统的口耳之学,很少有人采用声学实验的研究方法;

3. 学术观点新。本书就俄汉语流重音对比这一课题,提出了一系列新颖观点。尤其是"语流重音"、"语流重音变体"、"语流重音层级体系"、"重音位"、"弱重音位"、"强重音位"、"特强重音位"、"陪衬重音"、"焦点重音"、"平常焦点重音"、"特殊焦点重音"、"非重读音节链"、"重读音节链"等一系列全新的重音学概念的提出,在国内外语音学界尚属首次,具有重要的理论创新意义。

　　当然,本书在俄汉语流重音方面所做的研究只是初步的,有很多问题还有待进一步深入研究。例如,俄汉表情重音对比研究这一课题在俄汉语音学界几乎是个空白点,很值得俄语语音学界各位同仁予以特别关注;再如,篇章语言学如今已经成为俄语语言学中的一个主流方向,但是,篇章与语流重音之间的关系迄今鲜有问津,这同样是一个值得我们特别关注的重要课题。

　　本书适用于俄语专业本科生、俄语语音学和俄汉对比语言学及俄语教学法方向的研究生、俄语及汉语教学研究工作者,以及所有涉及俄、汉两种语言的工作者。

　　衷心感谢南京大学电子科学与工程学院副教授方元先生,感谢他为本课题的声学实验提供了必要的技术指导;特别感谢南京大学电子科学与工程学院硕士研究生张忠慧同学和南京大学外国语学院俄语系硕士研究生李超华同学,感谢他们为本课题声学实验所付出的艰辛劳动。

　　深深感谢我的硕士生导师——南京大学外国语学院俄语系诸葛苹教授。感谢诸葛先生教会我严谨治学、持之以恒,感谢她把我引入俄语语音学研究的殿堂,使我很早就开始接触俄语语音学研究领域中的先进方法和前沿课题,为我日后的俄语语音学研究奠定了坚实的基础。与此同时,衷心感谢我的博士生导师——暨南大学华文学院郭熙教授。在那难忘的4年读博期间,郭先生对我这个愚钝的弟子始终亦师亦友,既严格要求,又热情鼓励,使我的学术视野日渐得以拓宽,也使我的科研能力有了大幅度的提升。我相信,诸葛先生和郭先生两位导师的引领和垂范,必将使我的科研之路越走越宽。

目　录

绪　论

第一节　对比语言学和俄汉对比语言学

一、对比语言学的研究意义

对比语言学是语言学的一个重要分支学科,又称对比分析或对比研究。对比语言学研究对于语言学理论研究及语言教学有着极为重要的意义。一方面,语言对比或比较,是语言学理论研究的一种基本方法,在语言学的发展历程中有举足轻重的地位。法国著名语言学家 A. Meillet 早在 20 世纪 20 年代就曾经指出,"比较研究是语言学家用来建立语言史的唯一有效的工具",比较方法"是建立语言史的唯一方法,因此,一种语言只要是孤立的,就没有历史可言"(梅耶著、岑麒祥译,2008:11 - 12,13)。中国语言学大师赵元任先生也曾说过,"所谓语言学理论,实际上就是语言的比较,就是世界各民族语言综合比较分析研究得出的科学结论"(转引自王力,1983:40)。而我国当代语言学家潘文国先生则进一步明确提出,"其实,从本质上来说,对比语言学就是普通语言学,对比是普通语言学建立的基础。……离开对比,普通语言学无人建立"(潘文国,1996:82)。另一方面,语言对比或比较,对于语言教学有着不可忽视的指导作用。丹麦著名语言学家 O. Jespersen 早在 20 世纪初就曾经提出比较在语言教学中的重要作用,他说,"在小学里,唯一可教的语法就是学生自己民族语言的语法。但是在中学和大学里开设各种外语课程,这些外语可以互相借鉴,并能促进本族语的学习。这就涉及到比较语法……"(叶斯帕森著、何勇等译,1988:500)。我国著名语言学家王力先生也曾明确指出,外语教学"最有效的方法就是中外语言的比较教学"(转引自许余龙,1992b:18)。吕叔湘先生同样也把比较看作语言学习与研究的基础,他曾大力主张进行语言比较,认为"要明白一种语文的文法,只有应用比较的方法。……只有比较才能看出各种语文表现法的共同之点和特殊之点。假如能时时应用这个比较方法,不看文法书也不妨;假如不应用比较的方法,看了文法书也是徒然"(吕叔湘,1982:上卷初版例言)。

二、对比语言学的产生动因

语言比较的历史源远流长。正如英国著名语言学家 R. H. Robins 所指出的那样,"自有语言研究以来便有语言之间的比较,不同语言之间的比较与语言研究可以说是同时开始的,有着同样悠久的历史"(转引自许余龙,1992b:21)。而对比语言学作为现代语言学的一个分支学科,其产生有着深刻的来自学科内外的两个动因,内因主要源于欧洲,外因主要源于美国。

众所周知,整个 19 世纪始终是历史比较语言学占领统治地位,当时的语言学研究方法主要强调历时。但是,20 世纪初,欧洲语言学界有不少学者开始关注共时的语言对比研究。例如,早在 1924 年,著名丹麦语言学家 O. Jespersen 就明确提出了关于对比语法的思想。他在其名著《语法哲学》中曾指出:"比较语法和历史语法生气勃勃的巨大影响已经得到普遍的承认,但是请允许我在结束本书之前指出,这本书观察语法事实的方法可能会为比较语法创造一种新方法,或者创造一种新的比较语法。……这种比较不必局限于属于同一语系、同一起源而通过不同道路发展起来的语言,对差异最大、起源迥然不同的语言也可以加以比较。"(叶斯帕森著、何勇等译,1988:500 - 501)显然,O. Jespersen 创立的这种"新的比较语法"就是对比研究。再如,当时欧洲有一批学者撰写了欧洲大陆各语言的语音比较论著,其中,捷克斯洛伐克著名语言学家 V. Mathesius 于 1926 年就曾发表过英语与捷克语对比分析的文章。也正是 20 世纪初期欧洲语言学家的这种语言对比研究潮流,在研究理念和研究方法上对后来产生的对比语言学产生了重大影响。这就是对比语言学产生的学科内因所在。

对比语言学独立成为一门新兴的语言学分支学科,始于 20 世纪 40—50 年代。我国学界通常认为,对比语言学的创始人是美国的语言学家 B.

Whorf、C. Fries 和 R. Lado。1941 年,B. Whorf 在其发表的《语言与逻辑》(Language and Logic)一文中率先提出"对比语言学"(contrastive linguistics)这一术语,他不仅限定了对比语言学的概念,而且还阐释了对比语言学与比较语言学的不同之处。而当时的美国对参战士兵和外国移民的外语教育亟待改革,急需寻求一种既高效又经济的外语教学方法。C. Fries 不断探讨这一问题,于 1945 年提出对策,他认为,外语"教学效果最好的教材是以对所学语言进行科学的描述为基础,并将其与对学生的母语所做的同样描述进行比较后所编成的那些教材"(转引自许余龙,1992b:21-22)。这就是对比语言学产生的学科外因所在。

也正是在上述学科内外动因的合力作用下,1957 年,对比语言学以 R. Lado 的专著《跨文化语言学》(*Linguistics across Cultures*)的出版为标志而正式诞生。R. Lado 在该书序中不仅把对比语言学的应用具体化为教材、测试和学习三项内容,而且明确提出对比语言学是应用语言学的一个崭新的领域,包括两种语言和两种文化的对比研究。这就确定了对比语言学这一学科的性质及其在语言学中的地位。(胡春燕,2002:60-61)

三、对比语言学的内涵与外延

欧美语言学家通常使用下列术语来指称语言对比研究:"对比语言学"(contrastive linguistics)、"对比分析"(contrastive analysis)、"对比研究"(contrastive studies)。而在俄罗斯语言学界则通常使用术语"сопоставительная лингвистика",近年来也有学者使用"контрастивная лингвистика"及"конфронтативная лингвистика"。

何谓对比语言学? 目前在我国语言学界最为通行的是许余龙先生于 1992 年在其专著《对比语言学概论》中所提出的定义。许先生认为,所谓对比语言学,"是语言学中的一个分支,其任务是对两种或两种以上的语言进行共时的对比研究,描述它们之间的异同,特别是其中的不同之处,并将这类研究应用于其他有关领域"(许余龙,1992b:4)。从许先生的定义出发,我们大致可以从以下五个方面来认识对比语言学:1. 对比语言学从学科性质来讲,是一个独立的语言学分支学科,而不是附属于应用语言学;2. 对比语言学的研究对象是两种或两种以上语言之间的异同点;3. 对比语言学的研究重点在于两种或两种以上语言之间的不同点,但也包括共同点的对比;4. 对比语言学的研究方法是共时描述,而不是历时分析;5. 对比语言学的研究成果可以应用于其他有关领域。

"对比语言学"与"比较语言学"(comparativi linguistics)名称极为相近,且两个学科的研究均在不同语言间进行,两者有着非常密切的联系,它们的最基本研究方法都是对比或比较,因此极易混淆。然而,在语言学领域中这是两个不同的需要严格区分的概念。"对比语言学"与"比较语言学"是两个各自独立的语言学分支学科,它们有着一系列的本质性区别。具体来说,它们之间的本质性区别主要表现在以下三个方面:第一,对比语言学研究对象的选取具有任意性特征,完全取决于对比研究者的需要,被对比的两个或两个以上的语言可以是亲属语言,也可以是彼此毫不相干的非亲属语言,且以后者居多。而比较语言学研究对象的选取,具有非任意性特征,被比较的两个或两个以上的语言必须是同出一源的亲属语言,尽管亲属关系可近可远;第二,对比语言学的研究目的在于揭示语言之间的相同之处和不同之处,重点在于不同之处。而比较语言学的研究目的,在于寻找语言之间在语音、语法和词汇等层面的各种对应关系,进而追溯语言谱系关系;第三,对比语言学属于共时研究,而比较语言学属于历时研究。换言之,对比语言学所要研究的是语言在某一发展阶段的状态,而比较语言学所要研究的是语言的历史演变。

对比语言学作为一门语言学分支学科,可以包括理论对比语言学和应用对比语言学两大部分。而理论对比语言学和应用对比语言学,其内部又可以进一步细分为一般理论对比语言学和具体理论对比语言学、一般应用语言学和具体应用语言学。(许余龙,1992b:8)

四、俄汉对比语言学的定义和研究范围

根据上述对比语言学基本理论,我们认为俄汉对比语言学属于具体对比语言学范畴,是俄语语言学和汉语语言学的一个分支学科,兼有理论对比语言学与应用对比语言学的性质,其任务主要是对俄汉两种语言进行共时的对比研究,描述并解释俄语、汉语之间的异同点,研究重点在于俄汉两种语言之间的不同点,但也包括它们共同点的对比,其研究成果可以应用于俄汉两种语言的语言理论研究及语言应用研究领域。

俄汉对比语言学是一个系统研究俄汉两种语言之间的种种异同点的语言学科,具体来讲,包括俄汉语音对比研究、俄汉构词对比研究、俄汉词法对比研究、俄汉句法对比研究、俄汉词汇对比研究、俄汉篇章对比研究、俄汉语义对比研究、俄汉修辞对比研究、俄汉语用对比研究等等。

其中,俄汉语音对比研究包括俄汉音素对比研究、俄汉音节对比研究、俄汉语音词对比研究、俄汉语段对比研究、俄汉语音句对比研究、俄汉重音对比研究、俄汉语调对比研究、俄汉节奏对比研究等等。本课题所要研究的俄汉语流重音对比,是俄汉重音对比中的一个不可或缺的重要组成部分。

第二节　俄汉语流重音声学实验对比及应用研究课题论证

一、俄汉语音对比研究意义

俄汉语音对比是俄汉对比语言学中的重要组成部分之一。语音是语言的基本物质外壳和表达手段。要充分了解俄汉语之间的本质性差异,首先必须对这两种语言的语音特点进行系统的对比研究。俄汉语音对比研究的主要目的在于,从生理语音学、声学语音学、音位学等各种研究视角出发,对俄汉音素、音节、语音词、语段、语音句、重音及语调等各种音段单位和超音段单位,进行语音特征、声学特征、功能特征等方面的对比,描述和解释两个语音系统之间的本质性异同点,使俄、汉语音特点分别在汉、俄语音体系的参照对比中得到进一步的彰显。在俄汉语音对比方面的研究成果,对中国俄语语音教学有着重要的指导作用,可以帮助中国教师在俄语语音教学中引导学生正确对待俄语语音习得中的母语正负迁移作用,使得俄语语音教学得以更加顺利有效地进行,同时,对俄语语音学、汉语语音学的理论研究也有着重要的参考价值。

二、俄汉语流重音对比研究意义

俄汉语流重音对比,是俄汉语音对比中的一个不可或缺的重要组成部分。俄汉语流重音对比研究,具有重要的理论意义和实践意义。①②

俄语是典型的非声调语言,汉语是典型的声调语言,俄汉语流重音对比研究具有重要的理论意义,研究成果不仅可以让我们更好地认识俄语和汉语重音的本质,完善俄汉重音理论,更好地认识俄汉两种语言在重音方面的本质性差异,还可以让我们进一步认识到非声调语言与声调语言在重音方面的本质性差异,从而进一步认识人类语言重音的本质。课题研究成果对于俄语语音学、汉语语音学、俄汉对比语音学乃至普通语音学研究具有重要的理论意义,对于语言类型学的理论研究也有一定的参考价值。正如我国著名俄语语言学专家张会森先生所指出的那样,"俄、汉两种语言是两种不同谱系、不同类型的语言,这两种语言的对比,如果我们搞得好,将会对俄语语言学,对汉语语言学,以至对普通语言学做出贡献"(张会森,1991:9)。

因为汉语重音和俄语重音在诸多方面迥然有异,因此,在我国俄语重音教学中,汉语重音与其说是一个起促进作用的参照系,还不如说是一个起阻碍作用的干扰源,汉语重音的种种特性对于中国俄语重音教学的负迁移作用要远远大于正迁移作用,而且,由于汉语重音的负迁移作用而导致的中国学生在俄语重音习得中的典型偏误,往往有着"突出性"、"常见性"和"顽固性"三大特点。如何在俄语重音教学中区别对待来自汉语重音的正负迁移,尤其是预测、减少和克服汉语重音对中国学生俄语重音习得的负迁移作用,需要我们对俄汉两种语言的重音做细致而又系统的共时对比。俄汉语流重音对比研究是我国俄语重音教学中最为有效的辅助手段之一,也是我们进行中国学生的俄语重音习得偏误分析、汉语重音正负迁移研究的基础。俄语教学实践中,我们经常会发现,有许多中国学生由于受到种种汉语负迁移因素的干扰,在俄语语流重音习得中经常会出现这样或那样的偏误,从而使

---

① 所谓语流,是指我们按时间先后顺序发出的一串串连续不断的语音流。最短的语流可以由单个的词构成,长的语流则可以由许多词、许多句子乃至许多段落组成。具体请看本书第一章第一节。

② 本书所讨论的语流重音,与音位学意义上的词重音相对,是指在语流中发生种种变化以后的词重音,是词重音在语流中的种种动态表现形式,是发音—声学意义上的重音。具体请看本书第一章第二节。

得他们的俄语带有极其明显的"汉腔汉调"。①因此,俄汉语流重音对比研究具有重要的实践意义,它对中国的俄语语音教学具有相当重要的参考价值。此外,课题的研究成果对于我国的对外汉语语音教学同样也有着一定的参考价值。

三、国内外俄汉语流重音研究现状

俄语重音研究,历来在俄语语音学领域中占有重要地位。有很多俄罗斯和中国的学者曾经从事俄语重音研究,他们往往在自己的俄语语音学著作中专门辟出一个章节,来讨论俄语重音问题。其中,有俄罗斯学者 Р. И. Аванесов、Л. В. Щерба、М. И. Матусевич、Е. А. Брызгунова、Л. Л. Буланин、С. В. Князев 和 С. К. Пожарицкая 等,还有中国的俄语语音学专家郁洁、徐振新、赵作英、王超尘、诸通允、王宪荣、张学曾、陈君华、诸葛苹等。另外,还有多部有关俄语重音的专著相继出版。其中,影响较大的有 Р. И. Аванесов 的《现代俄语标准语重音》(Ударение в современном русском литературном языке)(1955)、Н. П. Яковенко 的《现代俄语标准语的词重音》(Словесное ударение в современном русском литературном языке)(1966)、М. М. Барковский 的《俄语词重音》(Русское словесное ударение)(1969)、В. А. Редькин 的《现代俄语标准语重音学》(Акцентология современного русского литературного языка)(1971)、Н. А. Федянина 的《现代俄语重音》(Ударение в современном русском языке)(1982),以及中国俄语语音学专家冯力、温同悉的《怎样确定俄文重音》(1954)、苏国祥的《俄语重音表解》(1955)、叶履中的《俄语词重音基本规律》(1993)等。

俄语语流重音同样也曾受到不少俄罗斯语言学家的关注。例如,Р. И. Аванесов、Л. В. Щерба、М. И. Матусевич、Е. А. Брызгунова、Н. В. Черемисина 等人在其论著中,就曾经讨论过俄语语流重音。

有关汉语重音的研究,无论是词重音,还是语流重音,暂时还相对薄弱。众所周知,现代汉语以双音节词为主,然而,除了那些第二音节为轻声的词以外,汉语双音节词的语音结构通常相当独特,前后两个音节都有自己的声

---

① 本书所说的"汉腔汉调"用其字面意义,相当于"汉语口音"、"中国口音"。

调,且音质饱满清晰。① 因此,长期以来,汉语究竟有无重音,在国内外语言学界始终是一个有争议的问题。为了寻找这一问题的答案,俄罗斯语言学家 Н. А. Спешнев、Т. П. Задоенко 等人曾经做过大量研究。在其论著中,他们用语言事实和实验结果来证明汉语词重音的存在及其本质性语音特征。然而,对于汉语重音这一课题,我国语言学界长期以来很少有人问津。直到20 世纪 50 年代,我国才有部分语言学家开始探索这一课题,例如赵元任、董少文、黎锦熙、徐世荣等。20 世纪 80 年代开始,汉语重音在中国学界逐渐受到广泛关注,有越来越多的中国学者致力于汉语词重音或语流重音研究,如厉为民、殷作炎、林茂灿、颜景助、孙国华、沈炯、曹剑芬、林焘、王理嘉、郭锦桴、叶军、刘俐李、王韫佳、吕士楠、石锋、邓丹等。

然而,俄汉语流重音对比在国外俄语语音学研究领域基本上可以说是一个空白点。迄今为止,笔者尚未发现有关俄汉语流重音对比的外文论著。在国内俄语语音学界,尽管已有部分学者涉足俄汉语流重音对比这一课题,但是,现有的研究成果大多较为零散,笔者尚未见到有关俄汉语流重音对比的系统研究成果,迄今只发现零星的几篇相关论文,主要有:王宪荣的《论俄汉语音、语调、重音——节律的差异》(上、下)(1982b)、尹永波的《俄汉语节律对比》(1999)、徐来娣的《析中国学生在俄语重音方面的汉语干扰因素》(2000)、陈国亭的《俄汉语句焦点、逻辑重音与词序》(2003)、赵静的《简论汉语音节、声调、语流音变与俄语音节、重音、音变的异同——兼谈两国人学习对方语音的常见错误分析》(2007)等。而以声学实验结果为基础的俄汉语流重音对比研究,则更是鲜有问津。目前国内仅有两本基于声学实验结果的俄汉语音对比研究专著,即诸葛苹等人的《汉俄语音对比实验研究》(2001)以及姜雅明的《俄汉词重音研究》(2006),前者也只是用短短一个小节的篇幅,对于俄汉语流里的词重音、语段重音、句重音、逻辑重音进行了极为简略的对比,而后者的对比研究仅仅局限于初步的俄汉语段重音对比,两者都没有针对俄汉语流重音进行深入、系统的实验研究和理论分析,也没有

---

① 此类汉语双音节词中,前一个音节的声调在后一个音节的影响下,有时也会发生一些调值上的变化——变调,但是,它们并没有发生音节性质上的变化,并没有变成轻声音节。

针对中国学生的俄语语流重音教学进行切合实际的应用型研究。

四、俄汉语流重音声学实验对比及应用研究内容与方法

本课题"俄汉语流重音声学实验对比及应用研究",以俄、汉两种语言的语流重音为研究对象。

本课题的研究目的在于:以俄、汉语音学理论为依托,以对比语音学为研究视角,采用先进的声学实验方法,试图在整理声学实验数据和分析语图的基础上,进行俄汉语流重音对比研究,分析俄汉语流重音在声学特征方面的主要异同点,重点剖析俄汉语流重音的各种本质性差异,从而探索中国学生在俄语语流重音习得中典型偏误发生的最根本原因及规律,最终寻求纠正和预防这些偏误的有效策略。

本课题的研究任务主要在于解决以下问题:1. 词汇词和语音词之间的本质区别和相互联系是什么? 2. 词重音和语流重音的本质区别和相互联系是什么? 3. 语流重音层级体系的结构和特点是什么? 4. 各种语流重音变体在语流重音层级体系中的地位和作用如何? 5. 俄语语流重音的主要声学特征是什么? 6. 汉语语流重音的主要声学特征是什么? 7. 俄语和汉语语流重音之间的主要异同点是什么? 8. 中国学生在俄语语流重音习得中有哪些典型偏误? 9. 中国学生在俄语语流重音习得中典型偏误发生的最根本原因及规律是什么? 10. 帮助中国学生纠正或预防俄语语流重音习得典型偏误的有效策略有哪些?

本课题在进行俄汉语流重音声学实验对比研究时,综合运用演绎法、归纳法、对比法、统计法、图示法、例证法等研究方法,将定性研究和定量研究、理论探索和声学实验、对比研究和应用研究有机结合起来,力图使论证结果具有可靠性、客观性、科学性和实用性。具体来讲,本课题研究方法主要有以下 3 个特点:

1. 实验研究。长期以来,我国涉猎俄汉重音对比研究的学者,大多以理论分析加人耳测听来比较两种语言重音的异同,因而往往流于表象,或者难免失之偏颇。近年来,我国已有不少学者对汉语重音进行声学实验研究,但从事俄语重音声学实验研究的人却不多,尤其是俄汉重音在声学实验基础上的对比研究,更是鲜有问津。本课题拟采用先进的声学实验方法,试图

在整理声学实验数据和分析语图的基础上，来进行俄汉语流重音对比研究，以摆脱传统的人耳测听研究方法的局限性，使得课题论证结果更为客观、科学、可信。

2. 动态对比。我们认为，孤立地对比一组组俄汉双音节词、三音节词、多音节词的词重音，这是重音的静态对比研究模式。只有把重音置于语流中进行研究，观察和发现词重音在语流中的种种变化，才是重音的动态研究模式。本课题将不再囿于传统的重音静态对比研究模式，而是试图在俄语和汉语语流中动态地对比研究各种重音类型。

3. 系统观察。每种语言都有一套相应的语流重音体系。语言之间的语流重音对比研究必须要系统化，也就是说，在进行语言间语流重音对比时，要注意各类语流重音之间的相互区别和相互联系，以及它们在语流重音体系中的地位和作用。本课题将俄、汉各类重音变体置于相应的语流重音系统中，对它们进行系统观察和对比，以期得出更为客观正确的结论。

本课题研究主要有五个方面的内容：第一章"语流重音概念体系理论研究"，试图厘清语流重音概念，阐述语流重音与词重音之间的区别与联系，提出语流重音层级体系的理论构想。第二章"俄语语流重音声学实验研究"，在采集和整理声学实验数据和分析语图的基础上，分别阐述俄语语流重音各种变体的主要声学特征。第三章"汉语语流重音声学实验研究"，在采集和整理声学实验数据和分析语图的基础上，分别阐述汉语语流重音各种变体的主要声学特征。第四章"俄汉语流重音声学实验对比研究"，在二、三两章的基础上进行俄汉语流重音对比研究，探寻俄汉语流重音在各种声学特征方面的异同点，重点在于发现其本质性差异。第五章"中国学生在俄语语流重音习得中的典型偏误分析与对策研究"，试图详细分析中国学生在俄语语流重音习得中的一些典型偏误，结合俄汉语流重音在各种声学特征方面的主要差异性，研究中国学生俄语语流重音习得典型偏误发生的根本原因以及发生规律，最后探寻纠正和预防这些偏误的有效策略与方法，编写部分有针对性的语音练习。

本课题用于声学实验的俄语语音资料取自俄罗斯的俄语语音语调教学理论与实践经典之作——Е. А. Брызгунова 编著的《俄语语音语调》（《Звуки и интонация русской речи》）（1981）的录音部分；而汉语语音资料

则取自我国目前通行的 2 本对外汉语语音教材——何平主编的《汉语语音教程·基础篇》(2006)和陈玉东主编的《趣味汉语语音课本》(2010)的录音部分。

　　还有一点需要特别说明的是,随着现代电子科学应用研究的迅猛发展,各种功能强大的音频剪辑软件和语音分析软件,正在逐渐取代陈旧的、笨重的、功能单一的声学仪器设备。因此,本课题的相关声学实验主要在南京大学电子科学与工程学院实验室及南京大学外国语学院俄语系办公室进行,实验设备主要是计算机、录音笔等,应用软件主要有 Gold Wave 音频剪辑软件和 Praat 语音分析软件。其中,Gold Wave 音频剪辑软件可以对各种音频文件进行播放、录制、编辑以及格式转换等处理,可以打开各种格式的音频文件,在本课题的声学实验中,主要被用来从俄汉两种语言的语音资料中剪切实验所需的音频片段;而 Praat 语音分析软件可以记录音频或导入现成的音频文件,主要功能是对自然语言的语音信号进行采集、分析和标注,可以用于分析语音的音长、音强、能量、共振峰、基频等,还可以制作各种语图,在本课题的声学实验中,主要被用来进行俄汉语各类语流重音的声学实验数据采集以及语图制作。

第一章 语流重音概念体系
理论研究

本章旨在确定课题研究的理论前提,重点阐释与语流重音相关的基本概念。本章首先论述词汇词与语音词之间的区别和联系,推出重音的两个基本对立概念——词重音和语流重音,重点讨论词重音和语流重音之间的区别和联系,在此基础上,创新性地提出语流重音层级体系的理论构想,阐释语流重音的语音条件,揭示重音位与语流重音变体之间的对应关系。

第一节 词汇词和语音词

一、语流、语流切分及语音单位

人们在说话时,不是孤立地发出一个个单独的音节,而是把音节组成一串串自然的"语流"。正如我国著名语音学家林焘、王理嘉所言,"我们用语言进行交际的时候,总是一个音紧接着一个音说的,各个音连续不断,形成了长短不等的一段段语流"(林焘、王理嘉,1992:149)。语流是一种动态的线状结构,其行进犹如河水的流淌。水流有起伏跌宕,语流则有抑扬顿挫。重音是人类自然语流的重要组成部分。因此,我们只有在语流中进行重音研究才能更加接近该语音现象的本质。

所谓**语流**(речевой поток 或 поток речи),是指我们用语言进行口头交际时,通常会选用音义结合的语言单位,按照一定的语法规则加以组合,在时间的先后顺序上依次展开,形成长短不等的语音流。最短的语流可以由单个的词构成,如俄语的"Хорошо."、"Правильно."、"Да.",汉语的

"Xíng."(行。)、"Duì."(对。)、"Shì."(是。),等等。长的语流则可以由许多词、许多句子乃至许多段落组成。

　　所谓**语流切分**(речевое членение),即**语流的语音切分**(фонетическое членение потока речи),就是从语音方面或以语音为依据对语流加以切分,可以得出大小不等的语音单位或音段。语流切分的依据主要为语音成素两个方面的组合特点,一方面是语音成素的线性组合,另一方面则是语音成素的共时组合。(戚雨村,1985:94)

　　所谓**语音单位**(фонетическая единица),也就是指从语音方面或以语音为依据从语流中切分出来的各种单位,它们既包括能够单独发音的语音单位,同时也包括不能单独发音的特殊语音单位。根据语音单位能不能单独发音这一特点,通常可以把语音单位分为音段单位和超音段单位两大类型。人的口头言语并非由孤立的单个音素组成,而是连续不断的语流。语流由像一根根线段一样按照时间顺序依次出现的不同层次的语音单位连接而成(王宪荣,1995:2)。在线性序列中依次排列的语音单位,在语音流中各占一定的时间段,一般称作**音段单位**或**段性单位**(сегментная единица),亦可称作**音段**(сегмент),还可以称作**线性单位**(линейные единицы)。通常来讲,语流可以切分为下列五个不同层次的音段单位:语音句、语段、语音词、音节和音素。

　　语音句(фраза)是语流中最大的音段单位,是语流一级切分得出的线性语音单位。语音句可能是一个简单句,也可能是一个复合句,表达相对完整的意思,具有完整的语调,末尾通常有较长的停顿。如俄语的"Вчера вечером мы ходили на балет.//",汉语的"Zuótiān wǎnshang wǒmen kàn le yī chǎng bālěi.//"[①](昨天晚上我们看了一场芭蕾。),等等。[②]在此,值得一提的是,语音句和语法意义上的句子(предложение)从实质上来讲是重合、一致的,它们指称的是相同的语言单位,只是切分的角度不同。语音句是语音单位,它们是以语音为视角切分出来的;而语法意义上的句子则是语法单位,它们是以语法为视角切分出来的。

------

　　① 此处的"看"是一个动词,"了"是一个助词,是两个词汇词(即语法词),所以在本书中"kān""le"分写。

　　② 本书中的符号"//"用来表示语音句末尾较长的停顿。

　　语段（синтагма 或 речевой такт）是由语音句切分出来的音段单位，是语流二级切分得出的线性语音单位。语段大多由几个词组合而成，表示语流中一个语义和结构的整体——意群，有一定的调型，调型中心与语段重音吻合，末尾通常有较短的停顿。如俄语语音句"Вчера вечером / они ходили на балет. //"中，可以切分出 2 个语段："Вчера вечером"和"они ходили на балет"；汉语语音句"Zuótiān wǎnshang / wǒmen kàn le yī chǎng bālěi. //"（昨天晚上我们看了一场芭蕾。），同样也可以切分出 2 个语段："Zuótiān wǎnshang"（昨天晚上）和"wǒmen kàn le yī chǎng bālěi"（我们看了一场芭蕾）。①

　　语音词（фонетическое слово）是由语段切分出来的音段单位，是语流三级切分得出的线性语音单位。通常来讲，语音词是语流中以重读词为中心组成的语音单位。语音词有可能是一个重读词，我们不妨称之为"**简单语音词**"（простое фонетическое слово）；也有可能是一个重读词和一个或几个与之意义紧密相联且直接相邻的非重读词（或次重读词）的组合，我们不妨称之为"**组合语音词**"（составное фонетическое слово）。一个语音词通常有一个重音，语音词内部一般不能有停顿，语音词与语音词之间可以有一个细小的停顿。如上文中列举的俄语的 2 个语段"Вчера вечером / они ходили на балет. //"，可以进一步切分为 5 个语音词："Вчерá"、"вéчером"、"онú"、"ходúли"、"на⌣балéт"；②而上文中列举的汉语的 2 个语段"Zuótiān wǎnshang/wǒmen kàn le yī chǎng bālěi. //"（昨天晚上我们看了一场芭蕾。），则可以进一步切分为 6 个语音词："Zuótiān"（昨天）、"wǎnshang"（晚上）、"wǒmen"（我们）、"kàn⌣le"（看了）、"yī⌣chǎng"（一场）、"bālěi"（芭蕾）。③

　　音节（слог）是由语音词切分出来的音段单位，是语流四级切分得出的线性语音单位。音节是最小的自然发音单位，也是听觉上最容易分辨出来的语音单位。通常来讲，音节的切分是纯语音的切分，一般没有意义可以依

---

　①　本书中的符号"/"用来表示语段末尾较短的停顿。

　②　本书中的符号"⌣"用来表示语音词中词汇词与词汇词之间的连读。

　③　本书为了更为直观地说明语流重音，所有汉语语音词都专门标注了重音（确切来讲，是发音—声学意义上的语流重音，而不是音位学意义上的词重音），重读音节用下面一个点来表示。

据,也没有专门的语音成素作为它的语音标志,如俄语的语音词"Вчерá"可以切分成 2 个音节"вче-рá",且这种切分并不需要考虑语义,是一种纯语音切分。但是,汉语是典型的"**单音节语言**"(моносиллабический язык),汉语的音节是一种特殊的语言单位,通常可以代表语素这样一类意义单位,曾有俄罗斯语言学家称之为"**音节语素**"(слогоморфема)。汉语的音节语素通常有**声调**(тон)这种语音成素作为它的语音标志,如汉语的语音词"zuótiān"(昨天)可以切分成 2 个音节"zuó-tiān",其中,第一个音节"zuó"(昨)的语音标志是阳平调,而第二个音节"tiān"(天)的语音标志是阴平调。①

　　音素(звук речи)是由音节切分出来的音段单位,是语流五级切分得出的线性语音单位。音素是语流中最小的不能再切分的具有一个完整发音动作的音段单位。如俄语的两个音节"вче-ра"可以进一步切分为音素[ф]、[ч']、[и°]、[р]、[a],汉语的两个音节"zuó-tiān"(昨天)可以进一步切分为音素[z]、[u]、[o]、[t]、[i]、[a]、[n]。在此,值得一提的是,我国语言学界也有不少学者把语流五级切分得出的线性语音单位叫作"音位"(фонема),然而,正如我国著名语言学家戚雨村早就明确指出的那样,"音位、音素和字母是不同的科学概念,我们必须明确地加以区分"(戚雨村,1985:101)。众所周知,音位是从社会功能的视角出发对语音进行分析得出的最小的能够区别意义的语音单位,是根据语音的辨义功能归纳出来的抽象语音单位,是音位学中的重要科学概念;而音素是从生理发音的视角出发对语音进行分析得出的最小语音单位,是按照发音划分出来的具体语音单位,是狭义语音学中的重要科学概念。音位能够区别语素和词的语音外壳,因此具有"辨义"功能,而音素却没有类似的区别功能。正如前文所言,语流切分是以生理发音为依据,而不是以社会功能为视角,因此我们认为,应该选用"音素"这一术语来指称语流五级切分得出的线性语音单位。

　　综上,俄、汉两种语流中的语音句、语段、语音词、音节、音素,都是语流切分得出的音段单位,它们都可以单独发音,都会在语音流中各占一定的时

---

　　① 关于"音节语素"(слогоморфема),具体可参见:Лингвистический энциклопедический словарь. М.: Научное издательство «Большая Российская энциклопедия», 2002, с. 25.

间片段。但是,在俄语音段单位体系中,语音句、语段、语音词都具有双重的切分依据,而音节和音素只有一个切分依据,其中,语音句、语段、语音词的切分依据是语义和语音,而音节、音素的切分依据是语音;而在汉语音段单位体系中,语音句、语段、语音词、音节都具有双重的切分依据——语义和语音,而唯独音素只有一个切分依据——语音。换言之,在俄语语流切分中,有 2个层级的音段单位的切分原则是纯语音切分,它们是音节和语素;而在汉语语流切分中,只有 1 个层级的音段单位,也就是音素,其切分原则是纯语音切分。汉语音节是语义和发音双重切分得出的语音单位,而俄语音节是纯语音切分得出的语音单位,我们认为,这就是俄汉音节之间最根本的区别之一。

俄语语流切分等级、音段单位、切分依据之间的对应关系,具体请看表 1;而汉语语流切分等级、音段单位、切分依据之间的对应关系,具体请看表 2。

表 1   俄语语流切分等级、音段单位、切分依据对应关系一览表

语流切分等级	音 段 单 位	切 分 依 据
一级切分	语音句	语义和语音
二级切分	语 段	语义和语音
三级切分	语音词	语义和语音
四级切分	音 节	语 音
五级切分	音 素	语 音

表 2   汉语语流切分等级、音段单位、切分依据对应关系一览表

语流切分等级	音 段 单 位	切 分 依 据
一级切分	语音句	语义和语音
二级切分	语 段	语义和语音
三级切分	语音词	语义和语音
四级切分	音 节	语义和语音
五级切分	音 素	语 音

我们发现,无论是俄语音段单位,还是汉语音段单位,相互之间都有着一种层级性质的组合—切分关系。通常来讲,相对低一层级的音段单位可以组合构成相对高一层级的音段单位;反过来,相对高一层级的音段单位可

以切分成相对低一层级的音段单位。各个层级的音段单位,依序与相对高一层级或低一层级的音段单位互为上下层级关系:语音句和语段互为上下层级,语段和语音词互为上下层级,语音词和音节互为上下层级,音节和音素又互为上下层级。一方面,各种层级的音段单位自下而上依序形成组合关系:音素—音节—语音词—语段—语音句;另一方面,各种层级的音段单位自上而下依序形成分解关系:语音句—语段—语音词—音节—音素。所有音段单位既层次分明,又彼此紧密联系,有序依次组合或分解,从而构成一个**音段单位层级体系**(иерархия сегментных единиц)。例如,语音句和语段互为上下层级,语音句是上位层级,而语段是下位层级,也就是说,若干语段可以组合构成一个语音句;反之,一个语音句可以切分成若干个语段。再如,音节和音素互为上下层级,音节是上位层级,而音素是下位层级,也就是说,若干音素可以组合构成一个音节;反之,一个音节可以切分成若干个音素。我们认为,音段单位层级体系正是语言的系统性在语音层面的具体表现。俄汉两种语言的音段单位层级体系,具体请看示意图1。①

示意图 1

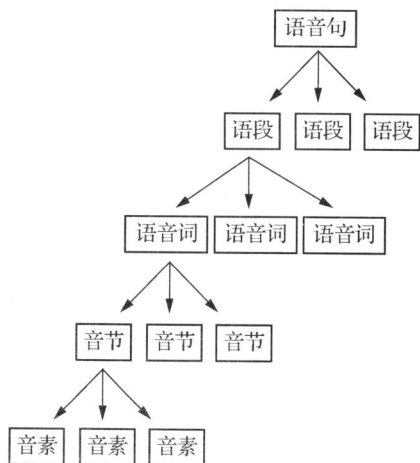

俄汉音段单位层级体系示意图

---

① 通常来讲,在俄汉音段单位层级体系中,下位层级的若干个语音单位可以构成一个上位层级的语音单位;反之,一个上位层级的语音单位可以分解成若干个下位层级的语音单位。这个"若干"的具体数量,可以是1个,也可以是2个以上。为方便图示,我们用虚指的3个来代表"若干数量"的意义。

　　此外,任何一种语言,在利用音段单位组成一个表义系统的同时,也会利用一些伴随这些音段单位出现的语音成素——超音段单位,来表达词汇意义或语法意义等。**超音段单位**或**超段性单位**(суперсегментная единица、супрасегментная единица、надсегментная единица、сверхсегментная единица),也可称作**非线性单位**(нелинейная единица),是指那些依附于音段单位之上的、不能单独发音的、与音段单位同时共现的特殊语音单位,如重音、声调、语调等。超音段单位是非线性语音单位,是语音成素的共时组合。超音段单位表现相应音段单位的语音特征,是相应音段单位的语音标记,如,词重音保障词的语音整体性,语调则把词联结成语段或语音句。音段单位能够从更大的单位中切分出来,并且能单独发音,而超音段单位则不能单独发音,它们只能依附于相应的音段单位之上,通过音段单位来表现自己的语音特征,如俄语的重音、汉语的声调、俄语和汉语的语调等。

二、词汇词和语音词

　　人们在使用语言时,首先总是先想到词。而且,几乎所有操某种语言的人,不管他会不会书写该语言的文字,对于什么是"词",一般都有一个直觉上的感性认识。但是,"词"作为一个抽象的语言单位,其概念涉及各种不同语言层面,况且,在不同的语言中,词的具体情况也不尽相同,因而,要给词下一个完整而科学的定义,并不是一件容易的事情,迄今为止,国内外学术界关于词的定义基本上可以说是众说纷纭。

　　尽管如此,词历来是语言学领域中的一个极为重要的研究对象。语言学的各个分支学科大多都会研究到词这个对象,因为词既有语音外壳,又有语义内涵,既有语法特征,又有语用特点,也就是说,词集聚了语言的多个层面的特征。因而,语言学家通常会相对于不同的语言层面,把词这一概念分解为若干层次:语音词、词汇词、语法词、语用词等。简单来讲,在语音层面我们所研究的词就是语音词,在词汇层面我们所研究的词就是词汇词,在语法层面我们所研究的词就是语法词,而在语用层面我们所研究的词就是语用词,等等。

　　通常来讲,词汇词(лексическое слово)——也有学者称之为词典词(словарное слово)——基本等同于语法词(грамматическое слово),只不过

研究视角有所区别,在语言学论著或语言学词典中一般被直接称作"词"(слово)。为了有别于本书要重点讨论的语音词,我们把人们通常所说的词称为"词汇词"(或"语法词")。对于什么是词汇词(或语法词)这一问题,在中国语言学界许多学者、许多专著都曾有过相关论述,如:王力认为,词是语言的最小意义单位,词的意义包括词汇意义(词所表示的概念)和语法意义(冯春田等,1995:84);胡裕树认为,"词是代表一定的意义、具有固定的语音形式、可以独立运用的最小的结构单位"(胡裕树,1995:203);黄伯荣、廖序东认为,"词是句中最小的能够独立运用的语言单位"(黄伯荣、廖序东,1997:249)。在俄罗斯语言学界,同样也有许多学者对于词汇词(或语法词)下过类似的定义,如:《俄语百科》(Русский язык: Энциклопедия)编者认为,词是"语言中的基本结构—语义单位,用来指称物质及其性质、现象、现实关系,拥有一系列为各个语言所特有的语义、语音和语法特征"(Караулов Ю. Н.,2003:496);Розенталь Д. Э. 等人认为,词是"语言中最重要的称名单位"(Розенталь Д. Э. и др.,2005:11);Белошапкова В. А. 等人认为,"在词汇学中,词是语言的词汇单位,具有一定的具体词汇意义"(Белошапкова В. А. и др.,1999:190)。

综观上述种种定义,我们可以看出,国内外学者对于词汇词(或语法词)的看法基本趋于一致。总体而言,**词汇词**(或**语法词**)就是指语言中最小的可以独立运用的语义结构单位,如俄语词"резюме"、"отчёт"、"модель"、"но"、"и"等,汉语词"tiānqì"(天气)、"pǎobù"(跑步)、"shízhuāng"(时装)、"suīrán"(虽然)、"bù"(不)等。

关于什么是语音词这一问题,在国内的普通语言学领域相关论述并不多见。笔者在现有资料中仅查到个别几处,一是戚雨村主编的《语言学引论》有这样一段论述,"比语音段小一级的语音单位是语音词或节奏组,这是语流中以重音为中心连接起来的音段,它的语音特征是比语段重音稍弱的词重音或节奏重音"(戚雨村,1985:96);二是戚雨村主编的《语言学百科词典》有一个语音词的同义术语"重读组","重读组指语流中以重读词为中心组成的语音单位。其中重读词一般为带有词重音(包括单重音和复重音)的实词,非重读的功能词作为附词与意义相联并直接相邻的重读词连成一气,因此重读组内部不能有停顿。……有些著作把它叫作语音词"(戚雨村等,

1993:402)；三是王德春在其编著的《语言学概论》中使用了一个与"语音词"同义的另一个术语"音词"，"音词是音段内以重读为中心连接起来的节奏组。音词可以包括几个词，其中非重读词与重读词连读"（王德春，1997:69）。

在国内的汉语语言学领域，关于语音词的论述则更为罕见，迄今笔者只查到一处，且作者讨论的并不是汉语普通话，而是上海方言，这就是钱乃荣的专著《上海话语法》。① 该书作者认为，"上海话的语流，是通过一个一个语音词连续组合起来的。在一个语音词与另一个语音词中间有着细小的停顿"（钱乃荣，1997:14）。在我国目前通行的现代汉语理论教材以及汉语语音学专著中，我们暂时没有找到有关语音词的论述。在此，值得一提的是，对于汉语语音词这一问题，我国俄语语音学界曾有学者明确表示，汉语中没有语音词这一概念和现象，如诸葛苹等认为，"汉语里一个词汇词可以有多个重读音节，不存在以一个重读音节为核心、'吸附'若干非重读音节的情况，所以，汉语没有语音词这个概念"（诸葛苹等，2001:225）。再如，陈君华也曾提出类似的观点，她写道，"俄语语音词的形成，正是俄语音节紧联系的表现之一，是汉语中所没有的"（陈君华，1993:22）。

近年来，在我国汉语语言学领域出现了一个与"语音词"类似的概念——"韵律词"。② 追根溯源，"韵律词"这一新的语言学术语译自美国。20世纪80年代以后，美国音系学界提出了韵律单位（prosodic unit）、韵律层级（prosodic hierarchy）等新概念，并很快被引进中国语言学界。此后，国内汉语韵律单位的研究也取得了很大进展。韵律词是最重要的韵律单位之一，目前已经成为我国汉语语言学领域中的研究热点。不过，迄今为止，我国学界对于韵律词的内涵与外延尚无统一认识，如，冯胜利认为，"'韵律词'是从韵律学的角度来定义的，指'最小的能够自由运用的语言单位'"（冯胜

---

① 我国汉语语言学领域中，也有学者用"语音词"这一术语来指汉语中一些多音节但又有特定韵律限制的、只表示单个语素义的语词形式，如普通话"啪啪"、"劈啪"、"啪啦"、"劈里啪啦"等象声词，古汉语的双声叠韵联绵词等，这与本书所讨论的"词汇词"（或语法词）的对立概念"语音词"完全不同。

② 我国汉语界也有学者明确表示，韵律词就是语音词。如曹剑芬曾在论文《从语音合成看汉语的重音结构》注释中写道，"本文所说的词都是指韵律词，或者叫语音词，而不是严格的句法意义上的词"。（曹剑芬 2007:288）

利,1996:161);林茂灿、颜景助认为,"韵律词是语句中这样的语音片段,听音人认为片段中各个音节是被连在一起紧密地念出来的"(林茂灿、颜景助,2000:58);王洪君认为,韵律词是"语法上凝固的、节律上稳定的单音步或凝固的复二步"①(王洪君,2000:526);邓丹、石锋认为,"韵律词主要指语音上结合紧密、经常在一起使用的音节组合,韵律词主要是通过感知判断得到的"(邓丹、石锋,2008:50)。

在国内俄语学界有关俄语语音学、俄语语言学通论一类的论著或教材中,作者多半会谈及语音词。如,诸同英曾经指出,"语音词是语流中的一种节律单位,它可能由一个或数个音节组成,也可能是一个单音。每个语音词都必须以全重音词的词重音为中心,词重音在语音词内所起的作用,是将音节联结成一个具有统一语音外貌的语音单位,语流因而具有鲜明的节律"(王超尘等,1988:138);再如,王宪荣认为,"语音词是由一个词重音组织起来的一个实词,或是一个实词同依附于它的虚词的组合"(王宪荣,1995:2);又如,陈君华曾经写道,"一些俄语词在语流中失去重音,和邻近带重音的词合成一个语音词。这些失去重音的词称为前附词或后附词"(陈君华,1993:22)。在俄罗斯语言学界,许多学者、许多专著都曾有过关于语音词的论述,其观点基本上也是大同小异,例如,Светлышев Д. С. 等人认为,语音词是由一个重音联结起来的一个实词与其相邻虚词的组合,或者就是一个实词(Светлышев Д. С. и др.,1986:84);Валгина Н. С. 等人认为,语音词是实词和与之依附的不带重音的虚词和语气词的组合(Валгина Н. С. и др.,1987:73);С. В. Князев、С. К. Пожарицкая 认为,语音词是由一个重音联结起来的语音链片断(Князев С. В.,Пожарицкая С. К.,2011:156)。

我们认为,语音词是人类语言中普遍存在的语音现象,是组成人类自然语流的重要语音单位之一。不管是说者还是听者,在用语言进行口头交际时,自然而然都要用语音词。说者用一个个语音词组成语流发送给听者,而听者也通过一个个语音词来感知语流。不仅英语、俄语、法语等

---

①　所谓音步(foot),原来是指英语诗歌中重读与非重读音节的特殊性组合。一个音步的音节数量可能为两个或三个音节,但不能少于两个或多于三个音节,而且其中只有一个必须重读。

重音语言中有语音词,而且,像汉语这一类的声调语言中同样也客观存在着语音词。只不过在汉语语音词中,音节与音节之间、词汇词与词汇词之间的联系,相对英语、俄语、法语等重音语言而言,较为松散,是"松联系",而不是"紧联系"。

就我们目前所掌握的文献资料而言,语音词这一语音现象在我国语言学界有多个不同的名称,如"语音词"、"音词"、"节奏组"、"重读组"、"韵律词"等。尽管它们因观察视角不同而名称各异,但其所指从本质上来说应该都是同一种语音现象。本书采用在我国俄语语音学界多年通行的说法——"语音词"。

不同语言中的语音词,由于语言重音特点各异而不可能完全相同,因此要给语音词下一个准确科学的定义相当困难。西方学者的语音词定义,大多以他们的语言重音特点为出发点,而我国学者的语音词定义,大多或多或少地受到西方学者语音词定义的影响。因此,目前我国学术界通行的语音词定义,大多忽略了汉语自身的重音特点,从而更适于阐释西方语言中的语音词,而在阐释汉语语音词时不免有点牵强附会。鉴于汉语是典型的声调语言,其重音特点与西方的非声调语言迥然有异,例如,西方语言的虚词往往不重读,而汉语中的不少虚词却往往带有音位学意义上的词重音,如双重虚词"huòzhě"(或者)(连词)、"suīrán"(虽然)(连词)、"érqiě"(而且)(连词)、"guānyú"(关于)(介词)、"gēnjù"(根据)(介词)、"tōngguò"(通过)(介词)等。[①]所以,我们在给语音词下定义时应该避免虚词非重读的笼统说法。

我们认为,**语音词**(фонетическое слово)是口语语流中用一个重音连接起来的中间一般不能有停顿的语流片断。语音词有可能是一个重读词,有可能是一个重读词和一个或几个与之意义紧密相联且又直接相邻的非重读词(或次重读词)的组合。语音词是语流三级切分得出的线性语音单位,它们是由语段切分出来的下一级音段单位,或者说是由音节组合而成的上一级音段单位,是音段单位层级体系中不可或缺的重要组成部分。语音词的

---

① 本书作者认为,汉语中凡是带有声调的音节都是音位学意义上的重读音节,只有念作轻声的音节才是音位学意义上的非重读音节。

语音标记是重音,语音词依靠重音的联结作用而成为一个语音整体。① 语音词与语音词之间可以有一个细小的停顿。例如,俄语语音句"He⌣роди́сь краси́вой, / a⌣роди́сь счастли́вой. //"中,2 个语段各自可进一步切分出 2 个语音词,前一个语段可切分成"He⌣роди́сь"、"краси́вой",后一个语段可切分成"a⌣роди́сь"、"счастли́вой";汉语语音句"Jīnnián xiàtiān,/ tā⌣de nǚér kǎo⌣shàng⌣le dàxué。//"(今年夏天,他的女儿考上了大学),其中第一个语段可以进一步切分出 2 个语音词"Jīnnián"(今年)、"xiàtiān"(夏天),第二个语段可以进一步切分出 4 个语音词"tā⌣de"(他的)、"nǚér"(女儿)、"kǎo⌣shàng⌣le"(考上了)、"dàxué"(大学)。结合语义—语法特点来看,语音词通常是由一个重音联结起来的一个词——**简单语音词**(俄语通常是实词,汉语大多为实词,有时也可能是虚词),如俄语实词"студе́нты"、"о́чень"、"лю́бят"、"танцева́ть",汉语实词"xuéshēng"(学生)、"fēicháng"(非常)、"xǐhuan"(喜欢)、"tiàowǔ"(跳舞),以及汉语虚词"huòzhě"(或者)(连词)、"gēnjù"(根据)(介词)等;或是由一个重音联结起来的一个实词同一个(或几个)虚词的组合——**组合语音词**,如俄语的"к⌣го́роду"、"под⌣кры́шу"、"лишь⌣гнев"、"у⌣на́с⌣бы"、"по⌣Москве́⌣ли",汉语的"wǒ⌣de"(我的)、"mǎi⌣le"(买了)、"hǎo⌣le⌣ma"(好了吗)、"huài⌣le⌣ba"(坏了吧)等;有时也有可能是由一个主重音组织起来的两三个实词的**组合语音词**,如,俄语的"оте́ц⌣мо́й"、"до́м⌣на́ш",汉语的"pá⌣qǐlai"(爬起来)、"yíng⌣shàngqu"(迎上去)等。

在此,为表述方便,我们推出了 2 个新的术语"简单语音词"(простое фонетическое слово)和"组合语音词"(составное фонетическое слово)。所谓**简单语音词**,就是指由一个重读的词汇词构成的语音词;而**组合语音词**,就是指由一个重读的词汇词和一个或几个与之意义紧密相联且又直接相邻的非重读词汇词(或次重读词汇词)的组合。

---

① 语音词的重音,确切来讲,已经不是音位学意义上的词重音,而是语音学意义上的语流重音。语流重音与词重音之间的区别和联系,具体请看本章第二节。

三、词汇词和语音词之间的关系

通过上文对于词汇词和语音词两个不同概念的阐释,我们不难发现,词汇词和语音词之间既有区别,又有联系。

一方面,词汇词和语音词之间有着一系列本质上的区别。根据我们分析,词汇词和语音词之间的本质区别主要在于以下六个方面:

第一,词汇词是语法—语义分析的结果,是词汇单位,它们主要在语言的词汇系统中发挥作用;而语音词是语音—语义分析的结果,是语音单位,它们主要在语言的语音系统中发挥作用。

第二,词汇词成素是语素及音位,词汇词的结构,也就是词汇词中的语素及音位的构成,具有相对的稳定性和持久性,词汇词属于语言单位;而语音词成素是音节及音素,语音词的结构,也就是语音词中的音节及音素的构成,具有相对的不稳定性和临时组合性,语音词属于语音单位。

第三,词汇词的切分依据是语法和语义,而语音词的切分依据是语音和语义。

第四,词汇词可以有重音,也可以没有重音;而语音词必须有一个重音,并且也正是依靠这个重音的联结作用而成为一个完整的语音整体。换言之,词汇词没有专门的语音成素作为它的语音标志,而语音词有专门的语音成素——重音来作为它的语音标记。

第五,在语流中,语音词起到基本的韵律构成要素的作用;而词汇词并不直接构成韵律要素,它们只有在成为语音词组合成分以后才能间接发挥韵律构成要素的作用。

第六,词汇词具有固定的语音结构,其中包括固定的重音结构,其发音孤立,不受到语音句的影响。而语音词不具有固定的语音结构,也不具有固定的重音结构,它只有在语音句中才能得到具体显现,只有在语音句的语调结构和韵律结构的影响下才能得到具体显现。由于在语音句语调韵律结构中所处的具体语音位置不同,语音词在声学特征和发音特征方面会有多种不同表现。

关于词汇词与语音词之间的本质区别,俄罗斯语音学家 Т. П. Задоенко 曾经指出,很多语言的语音实验研究表明,"语音句并非是其组成词的简单总和。语音句在使用组成词的现有语音结构和重音结构的同时，总是会根据语言的重音—节奏规律，使组成词的语音结构和重音结构发生各种变化。即便在有些语言中，组成词的初始重音结构在语音句中表现出相对的稳固性，在连贯言语中词汇词的语音外貌也不可能发生简单复制。词汇词在成为语音句成分的同时，由于它们的语义分量和交际价值不同，而被打上相应的韵律特征标记，从词汇层面的单位变成新的单位——语音句的结构成分"(Т. П. Задоенко，1980：89)。

　　另一方面，语音词与词汇词之间还有着极为密切的联系。词汇词是构成语音词的成素单位，而语音词是等于或大于词汇词的组合单位，也就是说，一个语音词可以正好等同于一个词汇词，也可以由几个词汇词组合而成。词汇词对于语流中语音词的切分有着重要的参考意义。词汇词的词汇—语法分类(亦即词类)，是口语语流中语音词的重要切分依据之一，但是，不同类型的语言中，语音词的切分与词汇词词类之间的对应关系也有所不同。

　　俄语属于典型的语调语言，也就是非声调语言。俄语语流中语音词的切分与俄语词汇词词类之间的对应关系较为简单明晰，与西欧众多语调语言相类似。对于俄语语流来讲，通常情况下，实词本身自然而然成为一个语音词，而虚词则依附于前一个或后一个相邻实词，与之共同构成一个统一的语音词。依附于重读实词之前的虚词，我们称之为**前附词**(проклитика)，依附于重读实词之后的虚词，我们称之为**后附词**(энклитика)。俄语语流中的前附词比较多，可以充当前附词的主要有单音节的前置词、连接词和语气词，如 **об**‿э́том、**у**‿стола́、**на**‿метро́、папа **и**‿ма́ма、по́нял，**что**‿нам надо...、**не**‿зна́ю、**и**‿она́ знает，等等。俄语语流中的后附词一般是单音节的语气词，永远作后附词的只有-то、-ка、бы、же、ли，如 они́‿**то**、покажи́‿**ка**、пое́хала‿**бы**、она́‿**же**、зна́ет‿**ли**，等等。只有在特殊情况下，俄语语流中的单音节前置词和否定语气词 не 可以带有重音，从而使后面的实词失去重音，成为后附词，如 бе́з‿**вести**、за́‿**ночь**、и́з‿**лесу**、по́д‿**руки**、на́‿**дом**、по́‿**два**、не́‿**был**、не́‿**дан**，等等。

　　俄语语流中的附词，无论是前附词，还是后附词，通常是非重读词。只有极个别的后附词属于次重读词，如"оте́ц‿мо̀й"、"до́м‿на̀ш"等。

关于俄语词汇词与语音词之间的联系，俄罗斯语言学家曾经指出，"我们假设，每一个词汇词都有一个自己的词重音，然而事实上并非如此。虚词只有在特殊情况下才会在语流中获得重音，如'He ý стола，а нáд столом!'。通常来讲，语句中重音的数量少于词的数量。这种情况的发生原因就在于所谓语音词的构成。在语音词中，虚词和实词通常被一个重音连接起来"（Ю. Н. Караулов，2003：574）。具体来讲，在俄语语流中，如果语音句不带有任何附词，那么，其语音词的数量刚好等同于词汇词的数量，例如，在俄语语音句"Они живýт óчень счастливо"中共有 4 个词汇词，而语音词同样也是 4 个，因为，该语音句中没有任何附词，每一个词汇词都自行构成一个简单语音词；反之，如果语音句带有附词，不管是前附词还是后附词，那么，由于语音词重音对于附词的吸附作用，语音句中语音词的数量往往会少于词汇词的数量，例如在俄语语音句"На каком этажé живýт Наташа и Зóя?"中共有 7 个词汇词，但是语音词只有 5 个，因为词汇词"на"和"каком"被重音连接成一个组合语音词"на каком"，而词汇词"и"和"Зоя"同样也被重音连接成一个组合语音词"и Зóя"，其中"на"和"и"都是前附词。

汉语属于典型的声调语言。汉语语流中，语音词的切分与汉语词汇词词类之间的对应关系较为错综复杂，与西欧众多的语调语言（非声调语言）有着明显的区别。具体来讲，在汉语语流中，无论是实词还是虚词，绝大多数两个音节以上的词汇词本身自然而然成为一个语音词，如由实词充当的语音词"xuéshēnghuì"（学生会）、"zhǔxí"（主席）、"xuānbù"（宣布）、"dàhuì"（大会）、"kāishǐ"（开始）等，由虚词充当的语音词"suīrán"（虽然）（连词）、"dànshì"（但是）（连词）、"rúguǒ"（如果）（连词）、"zìcóng"（自从）（介词）、"gēnjù"（根据）（介词）等。在汉语语流中充当前附词或后附词的主要是一些单音节词汇词，它们可以是实词，也可以是虚词。

在汉语语流中，可以充当前附词的主要有汉语实词中的单音节副词、单音节代词，还有汉语虚词中的单音节连词等。汉语语流中的前附词多为次重读词。①

在汉语语流中可以充当前附词的单音节副词主要有"较"、"不"、"很"、"正"、"最"、"近"、"头"、"刚"、"才"等。它们通常依附于后一个形容词、名词或动词等,与之构成一个统一的组合语音词,如"jiào‿rènzhēn"(较认真)、"bù‿tián"(不甜)、"hěn‿xiāosǎ"(很潇洒)、"zhèng‿wàngshèng"(正旺盛)、"zuì‿jiéjìng"(最洁净)、"jìn‿jǐ‿nián"(近几年)、"tóu‿liǎng‿tiān"(头两天)、"gāng‿jiéshù"(刚结束)、"cái‿qǐchuáng"(才起床)等。

在汉语语流中可以充当前附词的单音节代词主要有"该"、"那"、"这"、"谁"、"哪"、"怎"等。它们通常依附于后一个名词或动词等,与之构成一个统一的组合语音词,如"gāi‿tóngxué"(该同学)、"nà‿lǎoshī"(那老师)、"zhè‿bàozhǐ"(这报纸)、"shéi‿zhīdào"(谁知道)、"nǎ‿yǒu"(哪有)、"zěn‿liàoxiǎng"(怎料想)等。

在汉语语流中可以充当前附词的单音节连词主要有"与"、"和"、"同"、"跟"、"则"、"但"、"又"等。它们通常依附于后一个名词、代词、介词、连词等,与之构成一个统一的组合语音词,如"yǔ‿nèidì"(与内地)、"hé‿fùmǔ"(和父母)、"tóng‿xuéxiào"(同学校)、"gēn‿tāmen"(跟他们)、"zé‿yóu"(则由)、"dàn‿yīn"(但因)、"yòu‿gēn"(又跟)等。

在汉语语流中,可以充当后附词的主要有汉语实词中的单音节方位词、趋向动词,还有汉语虚词中的单音节语气词、助词等。汉语语流中的后附词多为非重读词(轻声词)。

在汉语语流中可以充当后附词的方位词主要有"里"、"上"、"下"等。它们通常依附于前一个名词或代词,与之构成一个统一的组合语音词:"jiā‿li"(家里)、"zhè‿li"(这里)、"zhuō‿shang"(桌上)、"huì‿shang"(会上)、"dì‿xia"(地下)、"xiāng‿xia"(乡下)等。

---

① 此处有关汉语语音词中的前附词和后附词的具体分析,参考了我国汉语语音学界对于汉语韵律词(即汉语语音词)的研究成果,主要借鉴了曹剑芬的《实际言语中的韵律词组词规律》(曹剑芬,2007:227-230)和熊子瑜的《浅析普通话韵律词的构组原则》(熊子瑜,2006:49-54)等。

在汉语语流中可以充当后附词的趋向动词主要有"来"、"去"、"上"、"下"等。它们通常依附于前一个动词,与之构成一个统一的组合语音词:"huí‿lai"(回来)、"chū‿qu"(出去)、"pǎo‿chū‿lai"(跑出来)、"zǒu‿jìn‿qu"(走进去)、"suǒ‿shang"(锁上)、"ài‿shang"(爱上)、"zuò‿xia"(坐下)、"tǎng‿xia"(躺下)等。

在汉语中可以充当后附词的语气词主要有"吧"、"吗"、"呢"、"啦"、"了"、"啊"等。它们通常依附于前一个实词——动词、疑问代词等,与之共同构成组合语音词:"qù‿ba"(去吧)、"zǒu‿ma"(走吗)、"zěnme‿ne"(怎么呢)、"yíng‿la"(赢啦)、"chéng‿le"(成了)、"shuō‿a"(说啊)等。

在汉语中可以充当后附词的助词主要有"的"、"地"、"得"、"着"、"了"、"过"等。它们通常依附于前一个实词——名词、代词、动词、形容词等,与之构成一个统一的组合语音词:"wǒ‿de"(我的)、"zhújiàn‿de"(逐渐地)、"xiě‿de"(写得)、"pǎo‿zhe"(跑着)、"dào‿le"(到了)、"lái‿guo"(来过)等。

在汉语语流中,如果语音句不带有任何前附词或后附词,那么,其语音词的数量等同于词汇词的数量,例如,在汉语语音句"Tāmen ài zǔguó."(他们爱祖国。)中,共有 3 个词汇词,而语音词同样也是 3 个,因为,该语音句中没有任何附词,每一个词汇词都自行构成一个简单语音词;如果语音句带有前附词或后附词,那么,由于语音词重音对于前附词或后附词的吸附作用,语音句中语音词的数量往往会少于词汇词的数量,例如,在带有后附词的汉语语音句"Lǎoshī yǐjīng zǒu‿le."(老师已经走了。)中共有 4 个词汇词,但是语音词只有 3 个,因为词汇词"zǒu"(走)和"le"(了)被一个重音连接成了一个组合语音词"zǒu‿le"(走了),其中,"le"(了)是一个非重读的后附词。

第二节　词重音和语流重音

一、词重音和语流重音

与词的两个对立概念"词汇词"和"语音词"相对应,我们很有必要区分重音的两个基本对立概念——词重音和语流重音。

我们认为，**词重音**（словесное ударение）就是词汇词作为一个语言单位，由于不同音节发音有强有弱而显现出来的重音，它为词汇词所固有，是没有受到语流中不同语调类型和韵律结构影响的语言学意义上的重音。一个词汇词可以有词重音，也可以没有词重音。通常来讲，绝大多数词汇词（主要是一些实词）有一个词重音，少数词汇词（主要是一些虚词）没有词重音。个别情况下，一个词汇词（主要是一些复合词）也可以有两个（或两个以上）的词重音，其中一个是主重音（главное ударение），另一个（或其他几个）是次重音（второстепенное ударение、побочное ударение）。

而**语流重音**（речевое ударение）就是语音词作为一个语流中的语音单位，由于不同音节发音有强有弱而显现出来的重音，它为语音词所固有，是受到语流中不同语调类型和韵律结构影响的语音学意义上的重音。通常来讲，一个语音词必定有一个语流重音，不管这个语音词是由一个词汇词还是由两个或若干个词汇词组成。在大多数情况下，语流重音位置往往与词重音位置相重合。因此，词重音在很大程度上预先决定了语流重音的结构模式。但是，语流重音并非是词重音的简单复制品，而是在语流中受到语调类型和韵律结构等因素调节因而发生种种变化以后的词重音，是词重音在语流中的种种动态表现形式。词重音具有潜性的声学特征，而语流重音取决于其在语音句中的具体重音位（акцентная позиция）具有相应的显性声学特征。

因此，本书所说的语流重音，可以用来指任何一种在口头言语语流中所显现出来的、受到语音句影响以后的词重音动态表现形式，确切地来说，也就是那些由于语音句的语义和语法结构的不同，而受到语音句语调类型和韵律结构影响以后的词重音动态表现形式。

这里的"语流重音"（речевое ударение）概念，在本质上相当于俄罗斯语音学家 Т. П. Задоенко 在其著作《汉语语流的韵律结构》（Ритмическая организация потока китайской речи）中所使用的"句重音"（фразовое ударение）概念。在该著作中，Т. П. Задоенко 把"句重音"（фразовое ударение）解释为"在语音句中出现的任何一种重音。对于语句重音的这种看法，现今已为大多数语音实验研究者所接受；在 О. А. Норк 和 Ц. Ф.

Адамова 所给的定义中,语句重音得到了最为准确的阐释:'句重音是一个重音体系,这些重音的数量和力量取决于被突出词在语音句中的交际价值。'"(Т. П. Задоенко, 1980:5)

众所周知,在俄语语音学界,语音句里若干语段重音中一个更为突出的语段重音通常也被叫作"句重音"(фразовое ударение)。俄语句重音通常落在陈述句中结束语段最后一个语音词的重读音节上(Ф. П. Филин, 1979:357;Д. Э. Розенталь, М. А. Теленкова, 2001:570;Ю. Н. Караулов, 2003:574)。也正是考虑到上述两个尚存争议的"句重音"概念很容易让读者产生理解上的不一致,本书作者认为很有必要推出一个全新的语音学术语"语流重音"(речевое ударение),来表达其中的第一个概念,即"在语音句中出现的任何一种重音";与此同时,我们决定采用"句重音"(фразовое ударение)来表达其中的第二个概念,即"语音句里若干语段重音中一个更为突出的语段重音",且俄语句重音通常落在陈述句中结束语段最后一个语音词的重读音节上。

二、词重音与语流重音之间的关系

词重音和语流重音是重音的两个基本对立概念,与词的两个对立概念"词汇词"和"语音词"相对应。词重音和语流重音这两个概念之间既有联系,又有区别。

一方面,词重音和语流重音这两个概念之间有着极为密切的联系:

第一,词重音和语流重音都属于超音段单位,两者都是某个词范围内由于不同音节发音有强有弱而显现出来的重音,不同的是,前者的词范围是指词汇词范围,而后者的词范围是指语音词范围;

第二,词重音和语流重音都不能单独发音,两者都要依附于相应的音段单位,通过相应的音段单位来表现自己的语音特征,不同的是,前者的依附单位是词汇词,而后者的依附单位是语音词;

第三,词重音和语流重音都是词的语音标记,不同的是,前者是词汇词的语音标记,可以把词汇词联结成为一个韵律整体;后者是语音词的语音标记,可以把语音词联结成为一个韵律整体;

第四,在大多数情况下,语流重音位置往往与词重音位置相重合,因此,词重音在很大程度上预先决定了语流重音的结构模式。

另一方面,语流重音并非是词重音的简单复制品,它们之间有着一系列本质上的区别。我们认为,词重音和语流重音之间的本质区别主要表现在以下几个方面:

第一,词重音为词汇词所特有,它们只是在词汇体系中发挥作用,是语言学意义上的重音;而语流重音为语音词所特有,它们在语流体系中发挥作用,是语音学意义上的重音。

第二,词重音是词汇词的选择性语音标记,一个词汇词可以有词重音,也可以没有词重音;而语流重音是语音词的必要性语音标记,一个语音词必定有一个语流重音,不管这个语音词是由一个词汇词组成的简单语音词,还是由两个或若干个词汇词组成的组合语音词。

第三,词重音位置具有绝对的超个体性质,通常取决于某个语言的操用者的集体意志,取决于约定俗成的社会习惯,说话者个人不能随意变动;而语流重音位置相对来讲,并不具有绝对的超个体性质,而是具有一定的随意性,说话者往往可以根据自己交际任务的不同来改变部分语流重音的位置,用以表达不同的句子含义,例如逻辑重音的位置变动等。

第四,词重音是没有受到任何语音句影响的重音,它们具有相对恒定的区别性特征,换言之,词汇词重读音节总是有别于非重读音节而得到明显强调;而语流重音是在语音句语调类型和韵律结构影响下的重音,由于它们在语音句中所处的地位各有差异,不同类别的语流重读音节与非重读音节的区别程度也会相应地有所不同,从而构成强调程度不一的语流重音层级体系。我们认为,语流重音层级体系正是语言的系统性在韵律层面的具体表现。

第三节 语流重音层级体系理论构想

一、语流重音层级体系的结构和特点

我们认为,从结构上来讲,语流重音是一个完整的包括各种突出程度不一的语流重音变体的重音层级体系。通常来讲,在感情色彩为中性的语流中,**语流重音层级体系**(иерархия речевых ударений)中主要包括四种不同

类型的**语流重音变体**（вариант речевого ударения）：节奏重音（ритмическое ударение）、语段重音（синтагматическое ударение）、句重音（фразовое ударение）和逻辑重音（логическое ударение）。

语流重音层级体系主要有四大特点：层级性、系统性、受制约性、动态性。其中，语流重音层级体系的层级性，是指语流重音变体的突出程度呈层级性，也就是说，不同的语流重音变体，相互之间有着一种层级性质的衬托—突出关系，通常来讲，相对低一级的语流重音变体可以衬托相对高一级的语流重音变体，反过来，相对高一级的语流重音变体在相对低一级的语流重音变体的衬托中得以突出；语流重音层级体系的系统性，是指语流重音是一个完整的重音层级体系，这个体系由不同的语流重音变体按照不同的层级依次有序组合而成；语流重音层级体系的受制约性，是指语流重音变体的突出程度，一方面要受到不同的语音条件的限制，要受到其重音位的制约，另一方面还要受到不同语流重音变体相互之间的制约；语流重音层级体系的动态性，是指语流重音变体并非具有恒定的、一次性定型的超音段音位特征，而是因不同的语音条件、不同的重音位、不同的语流重音变体相互关系而呈现出不同的动态的特征。

二、语流重音的四个层级不同的重音位

各种不同类型的语流重音变体，由于它们相对应的语音词在语音句中所承载的语义分量和交际功能不同，在语音句中处于不同的**重音位**（акцентная позиция），受到不同的语音条件的限制，因而具有不同的突出程度。

什么是语流重音的语音条件？俄罗斯语音学家 Н. Д. Светозарова 曾经指出："句子的语音结构分析表明，一个韵律结构确定的词（实质上是指本书所说的词汇词——本书作者注），在语流中并非具有恒定的、一次性定型的超音段音位特征。一个词的长度、强度，尤其是音调，会经受很大的变动，这主要取决于该词所处的句子的语调类型，取决于该词的语义分量及其在句子语调结构中所处的位置。"（Н. Д. Светозарова，1982：123）显然，一个语音词在某个语音句中以什么类型的语流重音变体来得到强调，主要受到三个要素的制约：1. 语音句的语调类型和韵律结构；2. 该语音词在整个句子中

的语义分量和交际功能；3. 该语音词在语音句语调韵律结构中所处的位置。也正是这三个要素构成了语流重音的语音条件。此外，不同类型的语流重音变体具有不同的语音条件决定性要素。对于节奏重音、语段重音和句重音来讲，一个语音词在语音句语调韵律结构中所处的位置，是其语音条件决定性要素；而对于逻辑重音来讲，语音条件决定性要素则是语音词的语义分量和交际功能。

据此，我们可以区分出语流重音的四个层级不同的重音位：

一级重音位——语音句中不承担任何中心作用的背景语音词重读音节；

二级重音位——语音句中承担非完结语段中心作用的平常焦点语音词重读音节；

三级重音位——语音句中承担完结语段中心作用的平常焦点语音词重读音节；

四级重音位——语音句中承担语义逻辑强调中心作用的特殊焦点语音词重读音节。

无论是对于俄语语流重音来讲，还是对于汉语语流重音来讲，一级重音位是**弱重音位**（слабая акцентная позиция），在弱重音位上的语流重音的突出程度相对弱化，在语句韵律结构中起背景烘托作用；二级重音位、三级重音位都是**强重音位**（сильная акцентная позиция），在这些重音位上的语流重音的突出程度相对强化，在语句韵律结构中起平常焦点突出作用；四级重音位是**特强重音位**（особенно сильная акцентная позиция），在特强重音位上的语流重音突出程度高度强化，在语句韵律结构中起特殊焦点突出作用。

三、重音位与语流重音类型之间的对应关系

语流重音类型包括：节奏重音、语段重音、句重音、逻辑重音。它们从本质来讲，就是语流重音在四个不同层级的重音位上的变体：节奏重音是语流重音在一级重音位上的变体，语段重音是语流重音在二级重音位上的变体，句重音是语流重音在三级重音位上的变体，而逻辑重音则是语流重音在四级重音位上的变体。其中，节奏重音是语流重音在弱重音位上的变体，其突出程度相对弱化，在语句韵律结构中起背景烘托作用；语段重音、句重音是

语流重音在强重音位上的变体,其突出程度相对强化,在语句韵律结构中起平常焦点突出作用;而逻辑重音是语流重音在特强重音位上的变体,其突出程度高度强化,在语句韵律结构中起特殊焦点突出作用。

各种类型不同的语流重音变体,由于它们在语音句中所处的重音位不同,因而它们的突出程度不尽相同,在语句韵律结构中的作用也不尽相同。根据语流重音在语句韵律结构中的不同作用,我们把在语句韵律结构中起背景烘托作用的节奏重音称为"**陪衬重音**"(фоновое ударение),把在语句韵律结构中起焦点突出作用的语段重音、句重音、逻辑重音称为"**焦点重音**"(фокусное ударение),其中,在语句韵律结构中起平常焦点突出作用的语段重音和句重音为"**平常焦点重音**"(обычное фокусное ударение),在语句韵律结构中起特殊焦点突出作用的逻辑重音为"**特殊焦点重音**"(особое фокусное ударение)。

不同层级的重音位与各种语流重音类型之间的对应关系,具体请看表 3。

表 3   重音位与语流重音类型对应关系一览表

重 音 位		语流重音类型		
一级重音位	弱重音位	节奏重音	陪衬重音	
二级重音位	强重音位	语段重音	平常焦点重音	焦点重音
三级重音位		句重音		
四级重音位	特强重音位	逻辑重音	特殊焦点重音	

四、表情重音和语流重音的区别

在此值得一提的是,除了上述四种语流重音变体以外,还有不少俄罗斯语音学家曾经讨论过所谓"表情重音"(эмфатическое ударение)或"感情重音"(эмоциональное ударение)。① 例如,Л. В. Щерба 认为,表情重音"或者

---

① 俄语语音学术语"эмфатическое ударение",在我国学界没有统一译法,有人译成"表情重音",也有人译成"强调重音"。本书采用前者。

凸显和强调词的感情特征，或者表达说话人对于某一个词的激动情绪"(Л.
В. Щерба，1955：133)；Л. Р. Зиндер 也曾指出，词的语义强调"可能会被各
种感情色彩(高兴、愤怒、讥讽、蔑视等)复杂化。因此，和逻辑重音一起，有
时我们还会提出表情重音或感情重音"(Л. Р. Зиндер，1960：292)；Н. В.
Черемисина 同样持有类似观点，她认为，"表情重音首先是感情方面的：'它
用来表达情感'，而且可能会有相当丰富多样的表情意义和声学表现特征；
在俄语言语中感情色彩通常通过被强调词中明显拉长的重读元音的音高音
色变化来表现"(Н. В. Черемисина，1989：11)。

　　在中国语音学界也有不少学者曾经提到过表情重音。如：徐世荣提出，
"另外，还有所谓'情感重音'是在情绪激动的时候，把某些音节的音量加强。
这就更不固定；而且常常是一句话或几句话的音节都一律加强"(徐世荣，
1958：104)；胡裕树也曾经谈论过表情重音，"人们对某些事物有特殊的感
情，有时也用重音来表现。……'怕死不当共产党员！'，用饱含着强烈感情
的重音来念，就能如金石掷地，反映出共产党人对革命忠贞不渝、宁死不屈
的坚强决心"(胡裕树，1995：116)；罗常培、王均认为，"因为含有强烈的感情
而加强的重音叫作强调重音……强调重音也就是感情重音……这种特殊的
重音事实上比平常的重音还强"(罗常培、王均，2002：159)。

　　我们认为，所谓**表情重音**(或**感情重音**)，是指说话人为了表达内心的强
烈感情，用加大音量、拖长音节等方法，强调突出某些特定词语、句子甚至整
个段落。表情重音大多出现在说话者内心情感强烈、情绪激动时，如欣喜、
兴奋、愤怒、激昂等状态。表情重音可以使得语言感情色彩丰富，充满生气，
有较强的感染力。

　　显然，表情重音与本书所要重点研究的节奏重音、语段重音、句重音和
逻辑重音有着本质上的区别，它用来表达说话者非常态情绪下的激动心情，
从而使得其言语听起来充满强烈的感情色彩，况且常常是将整整一句话或
一段话的所有音节，包括其中的所有重读音节和非重读音节，都一律高度情
绪化地突出强调。而本书的研究任务主要是探讨说话者常态情绪下的各种
语流重音变体，因此，本书研究对象暂时不包括表情重音研究。

本章小结

本章首先在阐释词汇词和语音词两个不同概念的基础上,讨论词汇词与语音词之间的区别和联系。词汇词和语音词之间的区别主要在于:1. 词汇词是语法—语义分析的结果,是词汇单位;而语音词是语音—语义分析的结果,是语音单位。2. 词汇词成素是语素及音位,词汇词的语素及音位构成具有相对的稳定性和持久性,属于语言单位;而语音词成素是音节及音素,语音词的音节及音素构成具有相对的不稳定性和临时组合性,属于语音单位。3. 词汇词的切分依据是语法和语义,而语音词的切分依据是语音和语义。4. 词汇词没有专门的语音成素作为它的语音标志,而语音词有专门的语音成素——重音来作为它的语音标记。5. 在语流中,语音词起到基本的韵律构成要素的作用,而词汇词并不直接构成韵律要素,它们只有在成为语音词组合成分以后才能间接发挥韵律构成要素的作用。6. 词汇词具有固定的语音结构,其中包括固定的重音结构,其发音孤立,不受到语音句的影响;而语音词不具有固定的语音结构,也不具有固定的重音结构,它只有在语音句中才能得到具体显现,只有在语音句的语调结构和韵律结构的影响下才能得到具体显现。语音词与词汇词之间的联系主要在于:1. 词汇词是构成语音词的成素单位,而语音词是等于或大于词汇词的组合单位;2. 词汇词的词汇—语法分类是语音词的重要切分依据之一。

本章随后推出重音的两个基本对立概念——词重音和语流重音,重点讨论词重音和语流重音之间的区别和联系。我们认为,词重音就是词汇词作为一个语言单位,由于不同音节发音有强有弱而显现出来的重音,它为词汇词所固有,是没有受到语流中不同语调类型和韵律结构影响的语言学意义上的重音;语流重音就是语音词作为一个语流中的语音单位,由于不同音节发音有强有弱而显现出来的重音,它为语音词所固有,是受到语流中不同语调类型和韵律结构影响的语音学意义上的重音。词重音和语流重音之间的联系主要在于:1. 词重音和语流重音都属于超音段单位,两者都是某个词范围内由于不同音节发音有强有弱而显现出来的重音;2. 词重音和语流重音都不能单独发音,两者都要依附于相应的音段单位,通过相应的音段单位来表现自己的语音特征；3. 词重音和语流重音都是词的语音标记；4. 词重音在很大程度上预先决定了语流重音的结构模式。词重音和语流重音之间的区别主要在于：1. 词重音为词汇词所特有，是语言学意义上的重音；而语流重音为语音词所特有，是语音学意义上的重音。2. 词重音是词汇词的选择性语音标记；而语流重音是语音词的必要性语音标记。3. 词重音位置具有绝对的超个体性质，通常取决于约定俗成的社会习惯；而语流重音位置具有一定的随意性，说话者往往可以根据自己交际任务的不同来改变部分语流重音的位置。4. 词重音是没有受到任何语音句影响的重音，它们具有相对恒定的区别性特征；而语流重音是在语音句语调类型和韵律结构影响下的重音，由于它们在语音句中所处的重音位各有差异，不同类别的语流重读音节与非重读音节的区别程度也会相应地有所不同，从而构成强调程度不一的语流重音层级体系。我们认为，语流重音层级体系正是语言的系统性在韵律层面的具体表现。

　　本章最后创新性地提出语流重音层级体系的理论构想。我们认为，从结构上来讲，语流重音是一个完整的包括各种突出程度不一的语流重音变体的重音层级体系，在感情色彩为中性的语流中，语流重音层级体系通常可以包括四种不同类型的语流重音变体：节奏重音、语段重音、句重音和逻辑重音。语流重音层级体系主要有四大特点：层级性、系统性、受制约性、动态性。

　　各种不同类型的语流重音变体，由于它们相对应的语音词在语音句中所承载的语义分量和交际功能不同，在语音句中处于不同的重音位，受到不同的语音条件的限制，因而具有不同的突出程度。语流重音的语音条件主要有三个要素：1. 语音句的语调类型和韵律结构；2. 该语音词在整个句子中的语义分量和交际功能；3. 该语音词在语音句语调韵律结构中所处的位置。语流重音有四个层级不同的重音位：一级重音位、二级重音位、三级重音位和四级重音位。其中，一级重音位是弱重音位，二级重音位、三级重音位是强重音位，而四级重音位则是特强重音位。语流重音类型包括：节奏重音、语段重音、句重音、逻辑重音。它们从本质来讲，就是语流重音在四个不同层级的重音位上的变体：节奏重音是语流重音在一级重音位上的变体，语段重音是语流重音在二级重音位上的变体，句重音是语流重音在三级重音位上的变体,而逻辑重音则是语流重音在四级重音位上的变体。其中,节奏重音是语流重音在弱重音位上的变体,其突出程度相对弱化,在语句韵律结构中起背景烘托作用;语段重音、句重音是语流重音在强重音位上的变体,其突出程度相对强化,在语句韵律结构中起平常焦点突出作用;而逻辑重音是语流重音在特强重音位上的变体,其突出程度高度强化,在语句韵律结构中起特殊焦点突出作用。

本章中"语流重音"、"语流重音层级体系"、"语流重音变体"、"重音位"、"弱重音位"、"强重音位"、"特强重音位"、"陪衬重音"、"焦点重音"、"平常焦点重音"、"特殊焦点重音"等系列概念的推出,尤其是语流重音层级体系理论构想的推出,对于俄语和汉语重音研究、俄汉重音对比研究以及普通语音学意义上的重音研究,具有重要的理论创新意义。

第二章　俄语语流重音声学实验研究

俄语语流重音是俄语语音系统中最为复杂的语音现象之一,它与俄语语言学多个分支学科紧密相关。首先,俄语语流重音的各种语音特征,使其成为俄语语音学的一个重要研究对象;其次,俄语重音的异位性和移动性,使得俄语语流重音与俄语词汇学和词法学关系密切;再者,俄语重音在俄语语流中的各种变体和作用,使得俄语语流重音又与俄语句法学密不可分。俄罗斯著名语音学家 Р. И. Аванесов 曾经指出:"作为一个复杂的现象,重音对于语言结构的不同方面都具有重要意义。异位性使得重音成为一个词的个体特征,使该词有别于其他词,也就是说,重音属于词汇学领域。重音的移动性是该词在该语法形式中的特征。"(Р. И. Аванесов,1955:31)

本书第二章首先对于俄语词重音和语流重音进行必要的概念梳理,随后,在采集和整理声学实验数据和分析语图的基础上,分别阐述俄语语流重音各种变体的主要声学特征。此外,本章最后一节试图对照俄语语流重音层级体系和俄语语调结构体系,揭示各种不同类型的俄语语流重音变体在俄语调型结构中的作用,以期对我国俄语重音教学有所帮助。

第一节　俄语词重音概述

一、俄语词重音的定义

俄语词汇词,和俄语语音词一样,同样可以切分成一个个更小的单位——俄语音节。通常来讲,元音是俄语音节的基础。一个俄语词汇词有几个元音就有几个音节。元音和辅音,在俄语音节的构成中有着不同的作用,其中,元音是**成节音**(слогообразующий звук),而辅音是**非成节音**(неслогообразующий звук)。元音是俄语音节的必要性成素,没有元音,也就没有音节,且元音可以单独构成音节;而辅音是俄语音节的选择性成素,一个音节可以有辅音,也可以没有辅音,且辅音不能单独构成音节。一个俄语音节中的元音数量只能是 1 个,而一个俄语音节中的辅音数量可以是 0 个、1 个以及 2 个以上。

俄语词汇词有单音节词和多音节词两大类。由一个音节构成的词叫**单音节词**(однослоговые слова),由两个或两个以上音节构成的词叫**多音节词**(многослоговые слова)。俄语的多音节词可以包括双音节词、三音节词、四音节词、五音节词等。据统计,在现代俄语词汇系统中,占大多数的是双音节词、三音节词、四音节词,而单音节词相当少。(诸葛苹等,2001:18)

俄语中两个或两个音节以上的多音节词汇词,其中包括多音节实词和多音节虚词,它们在孤立发音时,通过发音器官的紧张状态造成音色清晰度的增加,以及通过延长音节音长等方法,使词内某一个音节突出起来,这就是俄语的**词重音**(словесное ударение),而被强调突出的音节就是俄语的**词重读音节**(словесно-ударный слог)。俄语词重读音节中的辅音和元音,发音动作到位,音色完满。俄语词重音,通常用符号[′]标在重读音节中元音的上方。例如,俄语多音节实词"хорошо́"(好)、"жа́ркий"(炎热的)、"визи́тка"(名片)、"скани́ровать"(扫描)、"она́"(她,它)、"два́дцать"(二十)等,俄语多音节虚词"чтобы"(为了)、"хотя́"(虽然)、"благодаря́"(由于,多亏)、"неуже́ли"(难道)、"да́же"(甚至)等。

俄语单音节词汇词,无论它们是实词还是虚词,尽管只有一个音节,没有其他音节可作比较,但是它们在孤立发音时,其辅音和元音的发音同样是动作到位,音色完满,与多音节词汇词中的重读音节没有任何本质上的区别。

试比较:я(我)(实词)—— я́сно(清楚,明白)

но(但是)(虚词)—— но́ты(乐谱)

а(而)(虚词)—— а́збука(字母、字母表)

о(关于)(虚词)—— о́чень(很)

ход(进程)(实词)—— дохо́д(收入)

вкус(味道)(实词)—— вку́сный(好吃的)

не(不)(虚词)—— не́когда(没时间)

да(是的)(虚词)—— да́ма(女士)

зонт(伞)(实词)—— зо́нтик(小伞)

вы(您;你们)(实词)—— вы́полнить(完成)

因此,俄语单音节词汇词和多音节词汇词一样,同样带有重音。俄语单音节词汇词本身就是一个重读音节,其重音一般不再专门标注,如上面左边一栏所列举的例词。

综合上面两种情况,我们可以认为,俄语中的任何一个成音节的词汇词,不管是实词,还是虚词,不管是多音节词,还是单音节词,它们在孤立发音的时候,通常都有一个词重音。俄语中只有那些极个别的由于没有元音而无法成音节的虚词没有词重音,如,"к"(向,朝,往;快到……时候)(前置词)、"в"(到……里;在……里)(前置词)、"с"(从……;和……)(前置词)、"тсс"(嘘,表示要求安静)(拟声词)、"гм"(哼,嗯)(感叹词)等。

此外,俄语中有一小部分多音节的词汇词,它们通常是实词中的复合词(сложное слово),可以有两个词重音:主重音(основное ударение)和次重音(побочное ударение 或 второстепенное ударение)。次重音与主重音相比,发音器官的紧张度稍弱,辅音和元音的音色清晰度稍弱,音节音长稍短。一个俄语词汇词带有两个重音时,次重音通常靠近词首,主重音通常靠近词末,次重音用符号[`]表示,主重音则沿用符号[´],如"да̀льневосто́чный"(远东的)、"ра̀диопереда́ча"(广播节目)、"кля̀твопреступле́ние"(伪证、伪誓)、"вѝце-президе́нт"(副总裁、副总经理、副总统)、"ко̀е-когда́"(有时,间或)等。但是,带有两个词重音的俄语词汇词,在整个俄语词汇系统中所占比例很小,俄语中极为普遍的是带有一个重音的词汇词。

二、俄语词重音的位置

根据重读音节在词中的位置,世界各种语言中的重音,通常可以分为两类:1. 固定重音(фиксированное ударение),即重音总是固定在词的某个音节上,如捷克语重音固定在词的第一个音节上,波兰语重音固定在词的倒数

第二个音节上；2. 自由重音(свободное ударение)，即重音并不总是固定在词的某个音节上，词的任何音节都有可能成为词重读音节，如英语等。

总体而言，俄语词重音是自由重音，即重音并非总是固定在词的某个音节上，它可能出现在词的任何一个音节上。俄语语音学界普遍认为，就重音位置而言，俄语词重音有两个重要特性：自由性与移动性。

俄语词重音的**自由性**(свободность)，亦称**异位性**(разноместность)，是就俄语全部词汇词的重音总体而言的，是指俄语词重音并非总是统一地固定在词的某一特定位置的音节上，或词的某一特定类型的语素上。一方面，俄语词重音可以位于词内任何位置的音节上，词的第一、第二、第三、第四、第五等音节都可能有重音，如"нéбо"(天空)(第一音节重读)、"студéнт"(大学生)(第二音节重读)、"телевúзор"(电视机)(第三音节重读)、"лаборатóрия"(实验室)(第四音节重读)、"инопланетя́нин"(外星人)(第五音节重读)；另一方面，除了中缀以外，俄语词汇词的词根、前缀、后缀、词尾、尾缀等语素也都可能有重音，如"кóсмос"(宇宙)(词根重读)、"вы́ход"(走出；出口)(前缀重读)、"оскорблённый"(被侮辱的)(后缀重读)、"господá"(先生，复数主格形式)(词尾重读)、"поднялся́"(站起来，阳性过去时形式)(尾缀重读)。这就是俄语词重音的自由性(异位性)。

俄语词重音的**移动性**(подвижность)，是就某个俄语词汇词的全部语法形式而言的，是指一个俄语词汇词构成各种不同的语法形式时，重音从一个音节移到另一个音节，从一个语素移到另一个语素，如：рукá(名词，手，手臂)(单数主格)——рýку(单数宾格)、откажýсь(动词，拒绝)(将来时单一人称)——откáжешься(将来时单二人称)、больнóй(形容词，有病的)(长尾原形)——бóлен(短尾阳性)——больнá(短尾阴性)，等等。这就是俄语词重音的移动性。现代俄语中的大多数词汇词具有移动重音，然而，与此同时，也有一部分俄语词汇词具有固定重音，如 кнúга(名词，书)一词，不管变成什么语法形式，其重音始终落在第一音节上：кнúга(单数主格)、кнúги(单数属格)、кнúге(单数给格)、кнúгу(单数宾格)、кнúгой(单数工具格)、(о) кнúге(单数前置格)、кнúги(复数主格)、кнúг(复数属格)、кнúгам(复数给格)、кнúги(复数宾格)、кнúгами(复数工具格)、(о) кнúгах(复数前置格)。

在此，我们顺便提一下，俄语重音学论著中有时还会出现"重音曲线"、

"重音聚合体"这两个概念。所谓**重音曲线**(акцентная кривая),是指一个俄语词的不同词形中的重音分布示意图。具有相同重音曲线的词,可以归为一个**重音聚合体**(акцентная парадигма)。在现代俄语中,通常可以区分出三种基本重音聚合体:重音聚合体 a,由那些词干上带有非移动重音的名词构成,如 воро́на — воро́н-у(乌鸦);重音聚合体 b,由那些词尾上带有非移动重音的名词构成,如 пелена́ — пелен-у́(罩布);重音聚合体 c,由那些带有移动重音的名词构成,如 дар — дары́(礼品,赠品)。(С. В. Князев, С. К. Пожарицкая,2011:164)俄语中的三种基本重音聚合体,具体请看表 4。

表 4　俄语中的三种基本重音聚合体

	重音聚合体 a	重音聚合体 b	重音聚合体 c
单数主格	воро́н-а	пелен-а́	дар
单数属格	воро́н-ы	пелен-ы́	да́р-а
单数给格	воро́н-е	пелен-е́	да́р-у
单数宾格	воро́н-у	пелен-у́	дар
单数工具格	воро́н-ой	пелен-о́й	да́р-ом
单数前置格	(о) воро́н-е	(о) пелен-е́	(о) да́р-е
复数主格	воро́н-ы	пелен-ы́	дар-ы́
复数属格	воро́н	пелён	дар-о́в
复数给格	воро́н-ам	пелен-а́м	дар-а́м
复数宾格	воро́н	пелен-ы́	дар-ы́
复数工具格	воро́н-ами	пелен-а́ми	дар-а́ми
复数前置格	(о) воро́н-ах	(о) пелен-а́х	(о) дар-а́х

　　在俄语重音教学实践中,我们发现,掌握俄语词重音位置始终是一大难点。俄语重音聚合体理论,可以帮助我们分清俄语重音教学的重点。根据俄语重音聚合体理论,重音聚合体 a 和重音聚合体 b 分别由那些词干和词尾上带有非移动重音的名词构成,而重音聚合体 c 由那些带有移动重音的名词构成。因此,我们在俄语重音教学中,应该聚焦于重音聚合体 c,应该积极引导学生更多地关注重音聚合体 c,应该着重研究重音聚合体 c 的重音移动规律。

三、俄语词重音的功能

俄语词重音对于俄语词汇词来讲极为重要,在俄语词汇体系中行使着各种重要功能。总的来说,俄语词重音的功能主要有以下 3 个:联结功能、辨义功能以及语音划界功能。

1. 联结功能

所谓俄语词重音的**联结功能**(亦称"**达顶功能**")(кульминативная функция 或 вершинообразующая функция),是指俄语词重音通过语音手段突出重读音节,形成词汇词的韵律中心,从而将俄语词汇词各音节联结成为一个完整而又独立的语音单位的功能。在俄语词汇系统中,除了极个别的由非成节音构成的特殊词以外,如上文所提及的俄语词"к"、"в"、"с"、"тсс"、"гм"等,词重音是绝大多数俄语词汇词必须具备的语音特征,在词汇词的语音外壳形成中起到联结作用,词重音决定俄语词以及词形的语音面貌。俄语词汇词的语音标记是词重音,词汇词依靠词重音的联结作用而成为一个语音整体。

2. 辨义功能

俄语词重音不仅决定俄语词以及词形的语音面貌。在很多情况下,俄语词重音的变化往往还会导致词义、词类、词形以及词的修辞色彩的改变。此时的俄语词重音就有重要的辨义功能。俄语词重音的**辨义功能**(亦称"**能指功能**")(смыслоразличительная функция 或 сигнификативная функция),是指俄语词重音具有区别词义、词类、词形和词的修辞色彩的作用。

a. 区别词义

俄语词重音可以用来区别词义,例如名词 мýка(痛苦)和 мукá(面粉)、名词 зáмок(城堡)和 замóк(锁)、名词 óрган(器官)和 оргáн(管风琴)、动词 плáчу(我哭)和 плачý(我付钱)、动词 стоúт(站,位于)和 стóит(价值),等等。

b. 区别词类

俄语词重音可以用来区别词类,例如 жúла(血管)是名词,而 жилá(生活)则是动词 жить 的过去时阴性形式;вéсти(消息)是名词 весть 的单数属格或复数主格形式,而 вестú 则是动词(带领,引导,驾驶等)的不定式;ужé(已经)是副词,而 ýже(较窄的;较窄)则是形容词 ýзкий(窄的)或副词 ýзко

（窄）的比较级；дорóга（道路）是名词，而 дорогá（珍贵）则是形容词 дорогóй 的短尾阴性形式；цéлую（完整的）是形容词 цéлый 的阴性单数宾格形式，而 целýю（我吻）则是动词 целовáть（吻）的现在时第一人称单数形式，等等。

c. 区别词形

俄语词重音可以用来区别词汇词的语法形式，如 рукѝ（名词 рукá 的单数属格形式）和 рýки（名词 рукá 的复数主格形式）、мáстера（名词 мáстер 的单数属格形式）和 мастерá（名词 мáстер 的复数主格形式）、окнá（名词 окнó 的单数属格形式）和 óкна（名词 окнó 的复数主格形式）、лю́бите（动词 люби́ть 的现在时复数第二人称形式）和 люби́те（动词 люби́ть 的第二人称命令式复数形式）、ý́чите（动词 учи́ть 的现在时复数第二人称形式）和 учи́те（动词 учи́ть 的第二人称命令式复数形式），等等。

d. 区别词的修辞色彩

俄语词重音可以用来区别词汇词的修辞色彩，如 деви́ца、молодéц、шёлковый 属于中立语体，而 дéвица、мóлодец、шелкóвый 则属于民间诗歌语体；再如 ѝзбранный、сýдьбами、тóлпами 属于中立语体，而 избрáнный、судьбáми、толпáми 则属于文语体（诗体词、高雅词、拟古词）；又如 инáче、творóг、договóр、добры́ 属于中立语体，而 ѝначе、твóрог、дóговор、дóбры 则属于口语体。

3. 语音划界功能

除了联结功能和辨义功能以外，俄语词重音有时还有可能行使语音划界功能。所谓词重音的 **语音划界功能**（делимитативная функция или разграничительная функция），是指词重音可以成为词的划界标志，尤其是在那些带有固定词重音的语言里，如重音固定在词的第一个音节上的捷克语，重音固定在词的倒数第二个音节上的波兰语，等等。虽然俄语词重音是非固定重音，是自由重音，但俄语词重音有时也能行使语音划界功能，因为，也正是词重音决定了一个词的元音弱化模式。例如，音组 САСЪСА 就只能有一种划分词界方式——САСЪ¦СА，因为元音[Ъ]只有可能在重音后音节，而不可能在重音前第一个音节。[①]（С. В. Князев，С. К. Пожарицкая，2011：158）

---

① 此处的字母 С 表示辅音，Ъ 表示弱化元音，А 表示重读元音。

四、俄语词重音的语音本质

理论上来讲,根据词重音的语音本质,通常可以区分出四种重音类型:
1. 量重音,是指词的重读音节用加长音长的方法来突出;2. 力重音,是指
词的重读音节用加强音强的方法来突出;3. 调重音或乐重音,是指词的重
读音节用音高的变化来突出;4. 质重音,是指通过元音和(或者)辅音的特
殊音位变体来突出词的重读音节。然而事实上,有不少语言的词重音的突
出,通常是通过若干语音手段的合力作用而得以实现的。(В. Н. Ярцева и
др.,2002:24)

关于俄语词重音的语音本质,俄语语音学界在不同的时期曾经有过不
同的观点。根据我们的归纳,俄语词重音研究史上前后曾出现过 5 种观点:
"乐 重 音 说"(музыкальное ударение)、"呼 气 重 音 说"(экспираторное
ударение)、"质重音说"(качественное ударение)、"力重音说"(силовое
ударение)和"长度—力重音说"(количественно-динамическое ударение)。

1. 乐重音说

早在 18 世纪,М. В. Ломоносов 就曾经提出,俄语词重音的本质性语音
特征在于重读元音音高的变化。稍后,А. А. Востоков、В. А. Богородицкий
等学者也曾提出类似观点,他们认为,俄语词重音的特点是提高重读元音的
音调。这就是俄语词重音研究史上的"乐重音说"(музыкальное ударение)。
不过,"乐重音说"在 20 世纪中叶就已受到俄罗斯众多学者的质疑。俄罗斯
语言学界普遍认为,音高不是俄语词重音的本质特征,俄语词重音不是乐重
音。例如,Р. И. Аванесов 曾明确指出,俄语词重音的音高特征不是独立
的,在词或词形中并不固定,重读音节音高方面的变化取决于词在句中的位
置、句子的节律语调结构、语法结构等。(Р. И. Аванесов,1956:67 - 68)我
们认为,"乐重音说"有其一定的合理性,它指出了音高特征在俄语重音突出
中的作用,问题在于研究者没有把俄语词重音和语流重音区别开来对待,导
致其观点的表述出现一定偏差,因为,音高变化不是俄语词重音恒定的本质
性语音特征,而是俄语词重音进入语流时被改造成语流重音以后所具有的
语音特征,根据词在语音句中的位置、俄语词重音的音高变化,具体可以表
现为升调、降调、降升调、平调等。

2. 呼气重音说

19 世纪末、20 世纪初，以 А. А. Шахматов、И. А. Бодуэн де Куртенэ 为代表的语言学家提出了"呼气重音说"(экспираторное ударение)，他们认为俄语词重音是呼气重音、力重音，词重读音节发音时的呼出气流和力度都比非重读音节强。他们认为，发音的力度大小取决于发音时呼出气流的数量多少，由此便产生了呼气重音的说法。但是，"这种理论早就被语音学研究新成果驳倒，但仍在某些教科书、参考书中继续出现"(陈君华，1993:2)。我们认为，这种观点的提出同样有其一定的合理性，它指明了俄语词重音的本质性语音特征不是音高，而是其他特征，但是观点阐释未免有失科学，因为，"(对于具有非乐重音的语言来讲,)造成重音效果的主要因素目前已被公认为是发音器官肌肉紧张度的加强"，而不是重读音节发音时呼出气流强度和力度的增加①(Большая Советская Энциклопедия. Т. 30., 1978:8)。

3. 质重音说

20 世纪初，俄罗斯著名语言学家 Л. В. Щерба 在其未完成的《论重音》一文中，提出了"质重音说"(качественное ударение)，认为俄语词重音的最根本特性是重读元音的清晰度，且这种特性由发音紧张度所致。为说明俄语词重音的本质性特征，他以俄罗斯童话中的一句话"Тут брат взял нож."为例，他认为，句中 4 个单音节词的词重音，并没有比其他相邻音节更强、更长、更高，因为句中没有任何非重读音节，但它们仍然被明确地感知为重读音节，这说明俄语词重音具有某种绝对的特性，这就是重读音节中元音的某种特殊音质。Л. В. Щерба 指出，"在俄语中有两类音质不同的元音——重读元音和非重读元音"(转引自 Л. Р. Зиндер，1979:264)。20 世纪 60 年代，Л. Р. Зиндер 继承了 Л. В. Щерба 的"质重音说"，他强调说，"力重音、乐重音、长度重音的概念，都不是很方便来说明重读音节的绝对性特征，因此，对于重音起重要音位作用的语言来讲，比如说俄语，需要提出一种特殊的重音概念——质重音"(Л. Р. Зиндер，1979:266)。这一学说有着重要的理论价值，它指出了俄语词重音的重要语音特征是音质，即元音不弱化。但

----

①　引文中所说的非乐重音(немузыкальное ударение)，就是指乐重音以外的重音，如力重音、量重音等。

是,正如 Л. Р. Зиндер 等人所指出的那样,有关俄语重音的语音实验研究结
果表明,俄语词重读音节与非重读音节的本质性区别并非仅仅在于元音的
音质,而是在于包括元音和辅音在内的整个音节的音质,俄语中"某个音节
之所以被听成重读音节,首先是因为在语言系统中存在着两种性质不同的
音节"(Л. Р. Зиндер,1979:264 - 265)。

4. 力重音说

20 世纪 50 年代,以 Р. И. Аванесов 为代表的俄语语音学家提出了"力
重音说"(силовое ударение)。他们认为,俄语词重音是力重音,且重读音节
的力度由发音器官的紧张度所决定。1952 年苏联科学院出版的
《Грамматика русского языка》也曾经有过类似的论述:"俄语中每一个实词
本身都会有一个重读音节,在语流里也是如此。重读元音的特点在于整个
发音动作极度紧张化,而且在一开始时显然有一种特殊的压迫力量。"
(Грамматика русского языка. Т. 1.,1953:89)这就是 20 世纪中叶俄罗斯语
言学界盛行的有关俄语词重音的传统观点——"力重音说"。我们认为,"力
重音说"有着重要的理论价值,它揭示了俄语词重音突出的主要方法——发
音器官紧张度加强,但是,"发音紧张度究竟与力重音相关,还是与质重音相
关,这一问题在俄罗斯语言学界尚未彻底解决"(陈君华,1993:14 - 15)。

5. 长度—力重音说

20 世纪 60、70 年代开始至今,包括 Е. А. Брызгунова 在内的众多俄语
语音学家充分借鉴实验语音学的研究成果,不断修正自己的观点并逐渐达
成共识。他们普遍认为,俄语词重音是长度—力重音,俄语重读音节的主要
标志既表现在音长方面,也表现在发音紧张度方面。这就是近几十年以来
在俄语语音学界始终占据主导地位的"长度—力重音说"(количественно-
динамическое ударение)。Е. А. Брызгунова 曾明确指出:"俄语词重音的发
音特性是由重读音节,首先是由重读元音的长度和发音紧张度所构成的。
重读音节的特点是其元音具有最大的长度和发音紧张度。"(Е. А.
Брызгунова,1963:140)关于这一点,1980 年出版的苏联科学院《Русская
грамматика》也曾有过极为明确的表述:"现代俄语重音是长度—力重音:重
读元音与非重读元音不同,其特点在于发音紧张度更强,长度更长,因而发
音更为清晰。"(Русская грамматика,1980:90)我们认为,"长度—力重音

说"之所以长期在俄语语音学界占据主导地位,因为它不仅吸收了"质重音说"和"力重音说"的合理成分,还充分借鉴了现代俄语实验语音学的研究成果,强调了元音音质清晰度、长度、发音紧张度在俄语词重音突出中的重要作用,问题在于它将俄语词重音定性为"长度—力重音"有失科学,因为力度通常被认为是声学上的音强(интенсивность),而实验语音学研究成果早已证明,音强大小并非取决于音节是否重读,而是取决于音节位置的前后:音节位置越是靠前,其音强就越大;反之,音节位置越是靠后,其音强就越小。例如,俄罗斯语音学家 Л. В. Златоустова 通过大量实验,"完全证明俄语重读元音的强度在多数情况下并不大于非重读元音;强度大的往往是词中第一音节的元音"(陈君华,1993:2)。这一结论后来被 Л. В. Златоустова 本人及其他俄罗斯语音学家的大量声学实验所证实。对于这一点,С. В. Князев 和 С. К. Пожарицкая 也曾经明确指出,俄语词重音往往被定性为长度—力重音,"然而,实验研究表明,在现代俄语标准语中,音强几乎不参与词重音的形成,而词中音强的分布,取决于更大的层面——语音句层面的规律"(С. В. Князев, С. К. Пожарицкая, 2011:159)。

综合分析上述几种有关俄语词重音的学说,我们认为,俄语词重音大致可以定性为"质重音"(качественное ударение),也就是说,俄语词重音恒定不变的最根本语音特性是音质,即重读音节辅音和元音的发音清晰度,且这种特性由发音器官肌肉紧张度加强所致,与此同时,还伴随着音长更长等特征。换言之,俄语词重音的本质性语音要素是音质,重读音节(包括辅音和元音在内)发音动作到位、音色完满,无元音弱化现象;伴随性语音要素是音长,重读音节一般比非重读音节更长。俄语重读音节的音质比非重读音节更为清晰,音长比非重读音节更长,均由加强发音器官肌肉紧张度所致。

第二节　俄语语流重音概述

俄语词重音一旦进入俄语语流之后,通常会受到语流中不同语调类型和韵律结构的调节和影响而发生种种变化,形成各种层级不同的语流重音变体,在俄语语流的韵律结构中扮演不同的角色,有的依然重读,有的降为次重读,有的则变成强重读甚至特强重读,还有的变成非重读。俄语语流重音是一个完整的包括各种突出程度不一的语流重音变体的重音层级体系。

通常来讲,在感情色彩为中性的语流中,俄语语流重音层级体系中主要包括4种不同类型的语流重音变体:俄语节奏重音、俄语语段重音、俄语句重音和俄语逻辑重音。

一、俄语节奏重音

俄语节奏重音(русское ритмическое ударение)与"语音词"这一概念密切相关。因此,在界定俄语节奏重音之前,我们首先应该对俄语语音词进行必要的讨论。

根据俄语语音学常识,俄语语流通常可以切分成语音句,语音句通常可以切分为语段,而语段内部则可以进一步切分成韵律单位层级体系中的底层级——语音词。**俄语语音词**(русское фонетическое слово)是俄语语流中用一个语流重音联结起来的中间一般不能有停顿的语流片断。俄语语音词有可能是一个重读词,有可能是一个重读词和一个或几个与之意义紧密相联且又直接相邻的非重读词(或次重读词)的组合。俄语语音词的语音标记是语流重音,语音词依靠语流重音的联结作用而成为一个语音整体。语音词与语音词之间可以有一个极为细小的停顿。例如,俄语语音句"Не‿роди́сь краси́вой, ⁄ а‿роди́сь счастли́вой. ∥"中,2个语段各自可进一步切分出2个语音词,其中,前一语段可切分成"Не‿роди́сь"、"краси́вой",而后一语段可切分成"а‿роди́сь"、"счастли́вой"。

通常情况下,俄语语流中的语音词一般是1个带有重音的实词,如前文例句中的"краси́вой"和"счастли́вой";或者是1个带有重音的实词和1个不带重音的虚词的组合,如前文例句中的"Не‿роди́сь"和"а‿роди́сь";在少数情况下,一个语音词中不带重音的虚词可以达到2—3个,如если‿бы‿не‿роди́тели。而虚词则依附于相邻的(前面一个或后面一个)带有重音的实词,与其共同构成一个语音词。因此,所谓俄语语音词,就是俄语语段(或单语段语音句)的组成部分,可能由一个带有重音的词汇词组成,也可能由若干词汇词组合而成,确切地说,由1个带有重音的词汇词和1个(少数情况下为2—3个)相邻的不带重音(或带有次重音)的词汇词组合而成。

前文我们曾经提出,俄语中的任何一个成音节的词汇词,不管是实词,还是虚词,不管是多音节词,还是单音节词,它们在孤立发音的时候,通常都有一个词重音。但是,一旦它们进入俄语语流成为语音词的组成部分时,它们的词重音就会受到该语音词韵律结构的重新组合调配作用而发生相应的变化。一些词汇词仍保留重音,而另一些词汇词则失去重音。在俄语语音词对俄语词汇词进行韵律结构重组时,仍保留重音的那些词汇词,一般称为"**重读词**"(ударное слово);而失去重音、在韵律结构上依附于重读词的那些词汇词,如果位于重读词之前,一般称为"**前附词**"(проклитика),如语音词"у‿бра́та"中的"у";如果位于重读词之后,则称为"**后附词**"(энклитика),如语音词"отéц‿бы"中的"бы"。无论是前附词,还是后附词,它们都在语流中失去重音,都依附于其相邻的重读词,被重读词所吸附,因而一般统称为"**附词**"(клитика)。

　　俄语语音词根据结构,大致可以分成 2 种类型:简单语音词和组合语音词。所谓**简单语音词**(простое фонетическое слово),就是指那些单纯由 1 个重读词构成的语音词,它们通常是 1 个实词,如语音词 до́ма、отéц、телеви́зор、прекра́сно、прихо́дится 等。所谓**组合语音词**(составное фонетическое слово),就是指那些由 1 个重读词吸附 1 个(少数情况下为2—3 个)非重读词组合而成的语音词,它们大多为"重读实词+非重读虚词型"俄语语音词,如语音词 по‿оконча́нии、из‿уваже́ния、со‿мно́й、у‿на́с‿бы、из‿Москвы́‿ли 等。在组合语音词中,用来充当附词(前附词和后附词)的非重读词通常为单音节前置词、连接词和语气词。对此,俄罗斯语音学家M. C. Суханова 曾经在«Русская грамматика‐80 г.»中明确指出:"充当前附词的通常是单音节前置词和连接词:на‿берегу́;от‿магази́на;со‿мно́й;ни‿ты, ни‿о́н;сказа́л,‿что всё принёс;и‿снéг, и‿вéтер。充当后附词的通常是单音节语气词:о́н‿то придёт;принеси́‿ка;они́‿ведь говори́ли;придёт‿ли о́н。"(Русская грамматика, 1980:90)

　　值得一提的是,有些"重读实词+非重读虚词型"俄语语音词,由于发音习惯或词义变化等种种原因,往往会发生重音倒置现象,在语流中通常失去重音的单音节虚词,保留原来的词重音而成为重读词,在语流中通常带有重音的实词,反而失去原来的词重音而成为附词,结果形成一种特殊的"**重音倒置型语音词**"(фонетическое слово с инверсионным ударением)。俄语中的重音倒置型语音词数量不是很多，但是在俄语语流中的出现频率却相当高，因此，很值得我们予以特别关注。俄语重音倒置型语音词常常是一些口语中固定的用法，尤其以 на、за、по 这 3 个前置词构成的语音词更为常见，主要有以下几组：

на: на́‿душу, на́‿голову, на́‿щеку, на́‿нос, на́‿ухо, на́‿бок, на́‿спину, на́‿руку, на́‿руки, на́‿ногу, на́‿ноги, зуб на́‿заб; на́‿год, на́‿зиму, на́‿день, на́‿ночь, на́‿время; на́‿два, на́‿три, на́‿четыре, на́‿пять, на́‿шесть, на́‿семь, на́‿восемь, на́‿девять, на́‿десять, на́‿сто, на́‿двое; на́‿гору, на́‿реку, на́‿море, на́‿воду, на́‿берег, на́‿сторону, на́‿дом, на́‿стену, на́‿пол, на́‿угол, на́‿борт;

за: за́‿душу, за́‿голову, за́‿нос, за́‿щеку, за́‿ухо, за́‿уши, за́‿ус, за́‿волосы, зуб за́‿зуб, за́‿плечи, за́‿спину, за́‿руку, за́‿руки, за́‿ногу, за́‿ноги, за́‿ворот; за́‿год, за́‿зиму, за́‿день, за́‿ночь, за́‿полдень; за́‿два, за́‿пять, за́‿семь, за́‿девять, за́‿сорок, за́‿сто; за́‿город, за́‿море, за́‿реку, за́‿борт, за́‿угол;

по: по́‿двору, по́‿полу, по́‿лесу, по́‿лугу, по́‿полю, по́‿морю, по́‿льду, по́‿столу; по́‿носу, по́‿лбу, по́‿уху, по́‿уши; по́‿два, по́‿три, по́‿сто, по́‿двое, по́‿трое;

под: под‿руку, под‿руки, под‿ногу, под‿ноги, под‿нос, под‿гору, под‿пол, под‿сорок, под‿вечер;

из: и́з‿носу, и́з‿дому, и́з‿лесу, и́з‿виду;

без: бе́з‿толку, бе́з‿году неделя, бе́з‿вести пропасть;

от: о́т‿роду, час о́т‿часу, год о́т‿году;

до: до́‿дому, до́‿ночи, до́‿смерти, до́‿ста считать;

со: со́‿смеху, со́‿сну;

во：во́⌣сто крат，во́⌣поле；

при：при́⌣смерти；

о（об）：об́⌣спину，　об́⌣пол，　об́⌣стену，　борт о́⌣борт，　бок

　　　　о́⌣бок，рука об́⌣руку，стена об́⌣стену；

у：у́⌣моря.

俄语语音词是一个语义上完整的用一个语流重音联结起来的语音整体。不管是简单语音词还是组合语音词,其发音特点是词中间不能有任何停顿。一个语音句有多少个语音词,就有多少个语流重音。通常来讲,俄语词汇词的初始重音结构在语音句中表现出相对稳固性:俄语语流重音一般落在词重音位置上(有部分逻辑重音除外)。尽管前文中我们曾经说过,俄语词重音具有异位性和移动性两大特性,但是,俄语词重音的异位性是就俄语全部词汇词的重音总体而言的,俄语词重音的移动性是就某个俄语词汇词的全部语法形式而言的,而"俄语中就每个词或词形来说,重音位置通常都是固定的"(王宪荣,1995:81)。由此,我们可以认为,除了部分逻辑重音以外,俄语语流重音就其位置而言具有相对稳固性,通常不能从一个音节挪到另一个音节。随意挪动俄语语流重音,不仅会破坏俄语发音规范,而且会导致听者对该语音词意义的理解障碍甚至误解。

俄语语音词,根据它们在语音句韵律结构中的不同作用,大致可以分成2个大类 ——"背景语音词"（фоновое фонетическое слово）和"焦点语音词"（фокусное фонетическое слово）。**背景语音词**是指那些在语音句韵律结构中不承担任何中心作用的语音词。**焦点语音词**是指那些在语音句韵律结构中承担各种中心作用的语音词,可以细分为2个小类——"平常焦点语音词"（обычное фокусное фонетическое слово）和"特殊焦点语音词"（особое фокусное фонетическое слово）。**平常焦点语音词**是语音句中承担非完结语段中心作用和完结语段中心作用的语音词,而**特殊焦点语音词**是语音句中承担语义逻辑强调中心作用的语音词。

本书中的所谓**"俄语节奏重音"**（русское ритмическое ударение）,就是指俄语语音句中那些不承担任何中心作用的背景语音词重读音节。根据本书第一章所阐述的语流重音层级体系理论,俄语节奏重音是俄语语流重音在一级重音位上的变体,其重音位具有弱重音位特性,因而,俄语节奏重音突出程度相对弱化,在语句韵律结构中起背景烘托作用。

俄语节奏重音在语音句中没有固定位置,它可以位于语音句句首和句末,也可以位于语音句句中。例如:①

    1. Э́то то́нкая бума́га.（节奏重音位于句首和句末）
       ①   ④   ①

    2. И Анто́н стои́т на мосту́.（节奏重音位于句中和句末）
           ④   ①

    3. Его́ зову́т Са́ша.（节奏重音位于句首和句中）
       ①   ①   ③

二、俄语语段重音

俄语语段重音与"语段"这一概念密不可分。**语段**（синтагма）就是语流中最小的语义—句法单位（семантико-синтаксическая единица）,语段可以是一组语音词,也可以是一个语音词,语段在语调上是一个不可切分的整体:在一个语段内部一般不能有明显的停顿,每个语段都表现为一定的语调结构,**语段重音**（синтагматическое ударение）就是该语段语调结构的中心。例如,语音句"На́шего преподава́теля / зову́т Ива́н Па́влович"由两个语段构成,每个语段在语义—句法上都是一个整体。第一个语段由 2 个语音词"На́шего"和"преподава́теля"构成,在语义—句法上表现为一个整体,发音时没有明显停顿,其语调特征表现为升调;第二个语段由 3 个语音词"зову́т"、"Ива́н"和"Па́влович"构成,在语义—句法上同样表现为一个整体,发音时同样没有明显停顿,不过其语调特征表现为降调。第一个语段有 2 个语音词,因而有 2 个语流重音,其中第二个语流重音是该语段的语调中心,它在位置上和语音词"преподава́теля"的重读音节相重合,且重读音节"ва́"与语段内其他语流重音相比,得到了一定的拉长和加强,这就是该语音句第一语段的语段重音。在第二个语段中发生了同样的情况,语音词"Па́влович"中的重读音节"Па́",是该语段的语调中心,与语段内其

---

    ① 本书例句中分别用数字序号"①"、"②"、"③"、"④"来表示节奏重音、语段重音、句重音、逻辑重音。

他语流重音相比,同样得到了一定的拉长和加强,这就是该语音句第二语段的语段重音。由此,俄语语段重音(广义),通常叠加在语段最后一个语流重音之上,用语音手段来突出该音节,从而把语段构成一个语义和语音上的整体,并且和其他语段重音一起构成整个语音句的韵律节奏的总体框架。

俄语语段重音通常位于语段的最后一个语音词上。这与俄语语流的词序排列特点有关。总体来讲,俄语语流中词序的排列具有一种根据语义重要性依次递进的特点(прогрессивная последовательность),相对重要的语义要素往往被置于语段末尾。由此产生俄语语流的一个独特特点——语段重音(广义)在通常情况下位于语段末尾。例如,Но вот вы собрали́сь / в отъезжее по́ле, / в сте́пь. (Тургенев И. С. Лес и степь.)

把语流切分成语段,称作**语段切分**(синтагматическое членение)。语段切分不能随心所欲,而要"取决于语句的句法结构和意义,取决于语句在上下文中和其他语句的关系,取决于说话人(包括诵读者或复述者)运用该语句时的具体意图"(赵作英,1985:234)。因为,语段不仅是一个语音单位,而且还是一个语义—句法单位,因此,语段的切分依据有两个:语音和语义。

语音句可以由一个语段构成,这就是**单语段句**(односинтагменная фраза),也可以由若干个语段构成,这就是**多语段句**(многосинтагменная фраза)。根据语段在语句中所处的位置和所表达的意义,语段分为完结语段和未完结语段。**完结语段**(завершённая синтагма)或者是指单语段句本身,或者是指多语段句中处于句子末尾的语段,它表达语句意义的完结。**未完结语段**(незавершённая синтагма)是指各种多语段句中的非末尾语段,它表达语句中未完结的意义或部分完结的意义。

在单语段句中的语段重音,以其各种语音特征标志语音句的完结。我们可以将此类语段重音称为**完结语段重音**(завершённое синтагматическое ударение)。在多语段句中,最后一个语段重音同样也标志语音句的完结,我们同样可以将此类语段重音称为完结语段重音。在多语段句中,完结语段重音之外的其余语段重音,仅仅标志语句内语段的完结,并不标志整个语句的完结,因此,我们将此类语段重音称作**未完结语段重音**(незавершённое синтагматическое ударение）。

本书中，我们将未完结语段重音叫作"语段重音"（狭义），而完结语段重音则叫作"句重音"。因此，只有多语段句才同时具有狭义上的语段重音和句重音，而单语段句只有句重音。例如：

1. Чайко́вский — / вели́кий ру́сский компози́тор.（多语段
   ②　　　　　　①　　①　　　③
   句，既有语段重音，又有句重音）

2. Я́ пью компо́т.（单语段句，只有句重音）
   ①　①　　③

狭义上的语段重音和广义上的语段重音，它们之间的区别和联系，具体请看示意图 2。

示意图 2

```
           ┌─────────────────────────────┐
           │   Синтагматическое          │
           │   ударение                  │
           │   в широком смысле          │
           │   广义语段重音              │
           └─────────────────────────────┘
          ┌──────────────┴──────────────┐
┌──────────────────────────┐   ┌──────────────────────────────────┐
│ Завершённое              │   │ Незавершённое синтагматическое   │
│ синтагматическое ударение│   │ ударение                         │
│ 完结语段重音            │   │ 未完结语段重音                  │
│        ↓                 │   │                                  │
│ Фразовое ударение        │   │ Синтагматическое ударение        │
│ 句重音                  │   │ в узком смысле                   │
│                          │   │ 狭义语段重音                    │
└──────────────────────────┘   └──────────────────────────────────┘
```

狭义语段重音和广义语段重音的区别与联系示意图

由此，本书中的**俄语语段重音**（русское синтагматическое ударение）是指俄语语音句中未完结语段里用来表示该语段语义中心的通常位于语段末尾的语音词重音。根据本书第一章所阐述的语流重音层级体系理论，俄语语段重音是俄语语流重音在二级重音位上的变体，其重音位具有强重音位特性，因而，俄语语段重音突出程度相对强化，在语句韵律结构中起平常焦点突出作用。

俄语语段重音在语音句中有着相对固定的位置，它通常位于多语段句的未完结语段末尾，也就是落在未完结语段中最后一个语音词上。

例如：

1. Му́жа зову́т Серге́й, / а жену́ Ната́ша.
　　①　　①　　②　　　①　　①　　③
2. Е́дут маши́ны, / авто́бусы, / тролле́йбусы.
　　①　　②　　　②　　　③
3. В э́том году́/ мы́ бы́ли на юге.
　　①　②　　①　①　　③

当然，在个别情况下，偶尔也会出现语段重音不在未完结语段末尾而被前置的现象。例如：

1. Пя́тый авто́бус/ здéсь не остана́вливается.
　　②　　①　　①　　①　　③
2. Шесто́й авто́бус / остана́вливается напро́тив.
　　②　　①　　　①　　　③

根据我们的观察，在上面所列举的两个例子中，之所以会出现语段重音不在未完结语段末尾而被前置的现象，主要是由于语段语义表达的需要，因为语段"Пя́тый авто́бус"的语义中心显然是在"Пя́тый"，不可能是在"авто́бус"；同样，语段"Шесто́й авто́бус"的语义中心显然是在"Шесто́й"，不可能是在"авто́бус"。

三、俄语句重音

对于术语"句重音"（фразовое ударение），俄语语音学界迄今众说纷纭，尚无定论。根据我们的观察，主要有以下 4 种观点。

有部分俄罗斯语音学家把句重音看作逻辑重音的一种类型。例如，Р. И. Аванесов 曾经说过："语段作为整个语句的组成部分，就其重音来讲，有着不同的特征：其中有一个语段重音，与其他语段重音相比较，更为加强突出；它通常落在那个从语义角度来讲最为重要的语段上面。这就是语句重音（ударение высказывания）、语音句重音（ударение фразы），或者说句重音（фразовое ударение）。因此，语段重音中有一个同时也是句重音。"（Р. И. Аванесов，1956：62）显然，根据 Р. И. Аванесов 的观点，"фразовое ударение"

就是指句子中最为突出的语段重音,它通常位于意义最重要的语段之中。笔者认为,Р. И. Аванесов 所说的句重音(фразовое ударение),与逻辑重音有概念重合之处,因此,他本人也提出,"语段重音(тактовое ударение)和句重音(фразовое ударение)常常被称作逻辑重音(логическое ударение)"(Р. И. Аванесов,1956:62)。

也有部分俄罗斯语音学家,用术语"фразовое ударение"来替代术语"синтагматическое ударение"。例如,Л. Р. Зиндер 曾经写道:"这个稍作加强的重音,从本质上来讲已经不再是词重音,它在语音上将语段联结成为一个整体,同时,也将该语段与相邻语段独立开来。这样的重音一般称作'фразовое',尽管确切地来讲应该称之为'синтагматическое'。"(Л. Р. Зиндер,1960:290)我们认为,用术语"фразовое ударение"来替代术语"синтагматическое ударение",显然有失科学严谨,Л. Р. Зиндер 本人也觉得,确切地来讲,应该称之为"синтагматическое ударение"。

另外,还有部分俄罗斯语音学家把"фразовое ударение"理解为语句中所出现的任何一种重音。例如,Т. П. Задоенко 曾经提出:"我们把句重音(фразовое ударение)理解为在语音句中出现的任何一种重音。对于句重音的这种看法,现今已为大多数语音实验研究者所接受;在 О. А. Норк 和 Ц. Ф. Адамова 所给的定义中,句重音得到了最为准确的阐释:'句重音是一个重音体系,这些重音的数量和力量取决于被突出词在语音句中的交际价值。'"(Т. П. Задоенко,1980:5)我们认为,Т. П. Задоенко 所说的句重音体系,涵盖了语流中的种种重音,用我们推出的新术语"语流重音"来概括更为科学、更为贴切。

根据俄罗斯语音学家 Е. А. Брызгунова 的观点,在单语段陈述句中,语段的语调中心往往落在最后一个语音词的重音上,这种重音就是句重音(фразовое ударение)。句重音表示语句意义的结束,又可称作"陈述句结束语调"(интонация точки)(Е. А. Брызгунова,1963:173)。我们认为,Е. А. Брызгунова 所提出的句重音(фразовое ударение),也就是"陈述句结束语调"(интонация точки),不仅可以用来表示单语段陈述句的语句意义完结,而且也可以用来表示多语段陈述句的语句意义完结,这是陈述句完结语段所具有的语调特征,无论这个陈述句是单语段句还是多语段句。陈述句结束语调可以出现在单语段陈述句中，这时，该单语段陈述句本身就是一个完结语段。陈述句结束语调也可以出现在多语段陈述句的完结语段中，这时，多语段陈述句的最后一个语段就是完结语段。

综合比较分析上述各家之言，本书决定采用 E. A. Брызгунова 的观点，并根据我们的理解略作修正。本书中的"**俄语句重音**"（русское фразовое ударение），是指单语段或多语段陈述句中的完结语段重音。根据本书第一章所阐述的语流重音层级体系理论，俄语句重音是俄语语流重音在三级重音位上的变体，其重音位具有强重音位特性，因而，俄语句重音突出程度相对强化，在语句韵律结构中起平常焦点突出作用。

俄语句重音是俄语语音句完结的语音表现形式，它把语音句联结成为一个语义上和语音上的整体。前文我们曾经指出，语段重音（广义）具有固定在语段末尾这一特性，通常落在语段中最后一个语音词上，而句重音是语段重音（广义）中的一个类型——完结语段重音，因此，我们可以推断出如下结论：俄语句重音在语音句中同样有着相对固定的位置，它通常位于语音句末尾，也就是落在语音句中最后一个语音词上。例如：

> 1. Óперы Чайкóвского / знáют всé.（多语段句句重音）
>   ①　　　②　　　　　①　　③
> 2. Áнна стоúт на мостý.（单语段句句重音）
>   ①　　①　　　　③

四、俄语逻辑重音

俄语逻辑重音通常用来在逻辑上强调语音句中的某一个词，其目的在于更准确地表达说话人的思想。逻辑重音在突出某个词时，使听话人更加关注这个词，这时就表现出说话人的意图。对此，E. A. Брызгунова 曾经写道："在俄语中可以用各种语调手段突出某一个词，用来表达这样一种意义：正是这个、正是这么多、正是那个时候等等；曾经发生过、正在发生或将要发生的正是这样一个行为；请注意这个或那个。这就是所谓的逻辑重音……"（E. A. Брызгунова，1963：175）例如，语音句"Úра пойдёт в библиотéку."中，"Úра"发音时带有逻辑重音，说话人强调正是 Úра，而不是另外一个什么人，将要去图书馆。

    据笔者观察,在现有的俄语语音学论著或教材中,俄罗斯学者在谈到逻辑重音时,一般都会以陈述句或不带疑问词的疑问句为例,如上文例句"**Ѝра** пойдёт в библиоте́ку."(陈述句,强调说的正是 Ѝра,而不是其他人),再如"**Вы** ча́сто боле́ете?"(不带疑问词的疑问句,强调问的正是 Вы,而不是其他人)。这是第一类典型的俄语逻辑重音。而在以带有疑问词的疑问句为例时,通常例句中的逻辑重音落在疑问词以外的其他普通词汇词上,如"Когда́ **студе́нты** верну́лись?"(带有疑问词的疑问句,强调问的正是 студе́нты,而不是 аспиранты 或 преподаватели 等),再如"Кто́ ви́дел **Ната́шу**?"(带有疑问词的疑问句,强调问的正是 Ната́ша,而不是 Лена 或 Саша 等其他人)。这是第二类典型的俄语逻辑重音。

    然而,如果在带有疑问词的疑问句中,句子语调(通常是调型-2)中心就落在疑问词上,那么,这个疑问词所带的重音是逻辑重音,还是普通的句重音?迄今为止,笔者没有发现任何学者对此有明确说法。我们认为,在带有疑问词的疑问句中,如果语调中心就落在疑问词上,那么,这个疑问词所带的重音就可以视为逻辑重音。我们的判断依据主要有以下两点。一方面,从语义上来讲,此时说话人强调自己最关心的问题关键正是"Кто"、"Что"、"Когда"、"Где"、"Куда"、"Какой"等,而不是句子中的其他内容,如"**Кто́** там стои́т?"(带有疑问词的疑问句,强调问的中心正是 Кто́)。另一方面,从这一类句子语调中心的强调特点来看,无论这个语调中心是落在疑问词上,还是落在非疑问词上,它们的突出强调方式并无二致。众所周知,在俄语语流中,带有疑问词的疑问句语调通常用的是调型-2。俄罗斯著名语调专家 Е. А. Брызгунова 在定性调型-2 时曾经提出,调型-2"调心元音,与调型-1 调心不同,词重音与其他重读音节相比得到明显加强"(Русская грамматика,1980:111)。也就是说,调型-2 的调心突出强调的方式是"明显加强"。而在带有疑问词的疑问句中,无论调型-2 的调心是落在疑问词上,还是落在非疑问词上,其突出强调的方式完全是一致的,都是"明显加强"。请看示意图 3。①

---

    ① 该组示意图取自 Е. А. Брызгунова 的《俄语语音语调》(《Звуки и интонация русской речи》)(1981),第 26 页。

示意图 3

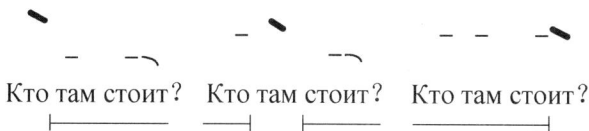

带有疑问词的俄语疑问句调型-2 示意图

在上面一组示意图中，3 个例句都是带有疑问词的疑问句"Кто там стоит?"，其语调中心分别落在"Кто"、"там"和"стоит"三个词上。其中，第二句的语调中心"там"，和第三句的语调中心"стоит"，正是俄罗斯学者通常列举的第二类典型的俄语逻辑重音。观察上图，我们不难发现，在该组疑问句中，无论语调中心是落在疑问词"Кто"上，还是落在非疑问词"там"或"стоит"上，其语调中心的突出方式完全一致——都是明显加强重读音节。

综合考虑上述两个原因，我们认为，如果在带有疑问词的疑问句中，句子语调（通常是调型-2）中心落在疑问词上，那么，这个疑问词所带的重音就是逻辑重音。这是第三类典型的俄语逻辑重音。

逻辑重音具有移动性，它并不固定在语音句的某个位置上。它的位置取决于说话者的意图。根据交际任务，逻辑重音可以用来突出语音句中的任何一个词。在个别情况下，根据逻辑语义表达的需要，逻辑重音甚至还可以落在前置词上。例如：

1. Де́ньги нашли́сь не **на́** столе, а **по́д** столом.
2. На́до иска́ть мя́ч не **пе́ред** домом, а **за́** домом.

更有甚者，俄语逻辑重音有时甚至可以落在实词的非重读音节上（往往是前缀）。例如：

1. Мя́со на́до не **на́**резать, а **ра́з**резать.
2. Боло́то ну́жно **обо́**йти, а не **пе́ре**йти.

上述例句表明，俄语逻辑重音与其他俄语语流重音变体不同，它们并不总是落在词汇词的重读音节上。

　　并非每个语音句都必须要有逻辑重音。对此，М. И. Матусевич 曾经有过明确论述："语音句'Сегодня я пойду в театр.'可以说得不带逻辑重音，此时，该语音句只是在简单确认事实。"（М. И. Матусевич，1959：100）Л. Р. Зиндер 同样也认为："语段重音，至少在那些有语段重音的语言中，是语段的必备特征，因为是语段重音把语段在语音上联结成为一个意义上的整体。而逻辑重音根本不是每个语段所必备的，甚至也不是每个句子所必备的。只有当语境和上下文需要时，才会使用逻辑重音。"（Л. Р. Зиндер，1960：291）Е. А. Брызгунова 也曾经赞同逻辑重音具有"非必要性"（необязательность），她曾经说过："在我们的言语中，并非总是有必要用逻辑重音来突出某一个词。例如，在讲述情绪平静中立时，在简单确认事实时，通常不用逻辑重音……"（Е. А. Брызгунова，1963：179）

　　综上，俄语逻辑重音并非是每个语音句所必备的，俄语逻辑重音具有"非必要性"。然而，我们发现，俄语逻辑重音除了上述"非必要性"以外，在下列特定语境下，往往会表现出某种"必要性"（обязательность）。换言之，在下列语境中，说话人往往会依赖逻辑重音来突出某个词、某个意义。

　　1. 在不带疑问词的疑问句中，逻辑重音用来突出疑问述题（предикат вопроса）。例如：

　　　　　Вы были в театре?（句中的 Вы 是疑问述题）
　　　　　Вы **были** в театре?（句中的 были 是疑问述题）
　　　　　Вы были **в театре**?（句中的 в театре 是疑问述题）

　　2. 在带有疑问词的疑问句中，逻辑重音用来突出疑问词或说话人想要强调的某个词。例如：

　　　　　Когда вы идёте на выставку?（强调"Когда"）①

---

① 在俄语语流中带有重音的单音节语音词，以及带有-ё的语音词，按照俄语书写法规则，通常不专门标注重音，但本书为了更为直观地说明语流重音，对这两类语音词基本上都专门标注了重音。

Когда́ **вы́** идёте на⌣вы́ставку?（强调"вы́"，而不是其他任何人）

Когда́ вы́ **идёте** на⌣вы́ставку?（强调"идёте"，而不是"едете"）

Когда́ вы́ идёте **на⌣вы́ставку**?（强调"на⌣вы́ставку"，而不是其他地方）

3. 在回答问题时，尤其是在回答反问时。例如：

— Кто́ э́то сде́лал?

— Э́то сде́лал **я́.**（回答问题）

— Куда́ вы́ идёте?

— В⌣теа́тр.

— Куда́?

— **В⌣теа́тр** идём.（回答反问）

4. 在带有对比意义的句子中。例如：

Мы́ пойдём туда́ **за́втра**，а⌣не⌣**сего́дня**.

Кни́га лежи́т **по́д**⌣столом，а⌣не⌣**на́**⌣столе.

Мя́со на́до не⌣**на́**резать，а⌣**ра́з**резать.

5. 有些副词的词汇意义本身就在强调着什么，这些词通常自身就带有逻辑重音。具有这种特性的俄语副词有"то́же"、"совсе́м"、"ещё"等。例如：

О́н **совсе́м** ничего́ не⌣зна́ет.

О́н **то́же** пришёл.

Я́ **ещё** хочу́.

6. 在有强调词的词汇手段时。这一类的词汇手段有"да́же"、"и́менно"、"ни"、"то́лько"、"лишь"、"и не"、"ещё не"、"как раз"等。此时，

逻辑重音通常落在那个紧随这些词汇之后的词上面,因而强调突出的是随后的那个词。例如:

> Да́же **дру́гу** нельзя́ э́того говори́ть.
>
> И́менно **его́** хоте́л я ви́деть.
>
> О́н не⌣спа́л ни⌣**мину́ты**.
>
> О́н и⌣не⌣**ду́мал** туда́ е́хать.
>
> Ка́к ра́з **сего́дня** я его́ встре́тил.

因此,本书中的**俄语逻辑重音**(русское логическое ударение)是指某个语境中承担语义逻辑中心的特殊焦点语音词重音。根据本书第一章所阐述的语流重音层级体系理论,俄语逻辑重音是俄语语流重音在四级重音位上的变体,其重音位具有特强重音位特性,因而,俄语逻辑重音突出程度高度强化,在语句韵律结构中起特殊焦点突出作用。

总体来讲,俄语逻辑重音在语音句中没有固定的位置,根据交际任务的不同,逻辑重音可以落在语音句的任何一个位置上,可以在句首,可以在句中,也可以在句末。例如:

> 1. **Вы́** ча́сто боле́ете?(逻辑重音位于句首)
>   ④   ①   ①
> 2. Вы́ **ча́сто** боле́ете?(逻辑重音位于句中)
>   ①   ④   ①
> 3. Вы́ ча́сто **боле́ете**?(逻辑重音位于句末)
>   ①   ①   ④

综上,俄语节奏重音是指俄语语音句中既不是非完结语段或完结语段的语义中心、也不是上下文逻辑语义中心的那一类普通语音词的重音,是俄语语流重音在 1 号重音位上的变体;俄语语段重音是指俄语语音句中非完结语段的语义中心,是俄语语流重音在 2 号重音位上的变体;俄语句重音是指俄语语音句中完结语段的语义中心,是俄语语流重音在 3 号重音位上的变体;俄语逻辑重音是指俄语语音句中的逻辑语义中心,是俄语语流重音在 4 号重音位上的变体。

第三节　俄语语流重音声学实验研究

一、俄语语音词的音节切分原则

俄语语流重音声学实验研究,也就是要利用声学实验的方法,来获取俄语语流中各种语流重音的音长、音强、能量、音高等方面的数据或者语图,然后,通过数据或语图的对比分析,来研究各种不同的俄语语流重音变体的声学特征。大家知道,无论是哪一种俄语语流重音变体,其研究都要基于俄语语音词的音节切分,都要基于俄语语音词中重读音节和非重读音节的对比研究。因此,要想进行俄语语流重音声学实验研究,首先必须解决这样的问题:如何切分俄语语音词中的音节? 俄语语音词的音节切分原则是什么?否则,俄语语流重音的声学实验研究将无从谈起。

然而,迄今为止,关于俄语语音词如何切分成音节,在国内外俄语语音学界尚无定论。众所周知,一个俄语词,不管它用何种方法切分成音节,其词义通常不会发生任何变化。显然,俄语音节切分是一种纯语音行为,其切分依据是纯语音要素,通常没有语义要素可作参考。也正是由于这个原因,俄语音节切分历来是俄语语音学领域中的一大难题。在俄语语音学研究史上,曾有很多学者致力于俄语音节切分这一课题,他们曾先后提出过各种不同的俄语音节理论及俄语音节切分原则,其中,影响较大的分别是"元音中心说"、"呼气说"、"响度说"、"肌肉紧张说"和"合张运动说"。(徐来娣,2009:69)

"元音中心说"(вокалическая теория),是俄语语音学研究史上最为古老的一种音节理论。元音中心说主要观点在于,只有元音才是成节音(слогообразующий слог),才能成为中心组成音节,而辅音都是非成节音(неслогообразующий слог),不能组成音节,因而在一个俄语语音词中,有多少个元音,就有多少个音节。如俄语语音词"в‿институ́те"(在剧院)中有 4个元音,所以就有 4 个音节。至于元音之间的辅音或辅音群究竟应该归属于哪一个音节,元音中心说对此没有明确规定。

"呼气说"(экспираторная теория),产生于 19 世纪末。根据呼气说理论,人们在说话时,气流的呼出是冲击性的,气流的每一次冲击相当于一个音节。气流呼出最强时,形成音节的中心;而气流呼出最弱时,形成音节的界限。

　　"响度说"(теория сонорности),几乎与呼气说同时产生。响度说认为,俄语音素按响度可分为 3 级:噪辅音为 1 级,响辅音为 2 级,元音为 3 级。在非词首音节中,响度总是渐次递增,而音节界限就在响度递增时的最低点之前。如俄语语音词"шáпка"(帽子),其音素的响度分布为 13113,非词首音节的响度递增最低点是两个 1(13 113),所以,该词的音节切分为 ша-пка。

　　"肌肉紧张说"(теория мускульного напряжения),产生于 19 世纪末。肌肉紧张说认为,可以根据人们发音时发音器官肌肉的紧张程度来确定音节的界限。音节中发音器官紧张的最高点就是音节中心,肌肉紧张的最低点就是音节界限。

　　"合张运动说"(теория смыкательно-размыкательного движения),产生于 20 世纪后期。根据合张运动说理论,俄语音节是发音器官一次性合张运动的结果——辅音发音时发音器官闭合,而元音发音时发音器官张开。

　　笔者认为,以上五种俄语音节理论分别从某个方面说明了俄语音节的本质和切分原则,从而使人们对俄语音节这一语音现象有了比较深刻的多方位的理解,这些理论有着非常重要的学术价值。但是,毋庸讳言,这些理论同时也有着一定的局限性,如元音中心说没有解决元音之间辅音及辅音群的音节归属问题;呼气说的致命弱点在于,其主要观点——气流的每一次冲击相当于一个音节,不完全符合发音的生理机制;响度说并未彻底解决俄语音节切分的问题,按照响度说切分出来的音节数量,有时会和语音词中实际的音节数量不一致;而肌肉紧张说所提出的音节切分方法,根本无法量化和直观化,缺乏可操作性。因此,本书采用笔者在《俄语音节理论研究与俄语音节切分优化方案》一文中所提出的"优选法"。该"优选法"整合了各家之说的合理因素,相对来讲,较为合理且操作性较强。在具体操作时,我们主要遵循以下五大原则:第一,一个俄语词里有几个元音就有几个音节;第二,元音之间有一个辅音时,该辅音总是属于后面一个音节;第三,元音之间有两个或两个以上的辅音构成辅音群、且第一个辅音为噪辅音时,该辅音群一般全部属于后面一个音节;第四,如果元音之间的辅音群中第一个辅音为响辅音[л]、[м]、[н]、[р]、[й]时,则该响辅音划入前一音节,而其余辅音则划入后一音节;第五,如果辅音或辅音群位于俄语词词末,则与前行元音组成闭音节。(徐来娣,2009:71)最后,笔者认为很有必要强调一下:语流中俄语音节的切分不是以词汇词为基础,而是以语音词为基础。

二、俄语语流重音声学实验结果分析

本课题用于声学实验的俄语语音资料,全部取自俄罗斯的俄语语音语调教学理论与实践经典之作,即 Е. А. Брызгунова 编著的《俄语语音语调》(《Звуки и интонация русской речи》)(1981)的录音部分,发音人均为俄罗斯经过专门训练的俄语语音工作者,主要有电台播音员 О. С. Высоцкая、М. А. Иванова、В. Н. Балашов、Ю. С. Ярцев 等。为了分析研究俄语语流重音各种变体的声学特征,我们从该书录音中选取了 56 个语音句,共计 374 个音节,其中包括 90 个节奏重音、19 个语段重音、21 个句重音、35 个逻辑重音以及 209 个非重读音节。俄语语音句及其音节切分、语流重音类型分析,具体请看本书附录一"用于声学实验的俄语语音句"。

本课题的俄语语流重音相关声学实验,主要在南京大学电子科学与工程学院实验室及南京大学外国语学院俄语系办公室进行,实验设备主要是计算机、录音笔等,应用软件主要有 Gold Wave 音频剪辑软件和 Praat 语音分析软件。所有俄语语流重音相关声学实验,均由南京大学外国语学院俄语系硕士研究生李超华完成,并且得到了南京大学声学研究所声学专业博士、南京大学电子科学与工程学院语言声学与语音信号处理方向硕士生导师方元副教授的悉心指导。

俄语语流重音声学实验过程大致如下:我们首先利用 Gold Wave 音频剪辑软件,确定每个俄语语音句在初始音频文件中的起始时段,完成每个语音句的剪辑并保存为单句音频文件;然后利用 Praat 音频分析软件,确定单句音频文件中每个音节的起始时段,获取每个音节的音长、音强和能量方面的数据,填入数据采集表;最后利用 Praat 音频分析软件,制作每个语音句的语图。

有一点需要说明的是,本实验所采集的音强数据,是指用 Praat 音频分析软件对音节进行分析之后得到的最大音强;而能量数据是指用 Praat 音频分析软件对音节进行分析之后得到的平均音强数据。具体理论依据大致如下:自然语言中,平均一个音节的音长大约为 0.3 秒左右。在物理上分析语音时,一个音节通常要切分为十几段,每一段的声学特征都要逐一分析。在各小段音强中,通常会有一个最大音强,但其偶然因素较大;各小段音强之和除以时间,就可以获取平均音强,而平均音强的数值相对稳定一些。如果说话人的节奏不变,则平均音强和该音节的能量成正比,也就是和说话人发音的用力程度成正比。因此,我们选取最大音强数值作为"音强",选取平均音强数值作为"能量"。还有一点需要说明的是,如果以音节为单位,排除偶然因素,音强与能量之间应该是有对应关系的;如果加上各种偶然因素,那么,音强与能量之间就没有对应关系。

在分析声学实验结果时,我们主要从四个方面来考察俄语语流重音的声学特征:音长、音强、能量和音高。为了更加直观地说明问题,我们把俄语语流重读音节的音长、音强、能量按照数值大小分为 4 个等级:最强突出级(4 级)、强突出级(3 级)、较强突出级(2 级)、弱突出级(1 级)。

首先,我们分别从音长、音强、能量和音高四个声学要素出发,来逐个分析各类俄语语流重音变体在语流重音体系中的等级表现情况。

在俄语语流重音声学实验中我们发现,从音长要素来看,句重读音节发音时带有"最强突出级"的音长,也就是说,其音长等级表现为 4 级;逻辑重读音节次之,发音时带有"强突出级"的音长,也就是说,其音长等级表现为 3 级;语段重读音节再次之,发音时带有"较强突出级"的音长,也就是说,其音长等级表现为 2 级;而节奏重读音节最短,发音时带有"弱突出级"的长度,也就是说,其音长等级表现为 1 级。

从音强要素来看,语段重读音节发音时带有"最强突出级"的音强,也就是说,其音强等级表现为 4 级;逻辑重读音节次之,发音时带有"强突出级"的音强,也就是说,其音强等级表现为 3 级;节奏重读音节再次之,发音时带有"较强突出级"的音强,也就是说,其音强等级表现为 2 级;而句重读音节最弱,发音时带有"弱突出级"的音强,也就是说,其音强等级表现为 1 级。

从能量要素来看,语段重读音节发音时带有"最强突出级"的能量,也就是说,其能量等级表现为 4 级;逻辑重读音节次之,发音时带有"强突出级"的能量,也就是说,其能量等级表现为 3 级;节奏重读音节再次之,发音时带有"较强突出级"的能量,也就是说,其能量等级表现为 2 级;而句重读音节最弱,发音时带有"弱突出级"的能量,也就是说,其能量等级表现为 1 级。

各类俄语语流重音变体在音长、音强、能量三个声学要素方面的等级表现情况,具体请看表5、表6。

表5 俄语语流重音声学特征实验数据表[①]

	语段重读音节	句重读音节	逻辑重读音节	节奏重读音节
音长	295	375	309	238
音强	85.4	77.6	82.7	80.3
能量	81.7	72.3	77.7	75.4

表6 俄语语流重音声学特征表现等级表

	语段重读音节	句重读音节	逻辑重读音节	节奏重读音节
音长	2	4	3	1
音强	4	1	3	2
能量	4	1	3	2

从音高要素来看,确切地来讲,也就是从重读音节的音高变化幅度和走向来看,俄语的语段重音、句重音、逻辑重音都有着明显的音高变化,其中,语段重读音节发音时通常带有升调(见语图1、语图2),逻辑重读音节发音时通常带有升调(见语图3、语图4)或降调(见语图5、语图6),句重读音节发音时通常带有降调(见语图7、语图8),也就是说,它们的音高突出程度都很强;而节奏重读音节发音时则带有相对平稳调,与其他语流重音变体相比,其音高变化相对较小(见语图9、语图10),也就是说,它的音高突出程度最弱。[②]

---

① 本书实验数据表中填入的数据,均为作者根据各类语流重音的实验数据计算出来的均数,音长的单位为毫秒,音强和能量的单位为分贝。

② 确切地来讲,本书中的语图是指音高图,横坐标是时间(单位为毫秒),纵坐标是频率(单位为赫兹)。通过这样的语图,我们可以直观地看到,语流中的所有音节,其中包括重读音节和非重读音节,随着时间的推移而产生的音高方面的变化。当然,有一点需要说明的是,音高图上的音高曲线,往往会有一个个"断线"部分。其中,有的"断线"较长,它们多半是发音人说话时所做的停顿,如语段之间的停顿。此外,还有更多的"断线"部分,实际上是噪辅音的音高表现,因为噪辅音通常很少有嗓音成分,多半是以噪音为主或只有噪音,因此,噪辅音在音高图上往往表现为一个个"断线",在这一方面,尤以清噪辅音最为明显。至于响辅音在语图上的音高表现,则类似于元音,因为,响辅音发音时嗓音多、噪音少,其发音特点与元音较为接近。

语图 1

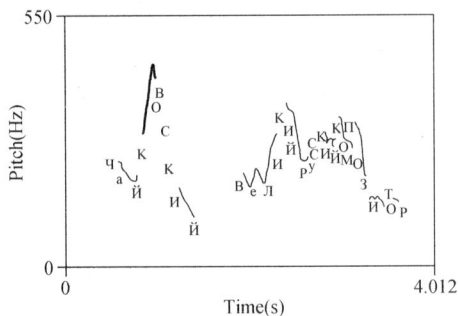

Чайко́вский — / вели́кий ру́сский компози́тор.
　②　　　　　　①　　①　　　　　③
（俄语语段重读音节音高明显上升）

语图 2

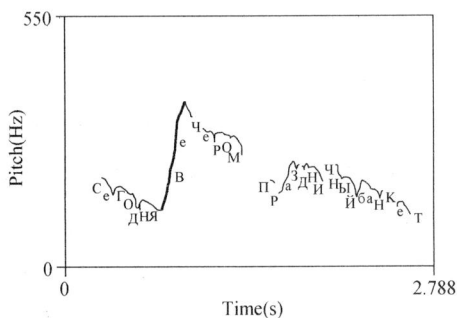

Сего́дня ве́чером / пра́здничный банке́т.
　①　　②　　　　　①　　　　③
（俄语语段重读音节音高明显上升）

语图 3

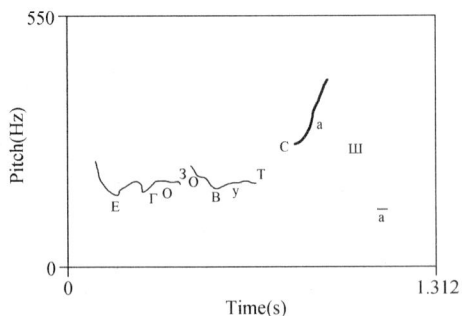

Его́ зову́т Са́ша?
　①　　①　　④
（俄语逻辑重读音节音高明显上升）

语图 4

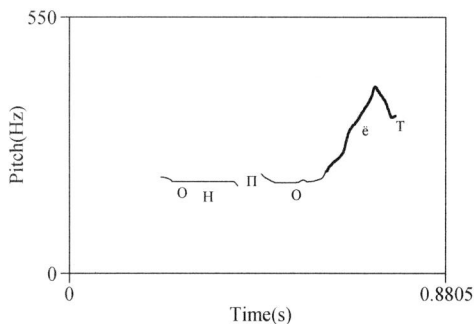

Óн поёт?
① ④
（俄语逻辑重读音节音高明显上升）

语图 5

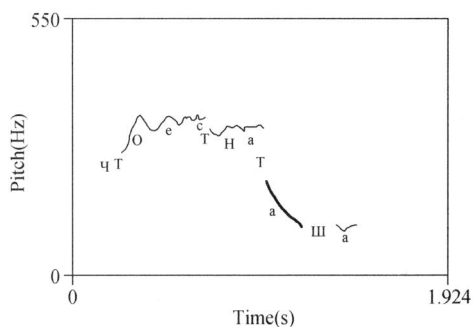

Чтó ест Натáша?
① ① ④
（俄语逻辑重读音节音高明显下降）

语图 6

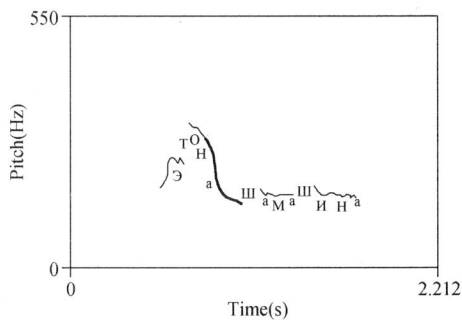

Это нáша машúна.
① ④ ①
（俄语逻辑重读音节音高明显下降）

语图 7

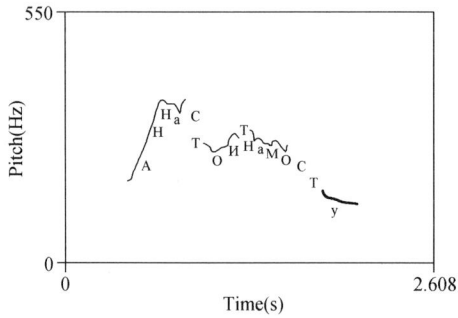

Áнна стоит на мостý.
①   ①   ③
（俄语句重读音节音高明显下降）

语图 8

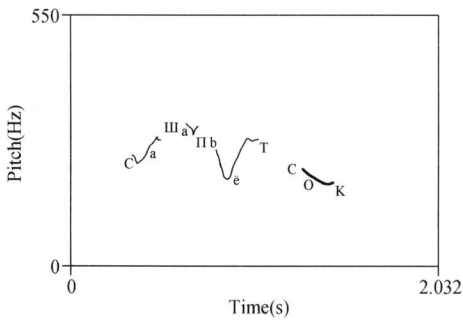

Cáша пьёт сóк.
①   ①   ③
（俄语句重读音节音高明显下降）

语图 9

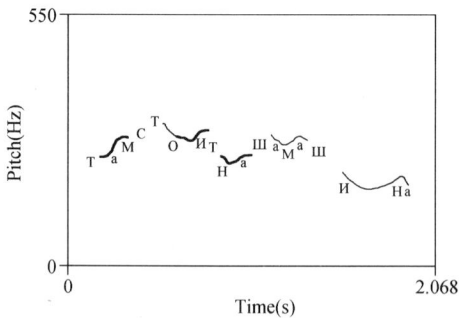

Тáм стоит нáша машúна.
①   ①   ①   ③
（俄语节奏重读音节音高变化相对平稳）

语图 10

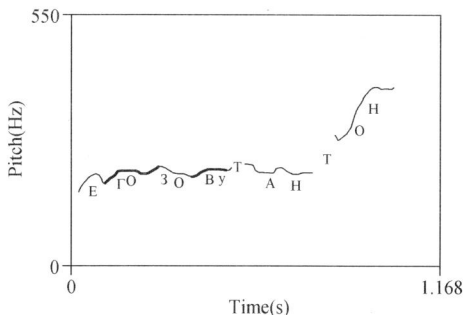

Eго́ зову́т Анто́н?
①　　①　　④
（俄语节奏重读音节音高变化相对平稳）

　　现在,我们综合考察音长、音强、能量和音高四个声学要素,来依次分析各类俄语语流重读音节,即俄语节奏重音、语段重音、句重音和逻辑重音在俄语语流重音体系中的等级表现情况及其主要突出手段。[①]

　　在俄语语流中,节奏重读音节在发音时,其音长等级表现为 1 级,音强等级表现为 2 级,能量等级表现为 2 级,而音高突出程度最弱。综合考虑各种声学要素,我们认为,在所有俄语语流重读音节中,节奏重读音节突出程度最小。具体来讲,在音长方面,俄语节奏重读音节比所有其他重读音节都要短;在音强和能量方面,除了位于句末的句重音以外,俄语节奏重读音节最弱;在音高方面,俄语节奏重读音节相对平稳,与其他语流重音变体相比,突出程度最弱。因此,我们可以认为,在俄语语流中,节奏重读音节就其综合声学特征来看,是所有语流重音变体中突出程度最小的。

　　当然,俄语节奏重读音节不管怎么说毕竟是重读音节,它们之所以成为

----

　　①　早在 20 世纪 80 年代,国内外一些语音声学实验研究就证明,在判断重音时,音强(和能量)往往不是决定性要素。对于汉语这样的声调语言来讲,音长是导致响度高低的最主要原因;而对于俄语以及其他一些重音语言来讲,重音的主要征兆也都不是音强(和能量),而是音长和音高。(林焘、王理嘉,1985:24)因此,我们在综合判断俄语语流重音变体的声学特征等级表现情况时,以音长、音高数值为主要衡量标准,以音强、能量数值为参考衡量标准;我们在综合判断汉语语流重音变体的声学特征等级表现情况时,以音长数值为主要衡量标准,以音强、能量以及音高数值为参考衡量标准。

重读音节,是因为有俄语非重读音节作为它们的陪衬。与非重读音节相比,俄语节奏重读音节在语流中毕竟还是保留了重读音节的主要声学特征。在此需要强调的是,与非重读音节相比,俄语节奏重读音节保留了俄语词重音的本质性语音特点:在音质方面,俄语节奏重读音节,和其他所有俄语语流重音变体一样,发音动作到位,音色完满,无明显元音弱化现象。而在声学特征方面,与非重读音节相比,俄语节奏重读音节音长较长,音强和能量较大,其中,尤以音长差异最为突出。至于在音高方面,与非重读音节相比,俄语节奏重读音节并没有明显突出,而是经常与非重读音节一起构成相对平稳调。俄语节奏重读音节和非重读音节的声学特征对比,请看表 7 以及语图 11、语图 12。

表 7　俄语节奏重读音节和非重读音节的声学特征对比表

	节奏重读音节	非重读音节
音长	238	164
音强	80.3	78.3
能量	75.4	74.4

语图 11

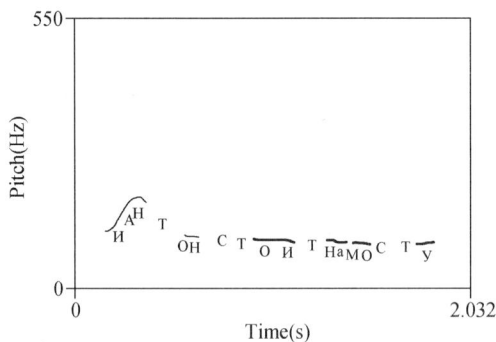

И⌣Антóн стоúт на⌣мостý.
④　　①　　　①
(俄语节奏重读音节与非重读音节一起构成相对平稳调)

语图 12

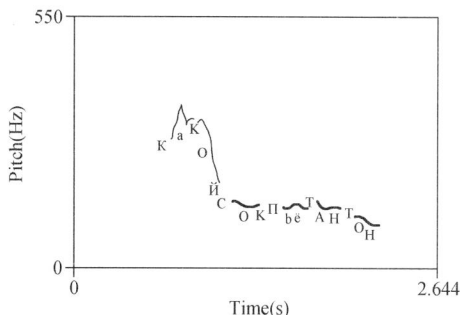

Какóй сóк пьёт Антóн?
④　④　　①　　①

（俄语节奏重读音节与非重读音节一起构成相对平稳调）

在俄语语流中,语段重读音节在发音时,其音长等级表现为2级,音强等级表现为4级,能量等级表现为4级,而音高特征主要表现为升调。综合考虑各种声学要素,我们认为,在所有俄语语流重读音节中,语段重读音节较为突出,但不是最为突出的。具体来讲,在音长方面,俄语语段重读音节比节奏重读音节长,比句重读音节和逻辑重读音节短;在音强和能量方面,俄语语段重读音节比节奏重读音节、句重读音节、逻辑重读音节强;在音高方面,俄语语段重读音节的主要特征是带有升调,也就是说,其音高的突出程度很强。

总之,在俄语语流中,语段重读音节就其综合声学特征来看,是所有语流重音变体中较为突出的,它们得以突出的陪衬音节是节奏重读音节以及非重读音节。在此,我们发现一个非常有趣的现象:俄语语段重读音节的音强和能量在所有语流重音变体中居于首位。根据我们的分析,这一现象的出现,主要有两个方面的原因。第一,我们的声学实验结果表明,俄语语流重音在语音句中所处的位置,对于该重读音节的音强和能量有着极大的影响。其规律大致表现为:在俄语语音句中,重读音节位置越是靠前,其音强和能量就越大;反之,重读音节位置越是靠后,其音强和能量就越小。① 第

---

① 这一点与前人的语音实验结果不谋而合。正如本书第二章第一节所阐述的那样,实验语音学研究成果早已证明,一个音节的音强大小,不是取决于该音节是否重读,而是取决于该音节位置的前后。通常来讲,音节位置越是靠前,其音强就越大;音节位置越是靠后,其音强就越小。而能量的情况大致也是如此。

二,俄语语段重读音节的位置,既不像句重音那样居于句末,也不像节奏重读音节、逻辑重读音节那样可以居于语音句的任何句段,而是大多偏向于句子前部或中部,也就是说,对于音强和能量参数来说,语段重音的位置相对其他语流重音变体而言最为有利。我们认为,很可能就是由于这两个原因,俄语语段重读音节才会具有最大的音强和能量。

值得强调的是,在俄语语流中,语段重读音节明显地突出于节奏重读音节。与节奏重读音节相比,语段重读音节音长较长,音强和能量较大,在音高方面明显上升,其中,尤以音长和音高差异最为明显。俄语语段重读音节和节奏重读音节的声学特征对比,请看表 8 以及语图 13、语图 14。

表 8   俄语语段重读音节和节奏重读音节的声学特征对比表

	语段重读音节	节奏重读音节
音长	295	238
音强	85.4	80.3
能量	81.7	75.4

语图 13

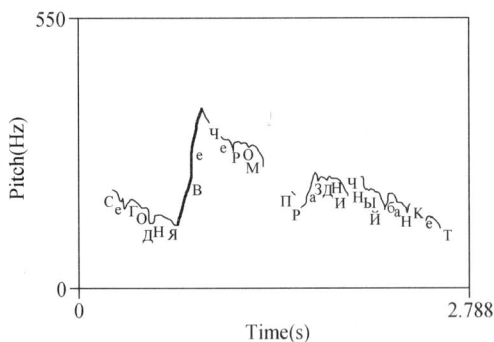

Сего́дня ве́чером / пра́здничный банке́т.
①   ②   ①   ③
(俄语语段重读音节比节奏重读音节在音高方面明显上升)

语图 14

Чайкóвский — / велúкий рýсский композúтор.
②　　　　　　①　　①　　　③
（俄语语段重读音节比节奏重读音节在音高方面明显上升）

在俄语语流中，句重读音节在发音时，其音长等级表现为 4 级，音强等级表现为 1 级，能量等级表现为 1 级，而音高特征表现为明显下降。笔者认为，俄语句重读音节的音强和能量之所以比所有重读音节都要弱，其根本原因在于它们的特殊位置——句子末尾。我们的声学实验结果表明，俄语语流重音在语音句中所处的位置，对于该重读音节的音强和能量有着极大的影响。其规律大致表现为：在俄语语音句中，重读音节位置越是靠前，其音强和能量就越大；反之，重读音节位置越是靠后，其音强和能量就越小。如前文所述，俄语句重读音节通常落在语音句的最后一个语音词上，也就是说，相对于其他语流重音变体来讲，句重音的位置对其音强和能量的等级表现最为不利，因此，它的音强和能量在所有俄语语流重音变体中最小。此外，句重音标志着语音句的完结，在句重读音节后面的停顿，也就是语音句后面的停顿，通常要比语段后面的停顿长一倍，因此，句重读音节有条件比语音句中的所有其他重读音节拉得更长。

总之，在俄语语流中，句重读音节明显地突出于语段重读音节。与语段重读音节相比，俄语句重读音节音长更长，在音高方面有明显下降。换言之，俄语句重音的突出手段是音长和音高。俄语句重读音节和语段重读音节的声学特征对比，请看表 9 和语图 15、语图 16。

表 9 俄语句重读音节和语段重读音节的声学特征对比表

	句重读音节	语段重读音节
音长	375	295
音强	77.6	85.4
能量	72.3	81.7

语图 15

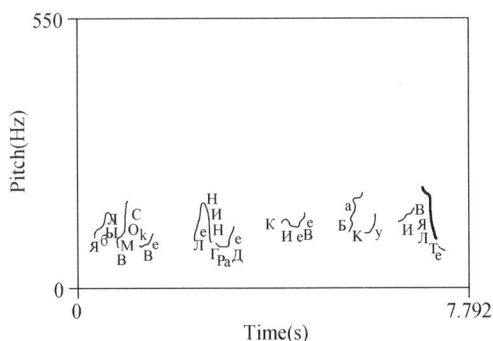

Я́ бы́л в Москве́, / Ленингра́де, / Ки́еве, / Баку́ и в Я́лте.
① ①   ②   ②   ②   ③
（俄语句重读音节比语段重读音节在音高方面明显下降）

语图 16

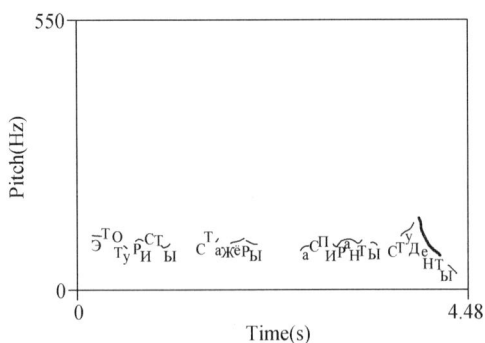

Э́то тури́сты, / стажёры, / аспира́нты, / студе́нты.
①   ②   ②   ②   ③
（俄语句重读音节比语段重读音节在音高方面明显下降）

在俄语语流中,逻辑重读音节在发音时,其音长等级表现为 3 级,音强等级表现为 3 级,能量等级表现为 3 级,而音高特征表现为明显上升或明显下降。在此,我们又发现了一个非常有趣的现象:逻辑重读音节在俄语语流中并非是最长的,而是比句重读音节短,比语段重读音节、节奏重读音节长。究其根源,这是因为俄语逻辑重音所处的位置,可以是语音句前部、中部、后部中的任何一个句段,而不像句重音那样总是居于特别有利于加长音长的句末,因此,俄语逻辑重音的突出手段尽管也是加长音长,但是比句重音要稍短一些。而从音强和能量这两个声学要素来看,尽管俄语逻辑重读音节的音强和能量数值不如语段重音大,但是,如果考虑到它们各自在语音句中的位置分布特点,以及俄语语音句中音节音强和能量数值从句首到句末大致表现出递减规律,我们可以认为,俄语逻辑重读音节的音强和能量,在俄语语流重音变体中是相对突出的,加强音强和能量,是俄语逻辑重音的重要突出手段。而事实也是如此。在俄语语流重音声学实验例句中,有 35 个带有逻辑重音的语音句,其中,除掉那些无法比较的 16 句(有 8 句的逻辑重音居于句首,有 8 句是独词句,因而这些句子中的逻辑重音前面没有相邻语音词可比较),其余 19 句中,有 14 句的逻辑重读音节的音强和能量,与前面相邻语音词相比,不是按照上述一般规律那样有所递减,反而有明显加大的现象,这样的例句所占比例高达 74%。为了直观地说明这一现象,我们挑选了几个较为典型的例句,请看表 10、表 11、表 12、表 13、表 14。另外,还有一点需要说明的是,那个带有逻辑重音的语音词,如果逻辑重音之前有非重读音节,它们同样也会与该逻辑重读音节一起明显加大音强和能量数值,如表13、表 14。

表 10　语音句"Чтó пьёт Сáша?"音长、音强、能量数据表
① 　①　 ④

	Чтó ①	пьёт ①	Сá ④	ша
音长	423	354	431	293
音强	84.477	80.500	**84.005**	68.132
能量	76.638	74.324	**78.856**	63.970

表 11 语音句"Ка́кой со́к пьё́т Ма́ша?"音长、音强、能量数据表

	Ка	ко́й ①	со́к ①	пьё́т ①	Ма́ ④	ша
音长	120	230	333	345	337	311
音强	76.558	79.953	80.345	79.720	**83.176**	70.521
能量	71.860	71.312	73.305	73.135	**79.269**	66.210

表 12 语音句"Э́то на́ша маши́на!"音长、音强、能量数据表

	Э́ ①	то	на́ ④	ша	ма	ши́й	на ①
音长	136	88	240	147	166	233	202
音强	75.603	76.015	**83.760**	77.018	75.003	65.342	60.500
能量	70.143	73.239	**79.672**	72.146	71.419	62.938	57.751

表 13 语音句"Э́то моя́ су́мка."音长、音强、能量数据表

	Э́ ①	то	мо	я́ ④	су́м ①	ка
音长	142	90	122	244	310	120
音强	76.112	79.122	**81.679**	**82.468**	68.910	63.281
能量	71.744	75.126	**78.116**	**79.390**	62.819	58.287

表 14 语音句"Э́то моя́ па́пка."音长、音强、能量数据表

	Э́ ①	то	мо	я́ ④	па́ ①	пка
音长	170	102	133	304	265	263
音强	82.077	77.054	**81.651**	**83.288**	79.811	72.183
能量	76.726	73.474	**79.335**	**77.596**	74.690	66.806

总之,在俄语语流中,与其他语流重音相比,俄语逻辑重读音节的突出方式是加长音长,同时加强音强和能量,音高或是上升或是下降。也就是说,俄语逻辑重音在突出时,音长、音强、能量和音高四个声学要素都发挥了

重要作用。也正是这四种声学要素的合力作用,使得逻辑重音在所有的俄语语流重音变体中都居于突出的醒目地位。俄语逻辑重音和其他俄语语流重音变体的声学特征对比,请看表 15 和语图 17、语图 18。

表 15 俄语逻辑重音和其他俄语语流重音的声学特征对比表

	逻辑重读音节	节奏重读音节	语段重读音节	句重读音节
音长	309	238	295	375
音强	82.7	80.3	85.4	77.6
能量	77.7	75.4	81.7	72.3

语图 17

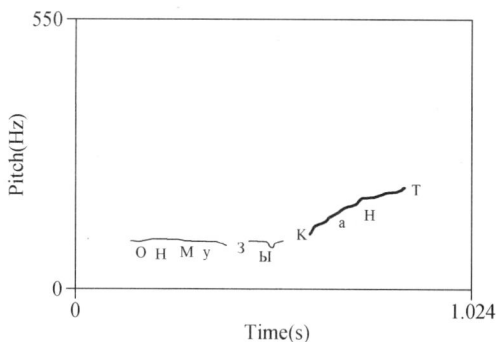

Óн музыкáнт?
① ④
(俄语逻辑重读音节在音高方面明显上升)

语图 18

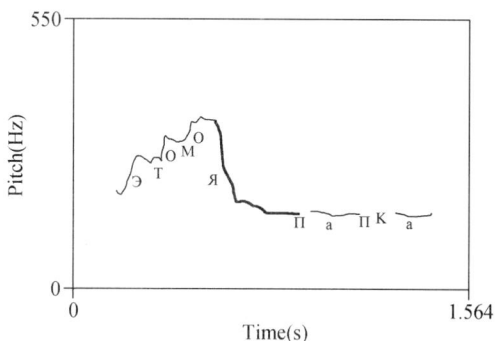

Э́то моя́ пáпка.
① ④ ①
(俄语逻辑重读音节在音高方面明显下降)

　　综上,俄语语流重音变体的决定性声学要素主要为音长和音高,而音强和能量在俄语语流重音体系中的突出作用不是十分明显。在俄语语流中,一个重读音节的音强和能量的大小,主要取决于该重读音节在语音句中的所处位置,通常来讲,重读音节越是靠前,其音强和能量就越大;反之,重读音节越是靠后,其音强和能量就越小。但是,对于俄语逻辑重音来讲,音强和能量是重要的伴随性声学要素,在大多数情况下,俄语逻辑重读音节的音强和能量,与其相邻语音词相比,有明显加大的现象。

　　从我们的声学实验结果来看,俄语语流重音,根据不同的声学特征,表现出不同的层级序列。此处的所谓"俄语语流重音层级序列"(градация русского речевого ударения)是指不同的俄语语流重音变体,按照声学特征突出程度大小所表现出来的排列顺序。根据我们的实验结果,就音长而言,俄语语流重音层级序列表现为:句重音＞逻辑重音＞语段重音＞节奏重音;就音强而言,俄语语流重音层级序列表现为:语段重音＞逻辑重音＞节奏重音＞句重音;就能量而言,俄语语流重音层级序列表现为:语段重音＞逻辑重音＞节奏重音＞句重音;就音高而言,俄语语流重音层级序列表现为:语段重音、句重音、逻辑重音＞节奏重音。因此,俄语语流重音层级序列,可以大致图示如下:

　　音长:句重音＞逻辑重音＞语段重音＞节奏重音

　　音强:语段重音＞逻辑重音＞节奏重音＞句重音

　　能量:语段重音＞逻辑重音＞节奏重音＞句重音

　　音高:语段重音、句重音、逻辑重音＞节奏重音

　　但是,如果我们综合考虑各种声学要素,那么,俄语语流重音层级序列大致为:逻辑重音＞句重音＞语段重音＞节奏重音。

第四节　俄语语流重音各种变体在俄语语调结构中的不同作用

一、俄语语调结构理论概述

　　俄语语调研究,有着相当悠久的历史。从 18 世纪中期 М. В. Ломоносов 最早提出俄语语调和句法的关系起,到 20 世纪 80 年代 Е. А. Брызгунова 的语调结构理论体系在俄语语言学领域中的确立,其间经历了漫长的二百

多年的历程。

俄罗斯语音学家 E. A. Брызгунова 被公认为现代俄语语调结构理论的奠基人。E. A. Брызгунова 长期致力于对外俄语教学中的俄语实践语音语调研究,尤其是俄语语调结构的研究。20 世纪 60 年代初,E. A. Брызгунова 开始对俄语语调结构进行系统研究。经过多年的不懈努力,在分析大量声学实验结果的基础上,E. A. Брызгунова 终于总结和归纳出了俄语的 7 种基本语调结构类型,并在此基础上提出了"俄语语调结构"(Интонационные конструкции русской речи)理论体系。20 世纪 80 年代,E. A. Брызгунова 的俄语语调结构理论日趋完善,不仅开始在世界各国俄语语音教学实践中得到广泛应用,而且作为俄语语音学重要理论之一,开始在俄语语音学领域中占据显著地位,与此同时,也使得俄语语调研究跃居世界前沿。

所谓语调(интонация),是说话者和听话人双方在语流中区分语句、使语句按陈述、祈使、询问、感叹等说话目的构成对立并表达对所说内容主观态度的语音手段。(王宪荣,1995:116)语调由音调、音强、音色、音长等基本声学要素以一定的方式组合而成。(Брызгунова E. A.,1963:158)也就是说,语调是音调、音色、音强、音长量变而形成的各种比例,这种声学要素量变的各种比例构成语调对立,用以表达各种语句的意义差别以及感情色彩。(王宪荣,1995:116)有声语言的音调、音强及音长比例关系的类型叫作语调结构(интонационная конструкция)。

根据 E. A. Брызгунова 的观点,俄语共有 7 种基本语调结构类型,简称调型-1(ИК -1)、调型-2(ИК -2)、调型-3(ИК -3)、调型-4(ИК -4)、调型-5(ИК -5)、调型-6(ИК -6)和调型-7(ИК -7)。在各种调型中,语义核心词的重读音节就是调型中心(центр ИК)。调型中心是俄语调型的重要组成部分,因为,对于区别语句意义具有重要作用的各种语调要素的变化,基本上是从调型中心开始的,正如 E. A. Брызгунова 所指出的那样:"这些调型的语音区别取决于调型中心的音调高度及其运动走向。在调型中心上开始的语调要素的变化,对于区别疑问、肯定、意愿、语句完整与不完整具有重要意义。"(Русская грамматика,1980:97)

二、俄语语流重音变体与俄语调型要素之间的对应关系

俄语语流重音和俄语语调之间有着极为密切的联系。首先,它们都是俄语语流中的超音段单位,都是无法单独发音的特殊语音单位,都必须依附于各种音段单位,成为它们的共时组合。其次,俄语语流重音是构成各种俄语语调类型的重要元素,没有各种语流重音变体的参与,俄语语调必将无从依存;反之,俄语语调结构是俄语语流重音的协调者,没有各种语调结构的调配和整合作用,俄语语流重音必将无所适从。

对照俄语语调结构体系和俄语语流重音层级体系,我们可以发现,在各种类型的俄语语流重音变体与俄语调型要素之间有着一定的对应关系。据我们观察,这种对应关系大致表现如下:大多数俄语语流重音,如语段重音、句重音和逻辑重音,与调型中心恰好吻合,而节奏重音在俄语语调结构中则充当语音上的"陪衬",从而使调型中心得以强调突出。下面请看俄语调型中心与各种类型的俄语语流重音变体之间的具体对比。①

三、俄语语流重音变体和调型-1

调型-1通常用于陈述句中,以表示整个语句的完结最为典型;但有时也可以用来表示复合句中前置主句的完结;有时也可以用来表示强调肯定。因此,调型-1的调心在多数情况下与句重音相吻合,在少数情况下与语段重音、逻辑重音相吻合。例如:②

$$1.\ \overset{}{\text{А}}\text{нна стои́т на}\underset{①}{\underbrace{\text{мосту́}}}^{1}.$$
　　① 　　　① 　　　③

（调心与句重音吻合）

（表示单语段句整个语句的完结）

---

① 此处例句源自俄罗斯科学院的《俄语语法》（《Русская грамматика》）（1980）和 Е. А. Брызгунова 的专著《俄语言语语音语调》（《Звуки и интонация русской речи》）（1981）。

② 本书中标在俄语语音句上方的阿拉伯数字 1、2、3、4、5、6、7,分别用来表示调型-1、调型-2、调型-3、调-4、调型-5、调型-6、调型-7,且数字通常标在调型中心上。

2. О́перы Чайко́вского / запи́саны на пласти́нки.
   ①   ②   ①   ③

                              （调心与句重音吻合）

                              （表示多语段句整个语句的完结）

3. В но́вом зда́нии бу́дет библиоте́ка, / в кото́рой
   ①   ①   ①   ②   ①
размести́тся до десяти́ ты́сяч кни́г.
   ①   ① ①   ③

                              （调心与语段重音吻合）

                              （表示复合句中前置主句的完结）

4. О́н повёз на́с по на́бережной, / чтобы показа́ть но́вую
   ①   ① ①   ②   ①   ①   ①
гости́ницу.
   ③

                              （调心与语段重音吻合）

                              （表示复合句中前置主句的完结）

5. Да́, / э́то то́нкая бума́га.
   ②   ①   ④   ①

                              （调心与逻辑重音吻合）

                              （表示强调肯定）

6. И Анто́н стои́т на мосту́.
    ④   ①   ①

                              （调心与逻辑重音吻合）

                              （表示强调肯定）

四、俄语语流重音变体和调型-2

调型-2 通常用于特指疑问句中,即带有疑问词的疑问句中,一般表示疑问的焦点;有时也可以用于陈述句或感叹句中,用来表示语义对比或语义强调。因此,调型-2 的调心通常与逻辑重音相吻合。例如:

1. Како́й со́к пьёт Ма́ша?   （调心与逻辑重音吻合）
   ④   ①   ①   ①

                              （表示疑问焦点）

2. Чтó éст Натáша?
   ① ①   ④   （调心与逻辑重音吻合）

                                       （表示疑问焦点）

3. Я́ игрáю Шопéна.   （调心与逻辑重音吻合）
   ④   ①   ①

                                       （表示语义对比）

4. Э́то моя́ сýмка.   （调心与逻辑重音吻合）
   ①   ④ ①

                                       （表示语义对比）

5. Осторóжно!   （调心与逻辑重音吻合）
   ④

                                       （表示语义强调）

6. Здéсь нельзя́ переходи́ть ýлицу!   （调心与逻辑重音吻合）
   ①   ④   ①   ①

                                       （表示语义强调）

五、俄语语流重音变体和调型-3

调型-3 通常用于一般疑问句中,即不带疑问词的疑问句中,用来表示疑问的焦点;有时也可以用于特指疑问句中,即带有疑问词的疑问句中,用来表示问题的重复;或者用于陈述句中,用来表示语句的未完结。因此,调型-3 的调心通常与逻辑重音相吻合,有时也可以与语段重音吻合。例如:

1. Мáша танцýет?   （调心与逻辑重音吻合）
   ④   ①

                                       （表示疑问焦点）

2. Сóфья живёт на пя́том этажé?   （调心与逻辑重音吻合）
   ①   ①   ④   ①

                                       （表示疑问焦点）

3. — Когдá óн вернýлся?

— Когда́ о́н верну́лся? Дня́ три́ тому́ наза́д.
　①　①　　　　④

(调心与逻辑重音吻合)

(表示问题的重复)

4. — Когда́ Пе́тя прие́дет?

— Когда́ Пе́тя прие́дет? Ду́маю, что за́втра.
　①　　①　　　　④

(调心与逻辑重音吻合)

(表示问题的重复)

5. Чайко́вский / вели́кий ру́сский компози́тор.
　②　　　　　①　　①　　　　③

(调心与语段重音吻合)

(表示语句的未完结)

6. Е́сли задержу́сь, / обяза́тельно позвоню́.
　①　　②　　　　①　　　③

(调心与语段重音吻合)

(表示语句的未完结)

六、俄语语流重音变体和调型-4

调型-4 通常用于带有对比连接词"a"的不完全疑问句中,用来表示疑问焦点的对比;有时也可以用于陈述句中,用来表示语句的未完结。因此,调型-4 的调心通常与逻辑重音吻合,有时也可以与语段重音吻合。例如:

1. А э́то?　　　　　　　　　(调心与逻辑重音吻合)
　④

(表示疑问焦点的对比)

2. А Ната́ша?　　　　　　　(调心与逻辑重音吻合)
　④

(表示疑问焦点的对比)

3. Чéхов / велúкий рýсский писáтель.
　②　　　　　①　　①　　　　③

　　　　　　　　　　　　　（调心与语段重音吻合）

　　　　　　　　　　　　　（表示语句的未完结）

4. В э́том здáнии размещены́ четы́ре факультéта: истори́ческий, /
　②

экономи́ческий, /филологи́ческий, /филосóфский.
　②　　　　　　　　②　　　　　③

　　　　　　　　　　　　　（调心与语段重音吻合）

　　　　　　　　　　　　　（表示语句的未完结）

七、俄语语流重音变体和调型-5、调型-6、调型-7

至于调型-5、调型-6、调型-7 这三种调型,它们通常不是用来简单地表达语句意义,而是具有极为鲜明的情感—表情色彩,其中,调型-5 通常用来表达鲜明的特征表现或高度的评价意义;调型-6 通常在隆重而庄严的语体中用来表现语句的未完结性或者高度的评价意义;调型-7 通常用于感叹句中,用于坚决否定特征、行为、状态的存在和可能性。例如:

1. Замечáтельный фи́льм!　　（表达鲜明的特征）

2. Отврати́тельно!　　（表示高度的评价意义）

3. Всé систéмы / косми́ческого корабля́ / рабóтают нормáльно!

　　　　　　　　　　　　　（用于隆重庄严语体）

　　　　　　　　　　　　　（表示语句的未完结）

4. Какóй вéчер тёплый!　　（表示高度的评价意义）

5. Какóй óн специали́ст! Тóлько ви́д дéлает!

　　　　　　　　　　　　　（表示坚决予以否定）

6. Гдé тáм óн отдыхáл! Всё лéто занимáлся.

　　　　　　　　　　　　　（表示坚决予以否定）

很显然,调型-5、调型-6、调型-7 这三种调型均带有极为鲜明的情感—表情色彩,已经与感情重音有关,因此,它们暂时不纳入我们的研究范围。

八、俄语语流重音各种变体在俄语语调结构中的不同作用

通过俄语语流重音层级体系和俄语语调结构体系之间的对比分析,我们发现,不同类型的俄语语流重音变体与俄语调型要素之间有着不同的对应关系。其中,语段重音、句重音和逻辑重音往往直接对应于调型中心。具体来讲,在俄语口语中,语段重音用来表达语句的非完结性,且语段重读音节通常可以和调型-3 的调心、调型-4 的调心相吻合,偶尔也可以和调型-1 的调心相吻合,但是这种情况相对较少;句重音用来表达语句的完结性,且句重读音节通常可以和调型-1 的调心相吻合;逻辑重音用来强调语境语义逻辑中心,且逻辑重读音节通常可以和调型-1 的调心、调型-2 的调心、调型-3 的调心、调型-4 的调心相吻合。在俄语语流重音层级体系中,唯有节奏重音与调型中心没有直接对应关系。节奏重音是俄语语流重音系统中的有机组成部分,但是,根据我们的研究,节奏重音无论如何都不会和任何调型的调心相吻合,它们只能在调心的前部或后部,与非重读音节一起,用相对平稳调发音,构成其他三种语流重音类型的"陪衬",从而使语调中心得以强调突出。

因此,不同类型的俄语语流重音变体,在俄语语音句的语调结构中起着不同的作用。一部分语流重音变体行使调心的功能,它们是语段重音、句重音、逻辑重音,我们不妨将它们统称为**"调心重音"**(интонационно-центровое ударение),或者也可以称为**"焦点重音"**(фокусное ударение),因为,这些调心重音往往就是句子语义的焦点;而另一部分语流重音变体仅仅构成调心的"陪衬",在语音句中行使衬托调心的功能,它们是节奏重音,我们不妨称之为**"陪衬重音"**(фоновое ударение)。通常来讲,在俄语语音句调型结构中,调心重音(即焦点重音)明显比陪衬重音更为突出,它们相对长而紧张,音高变化十分明显;陪衬重音相对短而松弛,音高变化相对较小;而非重读音节则更短、更松弛,几乎无音高变化。

因此,我们可以认为,俄语语流重音与俄语语调之间有着极为密切的联系。不同类型的俄语语流重音变体,在俄语语调结构中起着不同的作用。其中,语段重音、句重音、逻辑重音是"调心重音"(即"焦点重音"),在俄语语

调结构中通常行使调心的功能；而节奏重音是"陪衬重音"，它们只能在调心的前部或后部，与非重读音节一起，用相对平稳调发音，构成调心重音的"陪衬"，从而使语调中心得以强调突出。

然而，在此我们必须指出，在俄语口语教学实践中，很多中国学生对于不同类型的俄语语流重音变体在俄语语音句语调结构中所起的不同作用，往往没有予以必要的重视，用几乎相近的音长、音强、音高来强调所有的重读音节，结果"调心重音"不够强，"陪衬重音"不够弱，语调中心因此也就变得模糊不清、难以辨认。这样的语流重音偏误，使其俄语口语显得单调乏味，没有表现力，有时甚至不易理解。

我们认为，在俄语课上教师应该向中国学生介绍俄语语流重音的概念，并且，必须要让他们关注不同类型的俄语语流重音变体在语调结构中的不同作用，让他们养成一个区别对待节奏重音、语段重音、句重音、逻辑重音的习惯。尤其要向他们强调，俄语节奏重音位于语句语调结构的调心前部或调心后部，与处于调心位置上的语段重音、句重音、逻辑重音相比，其音调相对平稳、用力较少、音长较短，因此，一定要有意识地减弱节奏重音的突出程度，否则起调心作用的那些语段重音、句重音、逻辑重音得不到明显突出，必定会变得模糊不清，严重的时候可能还会影响交际。

本章小结

本章首先对于俄语词重音相关理论问题进行必要的讨论。我们认为，俄语中的任何一个成音节的词汇词，不管是实词还是虚词，不管是多音节词还是单音节词，它们在孤立发音的时候，通常都有一个词重音。俄语中只有那些极个别的由于没有元音而无法成音节的虚词，没有词重音。

俄语中有部分多音节词汇词可以有两个词重音——主重音和次重音。一个俄语词汇词带有两个重音时，次重音通常靠近词首，主重音通常靠近词末。但是，带有两个词重音的俄语词汇词，在整个俄语词汇系统中所占比例微乎其微，极为普遍的是带有一个重音的词汇词。

俄语词重音有两个重要特性——自由性与移动性。俄语词重音的自由性，是指俄语词重音，并非总是统一地固定在词的某一特定位置的音节上，或词的某一特定类型的语素上；俄语词重音的移动性，是指一个俄语词汇词构成各种不同的语法形式时,重音从一个音节移到另一个音节,从一个语素移到另一个语素。现代俄语中的大多数词汇词具有移动重音,然而,与此同时,也有一部分俄语词汇词具有固定重音。

俄语词重音对于俄语词汇词来讲极为重要,在俄语词汇体系中行使着各种重要功能。总的来说,俄语词重音的功能主要有联结功能、辨义功能以及语音划界功能。

从语音本质来讲,俄语词重音是质重音。俄语词重音的本质性语音要素是音质,重读音节发音动作到位,音色完满,无元音弱化现象;伴随性语音要素是音长,重读音节一般比非重读音节更长。俄语重读音节的音质比非重读音节更为清晰,音长比非重读音节更长,均由加强发音器官肌肉紧张度所致。

我们认为,俄语词重音一旦进入俄语语流之后,通常会受到语流中不同语调类型和韵律结构的调节和影响而发生种种变化,形成各种层级不同的语流重音变体,在俄语语流的韵律结构中扮演不同的角色,有的依然重读,有的降为次重读,有的则变成强重读甚至特强重读,还有的变成非重读。

本章随后对于各类俄语语流重音变体进行必要的概念梳理。俄语节奏重音是指俄语语音句中那些不承担任何中心作用的背景语音词重读音节。根据语流重音层级体系理论,俄语节奏重音是俄语语流重音在一级重音位上的变体,其重音位具有弱重音位特性,因而,俄语节奏重音突出程度相对弱化,在语句韵律结构中起背景烘托作用。俄语节奏重音在语音句中没有固定位置,它可以位于语音句句首和句末,也可以位于语音句句中。

俄语语段重音是指未完结语段中用来表示该语段语义中心的通常处于语段末尾的语音词重音。根据语流重音层级体系理论,俄语语段重音是俄语语流重音在二级重音位上的变体,其重音位具有强重音位特性,因而,俄语语段重音突出程度相对强化,在语句韵律结构中起平常焦点突出作用。俄语语段重音在语音句中有着相对固定的位置,它通常位于多语段句的未完结语段末尾,也就是落在未完结语段中最后一个语音词上。

俄语句重音是指单语段或多语段陈述句中的完结语段重音。根据语流重音层级体系理论,俄语句重音是俄语语流重音在三级重音位上的变体,其重音位具有强重音位特性,因而,俄语句重音突出程度相对强化,在语句韵律结构中起平常焦点突出作用。俄语句重音在语音句中同样有着相对固定的位置,它通常位于语音句末尾,也就是落在语音句中最后一个语音词上。

俄语逻辑重音是指某个语境中承担语义逻辑中心的特殊焦点语音词重音。根据语流重音层级体系理论,俄语逻辑重音是俄语语流重音在四级重音位上的变体,其重音位具有特强重音位特性,因而,俄语逻辑重音突出程度高度强化,在语句韵律结构中起特殊焦点突出作用。俄语逻辑重音在语音句中没有固定的位置,根据交际任务的不同,逻辑重音可以落在语音句的任何一个位置上,可以在句首,可以在句中,也可以在句末。

本章的研究重点是在采集和整理声学实验数据和分析语图的基础上,分别讨论俄语语流重音各种变体的主要声学特征。实验结果表明,在俄语语流中,节奏重读音节就其声学特征来看,是所有语流重音变体中突出程度最小的。俄语节奏重读音节之所以成为重读音节,是因为有俄语非重读音节作为它们的陪衬音节。与非重读音节相比,俄语节奏重读音节保留了俄语词重音的本质性语音特点:在音质方面,俄语节奏重读音节,和其他所有俄语语流重音变体一样,发音动作到位,音色完满,无明显元音弱化现象。而在声学特征方面,与非重读音节相比,俄语节奏重读音节音长较长,音强和能量较大,其中,尤以音长差异最为突出。

在俄语语流中,语段重读音节就其音长特征来看,是所有语流重音变体中较为突出的,它们得以突出的陪衬音节是节奏重读音节以及非重读音节。值得强调的是,语段重音明显地突出于节奏重读音节。与节奏重读音节相比,语段重读音节音长较长,音强和能量较大,在音高方面明显上升,其中,尤以音长和音高差异最为明显。

在俄语语流中,句重读音节明显地突出于语段重读音节。与语段重读音节相比,句重读音节的突出手段是音长更长,在音高方面有明显下降。

在俄语语流中,与其他语流重音相比,俄语逻辑重读音节的突出方式是加长音长,同时加强音强和能量,音高或是上升或是下降。

俄语语流重音变体的决定性声学要素主要为音长和音高,而音强和能量在俄语语流重音体系中的突出作用不是十分明显。我们的声学实验结果表明,俄语语流重音在语音句中所处的位置,对于该重读音节的音强和能量有着极大的影响。其规律大致表现为,在俄语语音句中,重读音节位置越是靠前,其音强和能量就越大;反之,重读音节位置越是靠后,其音强和能量就越小。但是,对于俄语逻辑重音来讲,音强和能量是伴随性声学要素,在大多数情况下,俄语逻辑重读音节的音强和能量,与其前面相邻语音词相比,有明显加大的现象。

从我们的声学实验结果来看,俄语语流重音根据不同的声学特征,表现出不同的层级序列。但是,如果我们综合考虑各种声学要素,那么,俄语语流重音层级序列大致为:逻辑重音>句重音>语段重音>节奏重音。

本章最后试图对照俄语语流重音层级体系和俄语语调结构体系,揭示各种不同类型的俄语语流重音变体在俄语调型结构中的作用。我们认为,俄语语流重音与俄语语调之间有着极为密切的联系。不同类型的俄语语流重音变体,在俄语语调结构中起着不同的作用。其中,语段重音、句重音、逻辑重音是"调心重音"(即"焦点重音"),在俄语语调结构中通常行使调心的功能;而节奏重音是"陪衬重音",它们只能在调心的前部或后部,与非重读音节一起,用相对平稳调发音,构成调心重音的"陪衬",从而使语调中心得以强调突出。

本章有关俄语词重音的本质性语音要素是音质的观点,有关各类俄语语流重音变体的概念阐述,对于我国俄语重音研究与教学具有重要的理论参考价值。本章有关俄语语流重音声学实验研究分析,使我们对于各类俄语语流重音变体的声学特征,对于不同俄语语流重音变体在不同声学特征方面的等级表现情况,有了直观而深刻的认识。本章最后对于俄语语流重音层级体系和俄语语调结构体系的对比研究,揭示了各种不同类型的俄语语流重音变体在俄语调型结构中的不同作用,对我国俄语重音教学有着重要的理论指导意义。

第三章　汉语语流重音声学实验研究

　　许余龙在《对比语言学概论》中论及对比语言学的一般理论与方法时曾指出,在很多情况下,我们会发现在已有文献中,对所要对比的两种语言的分析是不平衡的,其中一种语言的分析相对成熟,而另一种语言的分析却相对薄弱。在这种情况下,我们可以参照前者的分析框架来分析后者。(许余龙,1992b:65)而我们所要对比的俄语和汉语两种语言中的重音分析,正如本书绪论所言,也是极为不平衡的:俄语重音研究在20世纪50年代就已经取得了很多令人瞩目的重大理论成就,而汉语重音研究则相对薄弱,很多理论问题至今众说纷纭。我们知道,我国传统音韵学所注重研究的声、韵、调,基本与词重音没有直接关系,"人们对汉语重音的关注是很晚近的事,甚至与重音有关的轻声概念也只是在1922年赵元任的《国语罗马字研究》中才首次被提出"(刘现强,2007a:64)。对于如何认识汉语词重音,迄今为止,国内外学术界仍然颇有争议。因此,本书主要以俄语重音理论框架为参照,同时充分借鉴我国语音学界汉语重音方面的已有研究成果,来分析和研究汉语重音现象,进而达到两者对比研究的目的。

　　本书第三章首先简单介绍有关汉语词重音的种种学术争议,概述汉语词重音的定义、特性、功能以及语音本质,随后对于汉语语流重音各类变体进行必要的概念梳理,最后,在采集和整理声学实验数据和分析语图的基础上,分别阐述汉语语流重音各种变体的主要声学特征。

第一节　汉语词重音概述

一、有关汉语词重音的种种学术争议

正如本书前文所言,语流重音是词重音在语流中的各种变体。因此,如果想着手研究汉语语流重音,首先必须要对汉语词重音有一个清楚的认识。然而,相对西欧语言重音研究而言,汉语重音研究相当薄弱,有关汉语词重音的很多基本理论问题至今尚无定论。总的来说,与汉语词重音相关的争议主要有以下三个方面:1. 汉语到底有没有词重音? 2. 汉语双音词有没有中度重音? 3. 汉语双音词重音模式是"前重型"还是"后重型"?

关于汉语到底有没有词重音,我国语言学界早在 20 世纪 50—60 年代就曾有过争论。有学者认为汉语有词重音,如黎锦熙曾明确表示,在汉语多音节词里,"此轻则彼重,后音有轻号,则前音重读可知"(黎锦熙,1957:国语词典原序);再如,徐世荣也曾提出:"汉语的词和别的民族语言一样,一个词有一个重音。这个重音很有用途,它可以明显地标示出这几个音节的密结性,标示出这是一个词(或词级)。"(徐世荣,1958:98)与之相反,也有学者认为汉语没有词重音,如高名凯与石安石曾经说过,"汉语没有词重音,但普通话和某些方言中却有'轻音'这样一种重要的语音现象"(高名凯、石安石,1963:68)。20 世纪 80—90 年代以来,随着汉语语音学研究的不断深入,我国学者观点逐渐趋于一致,"大凡讨论轻声的论著多肯定汉语有重音,只是分类不同"(刘俐李,2002:45)。时至今日,我国语音学界可以说已经出现明显的倾向性意见,大多数学者普遍认为汉语有词重音,正如我国著名语音学家曹剑芬所言,"汉语里存在词重音,这已经是个不争的事实。无论是对自然话语的分析,还是语音合成试验,都已经证明了这个事实"(曹剑芬,2007:275)。当然,毋庸讳言的是,目前我国汉语界还有个别学者依然持有"汉语没有词重音"的观点,如金有景在 2007 年出版的《普通话语音》中仍然明确提出,"在汉语轻声词汇里,轻读音节虽然较非轻读音节的读音轻,如'木头'mùtou、'筷子'kuàizi 等等,但非轻读音节如'木'mù、'筷'kuài 实际上只是相对显得重一点,一般不说它带重音,只说后面的'头'tou、'子'zi 读轻声。严格说起来,汉语的重音不存在于词汇里,只存在于语

句里"(金有景,2007:152)。

古人云:"有无相生,难易相成,长短相形,高下相倾,音声相和,前后相随。"其间蕴含了这样一个哲理:事物皆有其对立面,与其对立面相互依存。我们认为,汉语既然有轻声音节的客观存在(对此,学界没有任何异议),那么,就必定有其对立语音现象——重读音节的客观存在。如果没有重读音节,汉语的轻声音节必将无从依存,无以显现。汉语语言学大师赵元任先生曾经对汉语重音有过精辟的论述。他在专著《汉语口语语法》中曾明确指出,所有汉语音节,如果不是轻声音节,又没有对比重音,那就有正常重音。(赵元任,1979:23)也就是说,汉语中的所有带有四声的音节都是重读音节。在此,我们可以得出这样一个结论:汉语不但有词重音,而且"凡是载有四声的音节都是重读音节"(许曦明,2008:214)。

关于汉语双音词有无中度重音,国内外学术界也是颇有争议。一般认为,汉语双音节词重音格式有"双重型"和"重轻型"两大类。争议焦点在于,在"双重型"里要不要细分"中重"和"重中"两个小类,即汉语有没有中度重音。Hockett 于 1947 年在论著 *Peiping Phonology* 中提出,汉语有中度重音,如"这不是苦瓜,也不是甜瓜,就是一种甜瓜",第一个"甜瓜"是重轻型,第二个"甜瓜"是重中型。(转引自赵元任,2002:22)徐世荣于 1956 年在论文《双音缀词的重音规律》中认为,北京话双音节词的重音格式可分为"重轻型"和"中重型"两类。(徐世荣,1956:35 - 37) 显然,徐世荣支持北京话有中度重音这一观点。而殷作炎于 1982 年在《关于普通话双音常用词轻重音的初步考察》中则明确表示,普通话音节强度有必要建立中音(即中等重音)这一等级。根据他的观点,"中音即次重音。在语音上调值不变,声韵母也不变,只是同重音相比,音域较小,音量较弱,持续的时间较短"。他认为,中等重音双音节词中有"重中"式,并且有"重中"和"中重"的对立,比如"散布"和"散步",前者是重中式,后者是中重式。(殷作炎,1982:168)陆致极于 1984 年通过声学实验证明,汉语双音词重中式和中重式在声学性质方面确有一定的差异。(陆致极,1984:47)但是,赵元任先生对于汉语有中度重音这一说法持反对意见。针对 Hockett 提出的"这不是苦瓜,也不是甜瓜,就是一种甜瓜"中的后一个"甜瓜"是重中型模式这一论点,赵元任指出,"我的办法是认为'甜瓜'有个特强重音,即"'甜'瓜'。既然轻重音是相对的,加一个特强重音,实质上等于在对比的音节上,加个普通重音,而把别的普通重音减轻。"另外,"还有一个不能承认音位上的中度重音的原因,就是说北平话的本地人,对许多例子的意见都不一致。不像对轻声字那样,意见大体相同"(赵元任,2002:22-23)。而曹剑芬则认为,关于这个问题,应该分为不同的层次来讨论。若从连读的语句来看,汉语不但有重与轻的差异,而且有重与中,甚至更多的等级差异;若从词重音角度出发,"所谓中与重的对立不过是正常重音型内部一种相对的对比性差异,而重与轻的对立才是两种不同重音类型之间的绝对的区别。由此看来,普通话的词重音对立基本上是重与轻的对立"(曹剑芬,2007:207-208)。

在汉语重音等级问题上,我们基本赞同曹剑芬的观点。我们认为,汉语的重音虽然有人认为可以听得出"重"、"中"、"轻"三个等级,而声学实验则可以测出更多的等级,但是,在汉语语言系统中,起区别性作用的具有音系学意义的只有"重"和"轻"两个重音等级。汉语中的所谓"中度重音",实际上是人们在读或者说汉语时养成的发音习惯,或者是不自觉造成的量的差异,发音人自己对此通常没有特别明确的心理感知。"中度重音"是汉语词重音在语流中的变体形式之一,没有区别性作用,不具备音系学意义。汉语重音的"中"与"重"之间只有量的差异,没有质的区别。因此,当我们谈论汉语词重音时,没有必要专门建立"中度重音"这一概念;但是,如果我们要讨论汉语词重音在语流中的变体——汉语语流重音,则很有必要区分"重读"和"中重"两个等级,但"重读"和"中重"同属于"重音"范畴。

关于汉语双音词重音模式是"前重型"还是"后重型",目前国内学术界主要有三种观点。第一种观点认为,不带轻声的汉语双音节词的重音模式大体为"后重型",如赵元任明确支持"后重论",他认为,"事实上两个字相连,除掉第二个是轻声的,普通的两个字相连,总是第二个稍为重一点儿,第一个稍为轻一点儿";(赵元任,1980:68)又如,罗常培、王均在专著《普通语音学纲要》中也认为,不带轻声的汉语双音节词是后一个字重读,前一个字稍轻,也就是具有"后重型"重音模式;(罗常培、王均,1981:151)再如,林茂灿、颜景助、孙国华在论文《北京话两字组正常重音的初步实验》中指出,他们的声学实验及听辨试验结果表明,汉语双音节词的重音模式大体为"后重型","……在正常重音条件下,北京话目前并无一定要读前重的两字组。后字比前字读得重一些,听起来后字比前字突出清晰,这是北京话正常重音的主要现象"。(林茂灿等,1984:73)第二种观点认为,不带轻声的汉语双音节词的重音模式大体为"前重型",如王晶、王理嘉在其论文《普通话多音节词音节时长分布模式》中写道,他们对普通话语流中多音节词(包括双音节词)音节时长分布特征进行实验分析后得出结论,普通话双音节词中前音节比后音节长,按照学界对重音声学特征的共识(即重读音节的时长一般来讲较长),可以说普通话双音节词的前字比后字重,即重音模式为"前重型";(王晶、王理嘉,1993:112)端木三同样也持"前重论",他通过音韵学理论分析,认为汉语的音步是重轻交替的"左重"音步;①(端木三,1999:250)而杨彩梅在《Hayes 的重音理论与汉语词重音系统》一文中,运用 Hayes 的重音理论结合语音实验结果,分析了汉语的词重音系统,进一步证实了"前重论"。(杨彩梅,2008:48)第三种观点认为,不带轻声的汉语双音节词的重音模式既不是"左重型",也不是"右重型",而是"双重型"(或"等重型"、"重重型")。例如,王洪君在《试论汉语的节奏类型——松紧型》一文中,对于汉语音步的"前重论"和"后重论"都提出了质疑。文章从词汇辨义功能、重征在无标记语气句和有标记语句中的关联、重音和节奏单元分界停延谁制约谁、母语者感知等几个方面出发,论证了"汉语标准音步的两个音节并没有重轻或轻重的底层区别,它们是等重的";(王洪君,2004:27)再如,刘现强也认为,考虑到英汉重音之间的差异及其在各自音系中的不同地位,即"汉语重音不能区别词义,不具备音系学上的意义(轻声暂不考虑),因而也就无所谓词重音……所谓'中重'的重音模式,音位处理应为'重重'(都是普通重音)"。(刘现强,2007a:68)而许曦明也赞同这一观点,他说,"'等重'或'重重'是汉语双音节词(非轻声音节)最基本、最常见的节奏模式……'等重'式或'重重'式的论证符合汉语节奏的实际"。(许曦明,2008:238 - 239)

　　在汉语双音词重音模式方面,相比较而言,我们更倾向于第三种观点。我们认为,既然众多学者用不同的研究方法,或是基于直觉内省的理性研

---

　　①　所谓音步,是指用以测定诗歌结构重音模式的单位。根据重读音节、非重读音节或长音节、短音节的排列情况,可以将音步分成扬抑格、抑扬格等。(哈特曼等,1981:131)

究,或是基于声学实验的实证分析,或是基于节律音系学和优选音系学的理论探索,往往会得出各自不同甚至相互矛盾的结论,谁都无法令人信服地拟构汉语正常词重音的统一模式——"前重"、"后重"或"等重",加之普通的汉语操用者对此通常也是没有特别明确的心理感知,这一点充分证明,不带轻声的汉语双音节词的重音模式是一种极为特殊的重音类型,它没有"左重"、"右重"、"等重"的固定模式,而是具有一种在音系学意义上的"双重"模式,当然,这种"双重"模式在生理声学特征上大多可能表现为"左重"或"右重"(且左音节和右音节之间的差异通常不会太大,不会达到重读音节和轻声音节之间的那种本质性差异),偶尔也有可能表现为"等重"。

综上,我们认为,汉语存在词重音,汉语中所有载有四声的音节都是重读音节,而轻声音节则是非重读音节。在汉语语言系统中,起区别性作用的具有音系学意义的只有两个重音等级:重读音节和非重读音节(即轻声)。中度重音是汉语重读音节在语流中的变体,没有区别性作用,不具备音系学意义。汉语重音的"中"与"重"之间只有量的差异,没有质的区别。汉语中不含轻声音节的正常双音节词的重音,是一种极为特殊的重音类型,它没有"左重"、"右重"、"等重"的固定模式,而是具有一种在音系学意义上的"双重"模式。

二、汉语词重音的定义

汉语词汇词,和俄语词汇词一样,通常可以切分成一个个更小的单位——音节。汉语音节是听觉上能够分辨出来的汉语语流中最小的发音单位。汉语音节的典型结构是声母＋韵母。声母就是指音节开头的辅音,而韵母就是指声母之后的元音/元音组合,或元音/元音组合＋辅音。通常来讲,韵母是汉语音节的基础,汉语音节可以没有声母,但是不能没有韵母。一个汉语词汇词有几个音节,不能看元音数量,而要看韵母数量。汉语词汇词里有几个韵母就有几个音节。声母和韵母,在汉语音节的构成中有着不同的作用,其中,韵母是**成节音**,而声母是**非成节音**。韵母是汉语音节的必要性成素,没有韵母,也就没有音节,且韵母可以单独构成音节;而声母是汉语音节的选择性成素,一个音节可以有声母,也可以没有声母,且声母不能单独构成音节。一个汉语音节中的韵母数量只能是 1 个,韵母中可以包括的元音数量可以是 1 个、2 个或 3 个,韵母中可以包括的辅音数量最多只有 1 个,且只能是[n]、[ŋ]、[r]中的一个;而一个汉语音节中的声母数量可以是 0 个或 1 个,且可以是[ŋ]之外的所有辅音。

汉语词汇词有单音节词和多音节词两大类。由一个音节构成的词叫**单音节词**,由两个或两个以上音节构成的词叫**多音节词**。汉语的多音节词可以包括双音节词、三音节词、四音节词、五音节词等。据统计,在现代汉语词汇系统中,占大多数的是单音节词和双音节词。(诸葛苹等,2001:18)

关于汉语词重音的定义,我国语音学界迄今为止暂时还没有比较统一的说法。我们能找到的关于汉语词重音的定义很少,而且它们通常是作为轻声的对立概念出现的。如吴洁敏曾认为:"汉语词重音具体表现在词的某个音节大体可以分为重、中、轻这三个等级。所谓轻音就是普通话中的轻声,具有表义作用。……与轻声相对的便是重音,……在无轻声音节的词汇中,又可分重音和中重音。汉语的词重音和中重音不起表义作用。"(吴洁敏 2001:284)还有更多的学者,他们往往只谈汉语的轻声概念,而对汉语词重音则无明确说法,如郭锦桴(1993)、胡裕树(1995)、黄伯荣等(1997)、何平(2006)、陈玉东(2010)等。

从我们掌握的现有资料来看,学者们大多或者着重讨论汉语语句重音的概念,或者如上所言,着重讨论汉语轻声,而对汉语词重音定义有过直接阐释的学者可以说是凤毛麟角。迄今,对汉语词重音定义有过明确表述的学者主要有赵元任、许曦明等。赵元任认为,所有汉语音节,如果不是轻声音节,又没有对比重音,那就有正常重音。(赵元任,1979:23)而许曦明在赵元任观点的基础上进一步明确指出,汉语不但有词重音,而且"凡是载有四声的音节都是重读音节"(许曦明,2008:214)。

鉴于汉语是声调语言,而不是重音语言,我们认为,如果要给汉语词重音也下一个定义,那么,我们不能简单地照搬重音语言中的词重音定义,而应该另辟蹊径,要充分考虑到声调在声调语言中的特殊地位。根据我们的观点,所谓**汉语词重音**,就是指汉语的词汇词,它们可能是单音节词,也可能是多音节词,它们在孤立发音时,通过在一定时间内保持发音器官的紧张状态,使得词内某些音节保持声调完整、音色完满,这就是汉语的词重音,而被保持声调完整、音色完满的音节就是汉语的**词重读音节**。汉语词重读音节的突出特点是声调完整清晰,伴随性的特点是音节中的声母和韵母发音动作到位,音色完满,且音长较长。由于汉语词汇词中有很多词每个音节都重读,重读音节在汉语词汇体系中是普遍的自然常态现象,因此,汉语词重音没有用专门的重音符号来标识,但是,人们通常会在拼音中标明其重读类型——四声:第一声阴平(-)(调值55)、第二声阳平(ノ)(调值35)、第三声上声(∨)(调值214)、第四声去声(＼)(调值51),例如,汉语单音节词 tā(他)、lái(来)、hǎo(好)、shì(是)等;再如,汉语多音节词 guānchá(观察)、gōngsī(公司)、zǒngjīnglǐ(总经理)、nǚjiàoshī(女教师)等。①

汉语词汇词中有部分单音节词没有词重音,它们主要是单音节的助词、语气词、方位词、趋向动词等。汉语词汇词中非重读的单音节助词主要有:de(的)、de(地)、de(得)、zhe(着)、le(了)、guo(过)等;汉语词汇词中非重读的单音节语气词主要有:ba(吧)、na(哪)、ma(吗)、ma(嘛)、a(啊)、ya(呀)、wa(哇)、ne(呢)、la(啦)等;汉语词汇词中非重读的方位词主要有:li(里)、shang(上)、xia(下)、tou(头)、mian(面)等;汉语词汇词中非重读的单音节趋向动词主要有:shang(上)、xia(下)、lai(来)、qu(去)等。

此外,汉语中有很多多音节词汇词,它们可能是实词,也可能是虚词,可以有多个词重音,而且通常不分主重音和次重音,最多也就是会在语流中表现出重读程度上略有差异,即我国不少学者一再讨论的"重读"和"中重",且哪个音节为"中重",哪个音节为"重读",经常会出现两可现象,正如曹剑芬所明确指出的那样,"中与重的区别只不过是正常重音内部一种量的、不稳定的对比,是可以自由转换的"(曹剑芬,2007:206)。带有多个词重音的汉语词汇词,在整个汉语词汇系统中所占比例很大,相当普遍。尤其需要强调的是,在汉语词汇体系中,普遍存在着这样一种现象:一个词汇词里,有几个音节,就有几个重音,也就是说,每个音节都重读。字字重读的"**全重型词汇词**",在汉语词汇体系中是一种相当普遍的语言现象,带有 2 个重音的双音节实词如 yǎnjìng(眼镜)、pǔbiàn(普遍)、chōngzhuàng(冲撞)、lǎoshī(老

---

① 当然,汉语词中的重读音节相邻时,有时也会发生一些调值的变化,但是,这种调值的变化,通常并没有使那些变调音节发生声系学意义上的质变,并没有使之失去重音而成为轻音。例如,fǎnxiǎng(反响)中的第一个音节在其后相邻音节的作用下,在实际发音时由第三声变成第二声,但是该音节依然是重读音节。

师)、xīnshǎng(欣赏)等,带有 2 个重音的双音节虚词如 suīrán(虽然)、huòzhě(或者)、ànzhào(按照)、tōngguò(通过)、duìyú(对于)等;带有 3 个重音的三音节词通常是实词,如 xǐyīfáng(洗衣房)、zhǎnlǎnhuì(展览会)、dòngwùyuán(动物园)、gōngwùyuán(公务员)、lǐfàdiàn(理发店)等;带有 4 个重音的四音节词通常也是实词,如 qiānyánwànyǔ(千言万语)、shàngcéngjiànzhù(上层建筑)、báitóudàolǎo(白头到老)、wàizhǎnshénjīng(外展神经)等;有时,我们还会遇到带有 5 个重音的五音节词乃至带有 6 个重音的六音节词,它们通常也是实词,带有 5 个重音的五音节词如 jūmínshēnfènzhèng(居民身份证)、zuògǔshénjīngtòng(坐骨神经痛)、yínyànglàqiāngtóu(银样镴枪头)、jiēdàobànshìchù(街道办事处),带有 6 个重音的六音节词如 gēngniánqīzōnghézhēng(更年期综合征)、guānliáozīběnzhǔyì(官僚资本主义)、zhuǎnjīyīndàdòuyóu(转基因大豆油)、kěxīrùkēlìwù(可吸入颗粒物)等。①

三、汉语词重音的位置

本书第二章第一节曾经谈到,世界各种语言中的重音,根据重读音节在词中的位置,通常可以分为固定重音和自由重音两大类。其中,固定重音总是固定在词的某个音节上,如捷克语重音固定在词的第一个音节上,波兰语重音固定在词的倒数第二个音节上;而自由重音并不总是固定在词的某个音节上,词的任何音节都有可能成为词重读音节,如英语、俄语等。

如前文所述,对于汉语词重音的位置,我国学者迄今依然争议不断,争议的焦点主要集中于双音节的汉语标准音步的重音位置问题——是左重、右重还是等重? 但是,他们大多局限于汉语词重音模式的具体描写,而对于汉语词重音位置如何定性的论述并不多见。从现有资料来看,我们发现只有许曦明对此有过明确表述,他认为,对于汉语标准音步是左重、右重还是等重这一问题,之所以我国学界会得出截然不同的结论,唯一的答案就是"汉语没有固定重音。基于'凡是载有四声的音节都是重读音节'这一前提,

---

① 这里所列举的汉语多音节词汇词,在语流中可能会出现词内分读现象,但它们都是用来表示整体概念的词汇词,所以,它们的拼音在此处采用连写形式。

我们认为,在汉语一个标准音步,即双音节词(非轻声音节)组合中,无法判定究竟是前一个音节重还是后一个音节重"(许曦明,2008:237)。

笔者认为,如果要讨论汉语词重音的位置,我们不能简单地照搬西欧重音语言的词重音位置理论,不能简单地把汉语词重音位置定性为"自由性"或"固定性"。与西欧重音语言截然不同的是,汉语是典型的声调语言,汉语中每个音节除声母、韵母这两个音段单位以外,通常还有一个超音段单位——声调依附在音节之上。声调是汉语音节里不可缺少的必要性语音成素,不同的声调可以改变音节所表示的意义。既然凡是载有四声的音节就是重读音节,那么,我们可以认为,汉语词重音既不是自由重音,也不是固定重音,而是一种特殊的"遍布重音"(повсеместное ударение)。汉语的词重音(载有四声的音节),其位置具有"遍布性"(повсеместность)特点,因为汉语的重读(载有四声),是汉语音节的常态特征,重读音节在汉语词汇体系中是一种普遍的常态现象。也正是由于这个原因,在汉语中客观存在着大量的"全重型词汇词",即便是带有非重读音节的汉语词汇词,通常也只有个别音节是非重读音节。

与此同时,我们认为,讨论汉语词重音位置特点时,不能不讨论汉语词的非重读音节(轻声)的位置特点,因为,非重读音节(轻声)在汉语词汇词的韵律结构中,处于突出的醒目地位。

我们认为,就汉语全部词汇词总体而言,汉语轻声在词中的音节排列位置方面,具有"受限自由性"特征。一方面,汉语轻声并非总是固定在词的某个音节上,具体来讲,汉语轻声可能是某个词的第一音节,主要有单音节助词 de(的)、de(地)、de(得)、zhe(着)、le(了)、guo(过)等,单音节语气词 ba(吧)、na(哪)、ma(吗)、ma(嘛)、a(啊)、ya(呀)、wa(哇)、ne(呢)、la(啦)等①;汉语轻声可能是某个词的第二音节,如 luóbo(萝卜)、pútao(葡萄)、lǎba(喇叭)、zhěntou(枕头)、zhuōzi(桌子),再如 duìzhegàn(对着干)、mǎideqǐ(买得起)等;汉语轻声有可能是某个词的第三音节,如 zāigēntou(栽跟头)、sǐduìtou(死对头)、dàshétou(大舌头)、zuǒpiězi(左撇子)、

---

① 这里所列举的汉语单音节词,其本身就只有一个音节,所以,可以认为它们就是这些词汇词的第一音节。

èrliúzi(二流子)等;有时,汉语轻声也有可能是某个词的第四音节,如lǎobābèizi(老八辈子)、gānghuàbōli(钢化玻璃)、dānkǒuxiàngsheng(单口相声)、luòsāihúzi(络腮胡子)、xiǎodàoxiāoxi(小道消息)等。另一方面,汉语轻声不可能是汉语多音节词的第一音节,如本段所列举的所有多音节例词。换言之,汉语多音节词汇词的首位音节,是汉语轻声的受限音节排列位置,它们在任何情况下都不可能带有轻声。这就是汉语轻声在汉语词中的音节位置方面所表现出来的"受限自由性"。

就汉语全部词汇词而言,汉语轻声在词中的语素类型选择上,同样具有"受限自由性"特征。一方面,汉语轻声并非总是固定在词的某一类语素上,具体来讲,汉语词汇词的词根、中缀、后缀等语素都有可能有轻声。汉语词词根带有轻声的例词有 dòufu(豆腐)、mǎimai(买卖)、lǎopo(老婆)、dōngxi(东西)、tóufa(头发)等;汉语词汇词后缀带有轻声的例词有 màozi(帽子)、yǐzi(椅子)、mìnggēnzi(命根子)、mùtou(木头)、niántou(年头)、wàitou(外头)、nǐmen(你们)、wǒmen(我们)、tóngzhìmen(同志们)等;汉语词汇词中缀带有轻声的例词有 chīdexiāo(吃得消)、láidejí(来得及)、mǎideqǐ(买得起)、bǎobuqí(保不齐)、bèibuzhù(背不住)、duìzhegàn(对着干),等等。另一方面,汉语合成词的前缀不可能会出现轻声现象,如 lǎoyùmǐ(老玉米)、āyí(阿姨)、fǎnfēngjiàn(反封建)、fēijīnshǔ(非金属)、chāoyīnsù(超音速)等。换言之,汉语合成词的前缀,是汉语轻声的受限语素类型,它们在任何情况下都不可能带有轻声。这就是汉语轻声在汉语词中的语素类型方面所表现出来的"受限自由性"。

综上,汉语词重音既不是自由重音,也不是固定重音,而是一种特殊的"遍布重音",汉语词重音位置的特点是"遍布性";而汉语轻声是受限自由轻声,汉语轻声在汉语词中的位置,具有"受限自由性"。在音节排列位置方面,汉语轻声并非总是固定在词的某个音节上,它具有一定的自由性,可以出现在词的第一音节、第二音节、第三音节、第四音节等,但是,不可能出现在汉语多音节词的第一音节;在语素类型的选择方面,汉语轻声并非总是固定在词的某类语素类型上,汉语词汇词的词根、中缀、后缀等语素都有可能有轻声,但是,汉语合成词的前缀通常不可能会出现轻声现象。

四、汉语词重音的功能

重读在汉语词汇体系中,是汉语音节的自然常态属性,汉语词重音具有"遍布性"这一特点,况且,有很多汉语词汇词"字字重读",因此,汉语词重音并没有像重音语言中的词重音那样行使凝聚功能和辨义功能;而汉语非重读音节(轻声)恰恰相反,它们在汉语词汇词的韵律结构中,处于突出的醒目地位,它们具有重要的凝聚功能和辨义功能。因此,我们在谈论汉语词重音的功能时,和大多数学者那样,并不直接讨论汉语词重读音节的功能,而是着重讨论非重读音节(轻声)的功能,并在此基础上反观汉语词重读音节的功能。我们认为,汉语轻声的主要功能有凝聚功能和辨义功能。

所谓汉语轻声的**凝聚功能**,是指通过声调缺失、音长缩短等语音手段弱读汉语词中的轻声音节,形成词汇词中的非重读成分,它们如同粘合剂,将原本字字重读、各自突出的松散型汉语词汇词,凝聚成为一个完整而又独立的语音单位。带有轻声音节的汉语词汇词,其语音标记是声调缺失,这一类词汇词依靠轻声的凝聚作用而成为一个语音整体。但是,带有轻声音节的汉语词汇词,在整个汉语词汇系统中仅仅是一小部分。汉语词汇系统中的绝大多数词汇词,不含有轻声音节,它们字字重读,每个音节通常都有自己独立的声调,且音节与音节之间一般不发生连读,因而使得它们的韵律结构相对松散。

此外,轻声在汉语词汇体系中还行使着辨义功能。所谓汉语轻声的**辨义功能**,是指汉语轻声具有区别词义、词类的作用。据中国社会科学院语言所统计,在《现代汉语词典》所收的 56 000 条词条中,带有轻声的条目共计 2 561 条,轻声词条目占总条目的 4.6%。不少轻声词具有辨别词义的作用。那些因轻重音位置不同而有区别词义和词类作用的重轻音对子,在《现代汉语词典》中共有 199 个,意义差别悬殊的有 100 多个,占总条目的 0.71%。(吴洁敏,2001:287-288)

轻声在现代汉语中主要用来区别词义或区别词类。1. 区别词义:部分汉语轻声可以用来区别汉语词词义,如 cāngying(苍蝇)— cāngyīng(苍鹰)、xiāzi(瞎子)— xiāzǐ(虾子)、yātou(丫头)— yātóu(鸭头)、liánzi(帘子)— liánzǐ(莲子)、shétou(舌头)— shétóu(蛇头)、yǎnjing(眼睛)—

yǎnjìng(眼镜),等等。2. 区别词类:还有部分汉语轻声可以用来区别词类,它们大多用来区别名词和动词,或者用来区别名词和形容词。依靠轻声来区别名词和动词的轻重音对子,如 bǎishe(摆设)(名词)— bǎishè(摆设)(动词)、bǎshou(把手)(名词)— bǎshǒu(把守)(动词)、bàochou(报酬)(名词)— bàochóu(报仇)(动词)、yùnqi(运气)(名词)— yùnqì(运气)(动词)、xíngli(行李)(名词)— xínglǐ(行礼)(动词),等等。依靠轻声来区别形容词和名词(或名词和形容词)的轻重音对子,如 dàyi(大意)(形容词)— dàyì(大意)(名词)、lìhai(厉害)(形容词)— lìhài(利害)(名词)、duìtou(对头)(名词)— duìtóu(对头)(形容词)、dìdao(地道)(形容词)— dìdào(地道)(名词)、shìgu(世故)(形容词)— shìgù(世故)(名词),等等。

综上,汉语轻声在汉语词汇体系中有着重要作用,它们主要行使凝聚功能和辨义功能。而汉语词重音在词的语音凝聚方面、词的语义辨别和词类辨别方面,基本可以说是没有太明显的作用。正如诸葛苹等所指出的那样,"汉语的重读音节多,一个汉语词里往往都是重读音节,这样重读就起不了辨义作用,只是汉语里还有少数轻声音节,在双重和重轻型有对应形式时才会有不同的词义,其实这里是轻声而不是重音的辨义作用"(诸葛苹等,2001:76)。

五、汉语词重音的语音本质

本书第二章中我们已经谈到,世界上的语言,根据词重音的语音本质,通常可以区分出四种重音类型:1. 量重音,是指词的重读音节用加长音长的方法来突出;2. 力重音,是指词的重读音节用加强音强的方法来突出;3. 调重音或乐重音,是指词的重读音节用音高的变化来突出;4. 质重音,是指通过元音和(或者)辅音的特殊音位变体来突出词的重读音节。然而事实上,有不少语言的词重音的突出,通常是通过若干语音手段的合力作用而得以实现的。

关于汉语词重音的语音本质,我国语音学界谈论很少。在本人所掌握的资料中,我们只发现赵元任、戚雨村等曾经对于汉语词重音的语音本质有过极为简短的论述。赵元任认为,"汉语重音首先是扩大音域和持续时间,其次才是增加强度"(赵元任,1979:23)。而戚雨村等认为,"汉语重读音节的嗓音起伏很明显,但音强和音长也有所增加"(戚雨村等,1985:87)。长期以来,学者们大多关注的是汉语轻声的语音本质。大家普遍认为,所谓汉语轻声,是指汉语四声的一种特殊变化,也就是说,是在一定条件下有些音节失去原来声调、读得又短又轻,而且它们通常没有自己固定的调值,具体读成什么调,一般要取决于前一个音节的声调类型。一般来说,阴平调后面的轻声音节要读成半低调,如 jiāotou(浇头)、bēizi(杯子)、guānxi(关系)、xiāoxi(消息)、zhāohu(招呼)等;阳平调后面的轻声音节要读成中调,如 miáotou(苗头)、húzi(胡子)、shíduo(拾掇)、mógu(蘑菇)、húlu(葫芦)等;上声调后面的轻声音节要读成半高调,如 xiǎngtou(想头)、zhǔzi(主子)、dǎban(打扮)、tǐmian(体面)、nǎodai(脑袋)等;去声调后面的轻声音节要读成低调,如 duìtou(对头)、zhuìzi(坠子)、suànpan(算盘)、shìqing(事情)、zhàngfu(丈夫)等。

　　对于汉语轻声的语音本质,曹剑芬的声学实验研究结果表明,"相对说来,音长和音高的变化是构成轻声音节特点的两个比较重要的因素。比较起来,或许还是音高的作用更大些。理由是:自然语言里轻声音高的变化最为显著,而且具有相对稳定的模式;而音长的变化虽然总的趋势是缩短,但却没有始终一致的数量比例"(曹剑芬,2007:179-180)。此外,曹剑芬的声学实验研究结果还表明,轻声音节里的辅音多数趋于弱化,元音普遍变松,但是,元音音色仍然可以分辨,并非真的变成了央元音。(曹剑芬,2007:180)

　　由此,我们可以得出结论:汉语轻声的语音本质在于音高变化,在于原有声调的缺失,而伴随性语音特征是音长缩短、音色略有模糊(但没有发生明显质变)。如果用轻声音节的语音特征来反观汉语词重音,那么我们完全可以认为,汉语词重音的语音本质在于声调的完整,而伴随性语音特征是音长加长、音色清晰。换言之,音节的音高变化,在汉语词重音的突出过程中起着主导性作用。因此,我们认为,汉语的词重音是一种独特的乐调重音,而且,根据音高的变化特点,汉语词重音可区分为四种类型:阴平调、阳平调、上声调、去声调。至于轻声,不是四声之外的第五种声调,而是四声的一种特殊音变,是失去原来声调而变成取决于其前一音节声调的特殊的依附性声调。关于汉语轻声是四声的特殊音变,胡裕树曾经指出,"普通话里读轻声的字大都有它原来的声调,在词句中总是轻读的轻声字很少,而且单说时也往往有个非轻声的读法。……因此,我们可以不必把轻声看作一种独立的调类,而把它看作连读时产生的一种音变现象"(胡裕树,1995:93)。

六、汉语词中的重轻异读现象

我们发现,在汉语中有这样一类音节,它们既可以轻读,也可以重读。也就是说,这些音节的重读性质与非重读性质不是那么稳定,重读还是轻读,通常并不影响词义。我们不妨把这类音节称作"重轻异读音节"。汉语词汇体系中的重轻异读音节,主要是一些口语中常用的双音节词中的第二个音节,如 ān·shēng(安生)、bào·fù(报复)、bào·yìng(报应)、biāo·zhì(标致)、biē·qū(憋屈)、chéng·shí(诚实)、cōng·míng(聪明)、dǎ·suàn(打算)、dào·lǐ(道理)、dǐ·xì(底细)、é·tóu(额头)、fū·yǎn(敷衍)、gān·liáng(干粮)、huó·pō(活泼)、jià·qián(价钱)、kǒu·fēng(口风)、lián·lěi(连累)、mái·fú(埋伏)、ná·niē(拿捏)、pái·chǎng(排场)、qiāng·shǒu(枪手)、shǎng·qián(赏钱)、tǐ·miàn(体面)、wèi·dào(味道)、xǐ·què(喜鹊)、yáng·qì(洋气)、zāo·tà(糟蹋),等等。[①]

此外,根据我们观察,汉语中有部分特定音节比较容易发生重轻异读现象,它们主要有瓜类名词中的"瓜",如 xī·guā(西瓜)、dōng·guā(冬瓜)、huáng·guā(黄瓜)、nán·guā(南瓜)等;有方位词"面",如 qián·miàn(前面)、hòu·miàn(后面)、wài·miàn(外面)、lǐ·miàn(里面)、běi·miàn(北面)、nán·miàn(南面)、dōng·miàn(东面)、xī·miàn(西面)等;有趋向动词"上",如 kǎo·shàng(考上)、ài·shàng(爱上)、pá·shàng(爬上);有趋向动词"下",如 zuò·xià(坐下)、tǎng·xià(躺下)、guì·xià(跪下);有趋向动词"来",如 ná·lái(拿来)、qǐ·lái(起来)、dài·lái(带来);有趋向动词"去",如 shāo·qù(捎去)、lí·qù(离去)、yuǎn·qù(远去),等等。

---

①　2005 年商务印书馆出版的《现代汉语词典》(第 5 版)中,收录了不少这一类的重轻异读字,在这里我们只从中挑出了一小部分。所有挑选出来的例词,在日常生活中使用频率特别高。此处,我们按照该词典的标注方法,在例词中的重轻异读字拼音上方标出调号,拼音前加上圆点,如 ān·shēng(安生),表示"安生"中的"生"字是重轻异读字。

上述所有发生重轻异读现象的例词,均源自 2005 年商务印书馆出版的《现代汉语词典》(第 5 版)。该词典收录了不少这一类的重轻异读字,并对这一类词做出了专门的读音标注。在这里我们只从中挑出了一小部分。我们认为,既然这些重轻异读字被收录进了我国最权威的汉语词典,且被专门注上重轻异读的拼音,这说明重轻异读现象是现代汉语中的一种客观语音现象,并且已经被我国汉语语音研究方面的权威专家所认定。

笔者认为,另外还有不少按照语音规范要读轻声的字,即便没有被读成轻声,一般也不会影响意义,如 diǎnxin(点心)、duǎnchu(短处)、duìwu(队伍)、fāngxiang(方向)、fāngzhang(方丈)、nuódong(挪动)、pāida(拍打)、xuésheng(学生)、ménmian(门面)、shānghao(伤耗)、gāoyao(膏药)、sàozhou(扫帚)、dūnshi(敦实),等等。

正如周同春曾经明确指出的那样,有部分汉语词的"轻重音"形式,"一般只出现于十分口语化的情况下,即北京人按照口语习惯较随便地说话的情况下。由于对标准音的一般要求和汉字的影响,人们在说话时的轻重音差别往往不十分明显。尤其当在公共场合较郑重地说话时,受播音员等标准音的影响,'中'与'重'之间的差别已经泯灭,'轻音'也往往不'轻',只是稍短。有些音节可'轻'可不'轻',同有些音节可'儿化'可不'儿化'一样,已经成为北京音系中普遍存在的一种异读现象了"。(周同春,2003:226)

综上,重轻异读现象在汉语词汇体系中是一种普遍的客观现象。这一点说明,汉语词中的非重读音节,具有口语语体特点,在标准汉语普通话中,有不少汉语轻声音节有着回归重读音节的倾向。也就是说,汉语的重读(载有四声),是汉语音节的常态特征,重读音节在汉语词汇体系中是一种普遍的常态现象。

第二节　汉语语流重音概述

根据本书第一章的语流重音层级体系理论,汉语词重音一旦进入汉语语流之后,同样也会受到语流中不同语调类型和韵律结构的调节和影响而发生种种变化,形成各种层级不同的语流重音变体,在汉语语流的韵律结构中扮演不同的角色,有的依然重读,有的降为次重读(中重),有的则变成强重读甚至特强重读,还有的变成非重读。汉语语流重音是一个完整的包括各种突出程度不一的语流重音变体的重音层级体系。通常来讲,在感情色彩为中性的语流中,汉语语流重音层级体系中主要包括 4 种不同类型的语流重音变体:汉语节奏重音、汉语语段重音、汉语句重音和汉语逻辑重音。

有一点需要特别说明的是,前文中我们所提及的音系学意义上的汉语词重读音节,也就是所有载有四声的音节,进入语流后,通常会产生重读程度上的分化,其中一部分继续保持重读而成为语流重音,另一部分则由于重读程度相对来讲有所减弱而成为中重音节。下文我们所谈论的各种类型的汉语语流重音,就是指在汉语语流中继续保持重读的那些词重读音节,不包括在汉语语流中变成中重音节的那些词重读音节。当然,从音系学角度来看,这些中重音节仍然属于词重读音节范畴,它们是汉语词重音在语流中的变体形式之一。

一、汉语节奏重音

首先,汉语节奏重音与汉语语音词的概念密不可分。在本书第一章里我们已经谈到,汉语词一般也有两种形式——词汇词(即词典词、语法词)和语音词(即韵律词、节奏词),其中,词汇词就是语言中最小的可以独立运用的语义结构单位,而语音词是口语语流中用一个重音连接起来的中间一般不能有停顿的语流片断。汉语语音词有可能是一个重读词,有可能是一个重读词和一个或几个与之意义紧密相联且又直接相邻的非重读词(或次重读词)的组合。

早在 20 世纪 70 年代,俄罗斯著名汉学家 Т. П. Задоенко 就曾经针对汉语语音词,做过大量听辨实验和声学实验。他曾经在专著中明确指出:"由汉语操用者作为听辨人的听辨实验表明,汉语语音句除了可以切分成语段之外,还存在着一种听觉上能够感知得到的语段内部切分。在语段内部,可以切分出在语流单位层级体系中占据最底层的基本单位。为表示这种汉语语流中的基本节奏单位,我们采用术语'节奏词'。'节奏词'这一术语,反映出相应的汉语语流单位的本质和功能意义。此外,这一术语还使我们有可能在术语体系中区分这样两个概念——词汇词和节奏词。"(Т. П. Задоенко,1980:195)此处 Т. П. Задоенко 所说的词汇词对应于孤立发音的词,与我们前文所说的词汇词一致,而节奏词则对应于语流中的词,也就是与我们所说的语音词对应。在我们自己听辨汉语语流重音声学实验例句时,同样也发现了汉语语音词的客观存在。例如,汉语语音句"Cóngqián shēnghuó hěn˘kǔ. / xiànzài hǎo˘duō˘le."(从前生活很苦,现在好多了。),首先可以切分成 2 个语段:语段 1"Cóngqián shēnghuó hěn˘kǔ"(从前生活很苦)和语段 2"xiànzài hǎo˘duō˘le."(现在好多了)。但是,除了这一层次的语流切分之外,我们在听辨录音时,可以非常清楚地感知,还有一个下一层次的切分,也就是语段内部语音词的切分,其中,语段 1 可以进一步切分成 3 个语音词:"Cóngqián"(从前)、"shēnghuó"(生活)、"hěn˘kǔ"(很苦);语段 2 可以进一步切分成 2 个语音词:"xiànzài"(现在)、"hǎo˘duō˘le"(好多了)。也就是说,在该语音句中总共可以切分出 5 个语音词:"Cóngqián"(从前)、"shēnghuó"(生活)、"hěn˘kǔ"(很苦)、"xiànzài"(现在)、"hǎo˘duō˘le"(好多了)。[①]

再如,汉语语音句"Tāmen kàn˘le, / gōngchéngshī kàn˘le, / xiūlǐ chǎng˘de chǎngzhǎng yě˘kàn˘le, / zǒngjīnglǐ hái˘yòng˘shǒu qù˘mō mo."(他们看了,工程师看了,修理厂的厂长也看了,总经理还用手去摸摸。),首先可以切分成 4 个语段:语段 1"Tāmen kàn˘le"(他们看了)、语段 2"gōngchéngshī kàn˘le"(工程师看了)、语段 3"xiūlǐchǎng˘de chǎng zhǎng yě˘kàn˘le"(修理厂的厂长也看了)和语段 4"zǒngjīnglǐ hái˘yòng˘ shǒu qù˘mōmo"(总经理还用手去摸摸)。但是,除了这一层次的语流切分之外,我们在听辨录音时,还可以非常清楚地感知下一层次的切分,也就是语段内部语音词的切分,其中,语段 1 可以进一步切分成 2 个语音词:"Tā men"(他们)、"kàn˘le"(看了);语段 2 可以进一步切分成 2 个语音词:

---

　　① 在汉语语流中带有重音的音节,按照汉语书写法规则,通常不专门标注重音,但是,本书为了更为直观地说明语流重音,所有汉语语音词都专门标注了重音,确切地来讲,标有四声且下面加点的是语流重读音节,标有四声但下面不加点的是中重音节,不标四声且不加点的则是非重读音节——轻声。另外,本书中我们在标注汉语语音句拼音时,语音词内部的词汇词与词汇词相互之间空一格,并用"˘"表示词汇词之间的连读,而词汇词内部的音节之间通常不空格。

"gōngchéngshī"（工程师）、"kàn‿le"（看了）；语段 3 可以进一步切分成 3 个语音词："xiūlǐchǎng‿de"（修理厂的）、"chǎngzhǎng"（厂长）、"yě‿kàn‿le"（也看了）；语段 4 可以进一步切分成 3 个语音词："zǒngjīnglǐ"（总经理）、"hái‿yòng‿shǒu"（还用手）、"qù‿mō mo"（去摸摸）。

我们认为，通常情况下，汉语语音句中的每一个语段都可以进一步往下切分成下位语音单位。这些下位语音单位由若干在意义上有紧密联系的音节组成，具体来讲，它们是由若干非重读音节或中重音节被一个语流重读音节所吸附而构成的韵律节奏单位。这样的音节组合就是汉语语音词。汉语语音词在一般情况下可以由一个重读音节和若干中重音节组成，也可以由一个重读音节和若干非重读音节组成，也可以由一个重读音节和若干非重读音节＋中重音节组成。但是，有的时候，汉语语音词也有可能仅由一个重读音节组成。

汉语语流切分成语音词，主要依据组合成分之间的意义联系和语法关系。此时，词汇词的结构有着主导作用。在汉语语音句中，多音节词汇词通常独自构成一个语音词，而单音节词汇词往往与相邻的词汇词一起，组合成为更大的音节组合——双音节语音词或多音节语音词。单音节语音词只有在特殊情况下才会出现，正如 Т. П. Задоенко 所指出的那样，"在汉语语流中通常会有这样一种倾向：单音节词汇词组合成更大的音节组合——双音节乃至三音节的音节组合，这些音节组合在汉语语流中成为完整的节奏词"（Т. П. Задоенко，1980：195）。根据 Т. П. Задоенко 的研究，汉语语流中绝大多数语音词为双音节语音词和三音节语音词，单音节语音词只有在特殊情况下才会出现。这一点恰好被我国汉语语音学界的近期研究成果所证实，如曹剑芬根据实验结果发现，在实际的汉语语流中，"单音节的语法词都会或者通过延长该音节，或者前附或后附到另一个标准音步上，或者跟前后其他的单音节词组合，设法凑足一个音步，从而构成一个韵律词"（曹剑芬，2007：227）；熊子瑜也明确指出，"普通话的韵律词在词长上具有'二常规、三可容、一四受限'的特点，两个单音节的直接成分通常会紧密地结合在一起，单音节的粘着性成分（如介词、语助词、方位词等）通常会依附于相邻的主干成分，等等"（熊子瑜，2006：49）。

　　我们对于汉语声学实验例句的听辨结果表明,在任何结构的汉语语音词中,确实有重音集中于一个音节上面的现象,与之伴随而来的是其他音节的部分弱化或完全弱化。这一点可以说明,在汉语语流中确实客观存在着语流重音。例如,在语音句"Tā de huà shífēn shēnkè."(他的话十分深刻。)中,有 3 个语音词:"Tā de huà"(他的话)、"shífēn"(十分)、"shēnkè"(深刻)。该语音句中的第一个语音词"Tā de huà"(他的话)由 3 个音节构成,其中,第一个音节"Tā"(他)略有弱化,也就是说,其声调大致完整、音色大致完满、音长略短;第二个音节"de"(的)明显弱化,也就是说,其声调已经完全变成轻声,音色不完满,音长偏短;第 3 个音节"huà"(话)完全保留重音,也就是说,其声调完整、音色完满、音长偏长。我们可以认为,"Tā"(他)、"de"(的)、"huà"(话)这三个音节,在语流中发生了不同变化,形成了一个"中重+轻声+重读"结构的语音词。

　　本书中的所谓**"汉语节奏重音"**,就是指汉语语音句中那些不承担任何中心作用的背景语音词的语流重读音节。根据本书第一章所阐述的语流重音层级体系理论,汉语节奏重音是汉语语流重音在一级重音位上的变体,其重音位具有弱重音位特性,因而,汉语节奏重音突出程度相对弱化,在语句韵律结构中起背景烘托作用。

　　汉语节奏重音在语音句中没有固定位置,它可以位于语音句句首和句末,也可以位于语音句句中。例如:

　　1. Tā yǐjīng chī le.（他已经吃了。）
　　　　① 　③ 　　①
　　（汉语节奏重音位于句首和句末）

　　2. Mèimei chéng le dàxuéshēng.（妹妹成了大学生。）
　　　　① 　　　① 　　　　③
　　（汉语节奏重音位于句首和句中）

　　3. Tā zài jiàoshì liànxí pǔtōnghuà.（他在教室练习普
　　　　④ 　　① 　　① 　　　①
　　通话。）
　　（汉语节奏重音位于句中和句末）

二、汉语语段重音和句重音

对于汉语语段重音和句重音,我国学者曾经做过不少相关研究,只不过他们常用"意群重音"这一术语来指称语段重音,用"语法重音"这一术语来统称语段重音和句重音。如徐世荣曾经提出,"一口气说出的一串音节,叫作'气群',这一串音节常是一个比较完整的意思,就叫'意群'。……一个'意群'可能是一句、半句、一个词组,甚至是一个词。一个意群里必定有一个词在说话人的意念中是比较重要的、突出的,那么,它就成了意群中的重音"(徐世荣,1958:102);又如胡裕树曾写道,"在不表示什么特殊的思想和感情的情况下,根据语法结构的特点而把句子的某些部分重读的,叫作语法重音"(胡裕树,1995:114);再如,黄伯荣、廖旭东曾提出,按照语句语法结构的特点而重读的语句重音,叫作语法重音(黄伯荣、廖旭东,1997:126);金有景曾提出,"说话或朗读时,根据句子语法结构特点而重读句子的某些部分的重音现象,叫作'语法重音'"(金有景,2007:153)。

汉语语段重音、句重音,与语段、语音句这两个概念密不可分。其中,汉语语音句是指汉语语流中最大的音段单位,是汉语语流一级切分得出的线性语音单位。汉语语音句可能是一个简单句,也可能是一个复合句,表达相对完整的意思,具有完整的语调,末尾通常有较长的停顿,如:"Zuótiān wǎnshang wǒmen kàn⌣le yī⌣chǎng bālěi. //"(昨天晚上我们看了一场芭蕾)。从本质上来讲,汉语语音句和语法意义上的句子是重合一致的,它们只是切分的角度不同。在我国汉语界,一般采用术语"句子"或"语句",而不用术语"语音句"。为了便于俄汉对照,同时,也为了使表述更为科学,我们采用俄语语音学术语——"语音句",来指称汉语语流中的这一最大的语音单位。

至于汉语语段,在我国学界经常被称作"意群","从意义上的联系来看,词与词可以结合在一起,构成一个意义整体,这就叫作'意群'"(黄伯荣、廖旭东,1997:124)。我们认为,汉语语段如同俄语语段一样,通常由一组词构成,对于该上下文或语境来说是一个完整的语义整体,并具有一定的语音特征。例如,语音句"Tāmen kàn⌣le gōngchéngshī, / kàn⌣le xiūlǐchǎng⌣de chǎng zhǎng, / yě‿kàn‿le zǒngjīnglǐ, / hái‿yòng‿shǒu qù‿mōmo. "（他们看了工程师，看了修理厂的厂长，也看了总经理，还用手去摸摸。）由 4 个语段组成，其中的每一个语段对于上下文来说都是完整的意义整体：语段 1"Tāmen kàn‿le gōngchéngshī "（他们看了工程师）、语段 2"kàn‿le xiūlǐchǎng‿de chǎngzhǎng"（看了修理厂的厂长）、语段 3"yě‿kàn‿le zǒngjīnglǐ"（也看了总经理）和语段 4"hái‿yòng‿shǒu qù‿mōmo"（还用手去摸摸）。在汉语多语段语音句中，语段与语段之间在书面上通常用逗号隔开，而在发音上则用较短的停顿隔开。例如，上述例句在书面上全都以逗号相互隔开，在发音上都以较小停顿相互隔开。但是，值得一提的是，在汉语中语段之间的书面标志——逗号并不是必须的，而语音上的标志——停顿则是必须的，如语音句"Mǎi zhè‿tào fángzi / xūyào hěnduō qián. "（买这套房子需要很多钱。）中，两个语段之间在书面上并无逗号，但是，说的时候必须加上停顿，否则也就不可能出现 2 个语段。

在汉语语段中，语音词有着不同的语义负荷，它们中间通常会有一个语音词，在意义上最为重要，在语音上也比其他语音词有所突出，而语段中最重要的重音载荷也就会落在这个语音词的重读音节上。这样的语流重音类型，我们统称为语段重音（广义）。在汉语语流中，我们把未完结语段的语段重音（广义）称作语段重音（狭义），而完结语段的语段重音（广义）则称作句重音。

由此，本书中的**汉语语段重音**，是指汉语未完结语段中用来表示该语段语义中心的语音词重音。根据本书第一章所阐述的语流重音层级体系理论，汉语语段重音是汉语语流重音在二级重音位上的变体，其重音位具有强重音位特性，因而，汉语语段重音突出程度相对强化，在语句韵律结构中起平常焦点突出作用。而本书中的**汉语句重音**，是指汉语单语段或多语段陈述句中的完结语段重音。根据本书第一章所阐述的语流重音层级体系理论，汉语句重音是汉语语流重音在三级重音位上的变体，其重音位具有强重音位特性，因而，汉语句重音突出程度相对强化，在语句韵律结构中起平常焦点突出作用。

众所周知，汉语没有严格意义上的词形变化，因此，汉语句子中的词与词之间的语法关系主要靠词序来表达。汉语句子中的词序排列,通常不是取决于词语所含信息的重要性,而是根据词语在句子中所充当的句法成分,严格按照汉语句法结构排列。总体而言,汉语句子的词序通常是固定的,汉语句子成分的排列顺序通常如下:主语在谓语之前,宾语在谓语之后,定语、状语在被说明词之前,补语在被说明词之后。汉语句子中的语义重要成分,并不会一概置于语句的某个确定位置,而是可以取决于句子语法结构而置于语句的任何位置,因此,用来强调语段或语音句语义中心的汉语语段重音和句重音,其位置同样也是不确定的。

　　关于汉语语段重音和句重音的位置,我国学者曾经有过部分相关研究,比较常见的相关论述是汉语语法重音的位置。根据我国学者研究成果,汉语语法重音通常与句子成分密切相关,通常用来强调句子中的谓语、宾语、状语和补语,强调谓语的句子如"Tā bàba **shì** gōngrén."(他爸爸**是**工人。),强调宾语的句子如"Mèimei chéng‿le **dàxuéshēng**."(妹妹成了**大学生**。),强调状语的句子如"Tā **yǐjīng** chī‿le."(他**已经**吃了。),强调补语的句子如"Wǒ‿bǐ‿tā qiáng‿de‿**duō**."(我比他强得**多**。)(何平,2006:125 - 126)。因此,可以得出如下结论:汉语语法重音在语音句中没有固定位置,它可以位于语音句句中、句末,但是很少会出现在句首。例如:

　　1. Tā yǐjīng chī‿le. (他已经吃了。)(汉语句重音位于句中)
　　　　① 　③ 　 ①
　　2. Jīntiān xīngqīsān. (今天星期三。)(汉语句重音位于句末)
　　　　① 　　　　③

　　既然汉语语法重音没有固定位置,那么,汉语语段重音和句重音同样也没有固定位置。在此,需要指出的是,尽管汉语语段重音和句重音在语音句中没有固定位置,相对比较自由,但是,语段重音只能出现在多语段句的非完结语段中,而不可能出现在单语段句中,也不可能出现在多语段句的完结语段中;而汉语句重音可以出现在单语段句中,也可以出现在多语段句的完结语段中,但是,不可能出现在多语段句的非完结语段中。

三、汉语逻辑重音

对于汉语逻辑重音,我国学者已有很多相关研究,且观点基本趋于一致。如,徐世荣曾提出,逻辑重音"是一种特重音,音量比词的重音、语句重音都要强。它可以重叠在词的、语句的重音之上;而且也可以在词的'非重音音节'上加强,使原来词的重音受到影响,仿佛把重音转移了"(徐世荣,1958:103);胡裕树也曾提出,"为了表示特殊的思想和感情而把句子的某些地方读得特别重的现象,可以叫作强调重音。有人称为'逻辑重音'或'感情重音'"(胡裕树,1995:115);再如,黄伯荣、廖旭东曾写道,"为了突出句中的主要思想或强调句中的特殊感情而重读的,叫逻辑重音"(黄伯荣、廖旭东,1997:126);而金有景则曾经指出,"说话或朗读时,在语义表达上把某些需要着重或强调的语词说得或读得重一些的重音现象,叫'逻辑重音'(也叫'强调重音')"(金有景,2007:154)。

我们认为,汉语逻辑重音,如同俄语逻辑重音一样,在逻辑语义上突出语音句中的这个或那个语音词,目的就是为了强调该词在语音句意义结构中的重要性,引起听话人对于该词的重视。此处表现出说话人的用意。逻辑重音使我们得以表达不同的语义色彩。如语音句"Wǒ jīntiān bù xiǎng chī wǎnfàn."(**我**今天不想吃晚饭。)中的第一个语音词"Wǒ"(**我**)带有逻辑重音,说明说话人想要强调的是"我"今天不想吃晚饭,而不是其他别的什么人。

因此,本书中的**汉语逻辑重音**是指某个语境中承担语义逻辑中心的特殊焦点语音词重音。根据本书第一章所阐述的语流重音层级体系理论,汉语逻辑重音是汉语语流重音在四级重音位上的变体,其重音位具有特强重音位特性,因而汉语逻辑重音突出程度高度强化,在语句韵律结构中起特殊焦点突出作用。

总体来讲,汉语逻辑重音具有移动性,它不固定在语音句的某个位置上,取决于说话人的用意和交际任务,逻辑重音可以在句首,可以在句中,也可以在句末,可以出现在语音句的任何一个语音词的重读音节上。如:

1. Wǒ jīntiān bù xiǎng chī wǎnfàn.(**我**今天不想吃晚饭。)

（强调的是"我"今天不想吃晚饭，而不是其他别的什么人。）

2. Wǒ jīntiān bù‿xiǎng chī wǎnfàn.（我今天不想吃晚饭。）
   （强调的是我"今天"不想吃晚饭，而不是其他别的什么时间。）

3. Wǒ jīntiān bù‿xiǎng chī wǎnfàn.（我今天不想吃晚饭。）
   （强调的是我今天"不想"吃晚饭，而不是想吃晚饭。）

4. Wǒ jīntiān bù‿xiǎng chī wǎnfàn.（我今天不想吃晚饭。）
   （强调的是我今天不想"吃"晚饭，而不是不想做晚饭。）

5. Wǒ jīntiān bù‿xiǎng chī wǎnfàn.（我今天不想吃晚饭。）
   （强调的是我今天不想吃"晚饭"，而不是不想吃早饭、中饭。）

　　有一点需要明确的是，并非每个汉语语音句都必须要有逻辑重音。汉语语音句可以说得不带逻辑重音，此时，该语音句只是在简单地确认事实，因而只带有平常的语句重音。只有当语境和上下文需要特别强调语义逻辑中心时，才会使用逻辑重音。

　　在第二章"俄语语流重音声学实验研究"中我们曾经提出，取决于说话人的用意和交际任务，俄语逻辑重音可以强调俄语语音句中的任何一个词，其中包括任何一个实词和虚词。与此同时，俄语逻辑重音还可以落在实词的非重读音节上。而汉语的逻辑重音，与俄语逻辑重音略有不同，汉语逻辑重音只能落在实词重读音节上，而实词的非重读音节（轻声音节）通常不可能带上逻辑重音，如在语音句"Nǐ rènshi tā?"（你认识他?）中，语音词rènshi（认识）可以带有逻辑重音，但是，逻辑重音只能落在其重读音节 rèn（认）之上，通常不可能会落在非重读音节（轻声音节）shi（识）之上。此外，汉语逻辑重音通常也不会落在读作轻声的单音节虚词上，如在语音句"Tā zǒu‿le."（他走了。）中，语音词 zǒu‿le（走了）可以带有逻辑重音，但是，逻辑重音只能落在其重读音节 zǒu（走）之上，通常不可能会落在非重读音节（轻声音节）le（了）之上。

综上,汉语节奏重音是指汉语语音句中既不是非完结语段或完结语段的语义中心、也不是上下文逻辑语义中心的那一类普通语音词的重音,是汉语语流重音在 1 号重音位上的变体;汉语语段重音是指汉语语音句中非完结语段的语义中心,是汉语语流重音在 2 号重音位上的变体;汉语句重音是指汉语语音句中完结语段的语义中心,是汉语语流重音在 3 号重音位上的变体;汉语逻辑重音是指汉语语音句中的逻辑中心,是汉语语流重音在 4 号重音位上的变体。

第三节　汉语语流重音声学实验研究

一、汉语语音词切分原则

汉语语流重音声学实验研究,也就是要利用声学实验的方法,来获取汉语语流中各种语流重音的音长、音强、能量、音高等方面的数据或语图,然后,通过数据或语图的对比分析,来研究各种不同的汉语语流重音变体的声学特征。因此,我们在做声学实验之前,首先要把汉语语音句一一切分成语段、语音词、音节。众所周知,对于汉语语流来讲,音节切分十分容易,基本上来讲,一个字就是一个音节,除了特殊的儿化音之外,例如语音句"Tūrán‿jiān cǎoduī‿li fēi‿chulai yī‿zhī hēi‿mǔjīr."（突然间草堆里飞出来一只黑母鸡儿）,句中有 15 个字,但音节只有 14 个,因为最后一个字"儿"仅用来表示前面那个音节"jī"的韵母是卷舌韵母。汉语的语段切分也不难,因为语段意义相对完整,且语段之间通常会有一个比较明显的停顿。然而,汉语语流中的语音词切分却是一大难题。因此,要想进行汉语语流重音声学实验研究,我们必须解决这样一个问题:如何切分汉语语音句中的语音词。

前文在讨论汉语语音词问题时已经提出,汉语语音词切分主要以词汇词为基础,多音节词汇词通常自己单独成为一个语音词,而单音节词汇词除了一些特殊情况以外,通常和相邻词汇词组合成为多音节语音词。另外,在汉语语音词中充当附词的主要有汉语实词中的单音节副词、单音节代词等,还有汉语虚词中的单音节连词等。因此,汉语语音词的切分,与汉语语流中词汇词的切分及其词类确定密不可分。然而,"现代汉语中，区分词与非词，划分词类，是很繁难的工作"（《现代汉语词典》2005 年版第 5 版说明）。在汉语语流中切分词汇词的首要困难，在于汉语词汇词之间没有明显的词界标志。众所周知，虽然语素和词汇词的基础存在于口语语流，但是，在把语流切分成词汇词时，人们通常依据的是书面上的分写形式。而书面汉语是按照发音顺序依次排列的汉字，汉语词汇词相互之间在书面上没有任何间隔标记，因而汉语词汇词的界定缺乏自然标准。从理论上来讲，汉语语流中词汇词的切分及其词类确定，必然会涉及汉语词与语素、词与词组的界定问题，这是汉语语法的一个基本的长期难以解决的问题。本书作者作为一名俄语语言学领域的研究者，不可能在短时期内解决上述这些汉语语言学研究领域中的理论难题，因而我们决定借鉴我国汉语界学者的研究成果，直接采用他们所推出的操作性相对较强的确定方法。

　　我们在把汉语语流重音声学实验例句切分成词汇词时，一方面借鉴了我国著名汉语语法学家胡裕树先生曾经提出的三个判断法："单用确定判断法"、"排除确定判断法"和"扩展确定判断法"。其中，所谓"单用确定判断法"，就是指这样一种词汇词确定方法：凡是在语音句中切分出来的、能够单用的、能够单独回答问题的语言单位，就是词汇词，例如语音句"Tā‿de‿huà ／ shí fēn shēnkè."（他的话十分深刻。）中的"Tā"（他）、"huà"（话）、"shífēn"（十分）、"shēnkè"（深刻）。所谓"排除确定判断法"，就是指这样一种词汇词确定方法：凡是在语音句中，把所有可以单说、可以充当句子成分的语言单位排除以后，剩下来的那些不能单用、不能单独回答问题的、又不是词的组成部分的语言单位，它们也就是词汇词，它们多半是虚词，如上述语音句中的"de"（的）。所谓"扩展确定判断法"，就是指这样一种词汇词确定方法：凡是在语音句中切分出来的、中间不能插入别的成分的语言单位，它们就是词汇词，如"白菜"（白的菜*）、"铁路"（铁的路*）、"信纸"（信的纸*）。（胡裕树,1995:204 - 205）另一方面，我们还充分参考了由中国社会科学院语言研究所词典编辑室编写的《现代汉语词典》（第 5 版）（2005 年），只要是该词典中能查到的词汇词，其切分与词类判定，我们均以该词典为准。

　　我们在把汉语语流重音声学实验例句切分成语音词时，综合考虑以下五个原则:1. 词汇词先行切分原则,即在切分语音词之前,先将每个句子根据"三个判断法"和《现代汉语词典》切分成一个个词汇词;2. 区别对待词汇词原则,即如果遇到多音节词汇词,就将它们单独切分成语音词;如果遇到单音节词汇词,则视具体情况而定,或是将它们与相邻词组合起来,或是单独切分;3. 语音词长度适量原则,即在切分语音词时,充分考虑到汉语语音词的长度特征——"二常见、三可容、一四受限";4. 单音节词汇词依附前后相邻词的词类原则,即单音节量词、助词、方位词、名词、介词等大多倾向于依附前词,而单音节形容词、数词、副词、代词、动词等大多倾向于依附后词,当然,个别单音节词汇词的依附方向还需要根据相邻词的词类和词长来确定;5. 听辨印象原则,即每一句语音句都要反复听辨,要尽量依据发音人朗读例句时的音节连读情况。①

二、汉语语流重音声学实验结果分析

本课题用于声学实验的汉语语音资料,全部取自我国目前通行的 2 本对外汉语语音教材——何平主编的《汉语语音教程·基础篇》(2006)和陈玉东主编的《趣味汉语语音课本》(2010)的录音部分。发音人为我国经过专门训练的汉语语音工作者田丰先生等。他们的汉语普通话发音标准、语调纯正。为了分析研究汉语语流重音各种变体的声学特征,我们从上述 2 本书的录音中选取了 52 个语音句,共计 481 个音节,其中包括 133 个节奏重音、36 个语段重音、25 个句重音、32 个逻辑重音、203 个中重音节和 52 个非重读音节。汉语语音句及其语音词切分、语流重音类型分析,具体请看本书附录二"用于声学实验的汉语语音句"。

本课题的汉语语流重音相关声学实验,主要在南京大学电子科学与工程学院实验室及南京大学外国语学院俄语系办公室进行,实验设备主要是计算机、录音笔等,应用软件主要有 Gold Wave 音频剪辑软件和 Praat 语音分析软件。所有汉语语流重音相关声学实验,均由南京大学电子科学与工

---

① 这里的汉语语音词切分原则中的第 3 条和第 4 条,主要参考曹剑芬的《实际言语中的韵律词组规律》(曹剑芬,2007:227 - 230)和熊子瑜的《浅析普通话韵律词的组构原则》(熊子瑜,2006:49 - 54)等。

程学院硕士研究生张忠慧完成,并且得到了南京大学声学研究所声学专业博士、南京大学电子科学与工程学院语言声学与语音信号处理方向硕士生导师方元副教授的悉心指导。

汉语语流重音声学实验过程大致如下:我们首先利用 Gold Wave 音频剪辑软件,确定每个汉语语音句在初始音频文件中的起始时段,完成每个语音句的剪辑并保存为单句音频文件;然后利用 Praat 音频分析软件,确定单句音频文件中每个音节的起始时段,获取每个音节的音长、音强和能量方面的数据,填入数据采集表;最后利用 Praat 音频分析软件,制作每个语音句的语图。

在分析声学实验结果时,我们主要从四个方面来考察汉语语流重音的声学特征:音长、音强、能量和音高。为了更加直观地说明问题,我们把汉语语流重读音节的音长、音强、能量按照数值大小分为 4 个等级:最强突出级(4 级)、强突出级(3 级)、较强突出级(2 级)、弱突出级(1 级)。

首先,我们分别从音长、音强、能量和音高四个声学要素出发,来逐个分析各类汉语语流重音变体在语流重音体系中的等级表现情况。

在汉语语流重音声学实验中我们发现,从音长要素来看,汉语句重读音节发音时带有"最强突出级"的音长,也就是说,其音长等级表现为 4 级;逻辑重读音节次之,发音时带有"强突出级"的音长,也就是说,其音长等级表现为 3 级;语段重读音节再次之,发音时带有"较强突出级"的音长,也就是说,其音长等级表现为 2 级;而节奏重读音节最短,发音时带有"弱突出级"的长度,也就是说,其音长等级表现为 1 级。

从音强要素来看,汉语逻辑重读音节发音时带有"最强突出级"的音强,也就是说,其音强等级表现为 4 级;句重读音节次之,发音时带有"强突出级"的音强,也就是说,其音强等级表现为 3 级;节奏重读音节再次之,发音时带有"较强突出级"的音强,也就是说,其音强等级表现为 2 级;而语段重读音节最弱,发音时带有"弱突出级"的音强,也就是说,其音强等级表现为 1 级。

从能量要素来看,汉语逻辑重读音节发音时带有"最强突出级"的能量,也就是说,其能量等级表现为 4 级;节奏重读音节次之,发音时带有"强突出级"的能量,也就是说,其能量等级表现为 3 级;句重读音节再次之,发音时带有"较强突出级"的能量,也就是说,其能量等级表现为 2 级;而语段重读音节最弱,发音时带有"弱突出级"的能量,也就是说,其能量等级表现为 1 级。各类汉语语流重音变体在音长、音强、能量三个声学要素方面的等级表现情况,具体请看表 16、表 17。

表 16　汉语语流重音声学特征实验数据表

	语段重读音节	句重读音节	逻辑重读音节	节奏重读音节
音长	327	426	377	268
音强	70.5	72.9	73.9	72.6
能量	66.0	67.5	68.8	68.4

表 17　汉语语流重音声学特征表现等级表

	语段重读音节	句重读音节	逻辑重读音节	节奏重读音节
音长	2	4	3	1
音强	1	3	4	2
能量	1	2	4	3

从音高要素来看,确切地来讲,也就是从重读音节的音高变化模式来看,汉语的所有语流重音变体,其中包括句重音、逻辑重音、语段重音和节奏重音,其音高高低走向,均取决于该音节本身原有的声调,而不是取决于该音节所属的重音类型。我们可以在语图 19—语图 29 中清楚地看到,各种汉语语流重音变体,根据音节原有声调类别(四声),都可以相应地表现出四种音高变化模式——平调、升调、降升调和降调。因此,我们可以认为,音高要素在汉语语流重音不同变体的突出过程中不起明显作用。①汉语句重音的平调、升调、降升调和降调,具体请看语图 19、语图 20、语图 21、语图 22;汉语逻辑重音的平调、升调、降升调和降调,具体请

①　我们这里所谈的音高高低变化模式,是就汉语语流重音本身的音高变化而言,并不涉及汉语句子的整体音高变化,后者属于语调研究范围。

看语图 23、语图 24、语图 25、语图 26；汉语语段重音的平调、升调、降升调和降调，具体请看语图 27；汉语节奏重音的平调、升调、降升调和降调，具体请看语图 28、语图 29。

语图 19

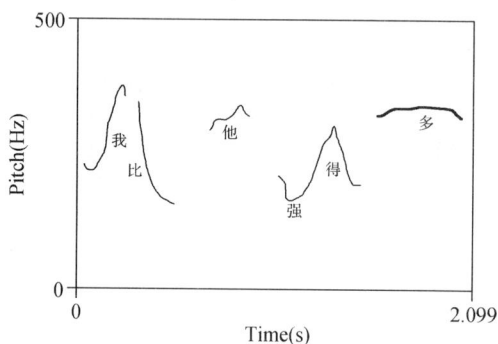

Wǒ‿bǐ‿tā qiáng‿de‿duō.（我比他强得多。）
　　①　　　　　③
（汉语句重音表现为平调）

语图 20

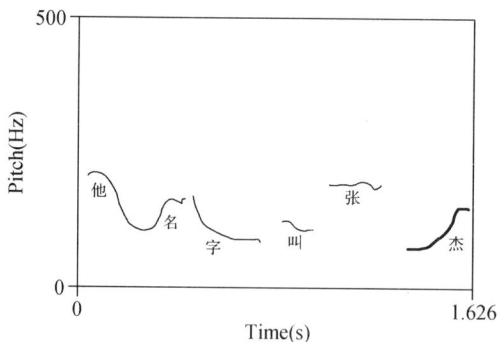

Tā‿míngzi jiào Zhāng‿Jié.（他名字叫张杰。）
　①　　①　　　　③
（汉语句重音表现为升调）

语图 21

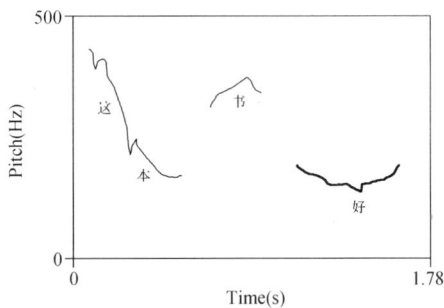

Zhè‿běn‿shū hǎo.（这本书好。）
①　③
（汉语句重音表现为降升调）

语图 22

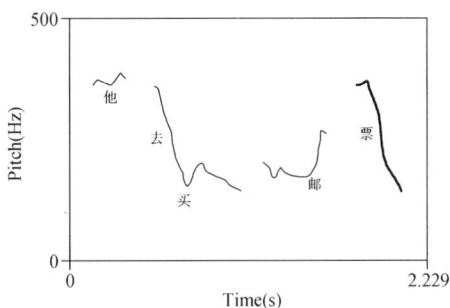

Tā‿qù mǎi yóupiào.（他去买邮票。）
①　①　　③
（汉语句重音表现为降调）

语图 23

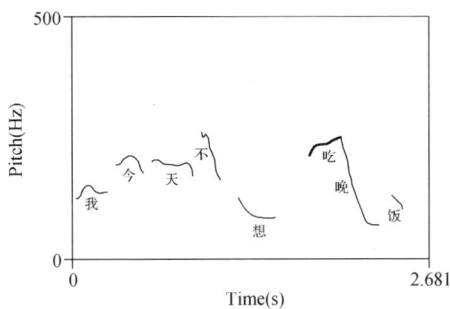

Wǒ jīntiān bù‿xiǎng chī wǎnfàn.（我今天不想吃晚饭。）
①　①　　①　　④　　①
（汉语逻辑重音表现为平调）

语图 24

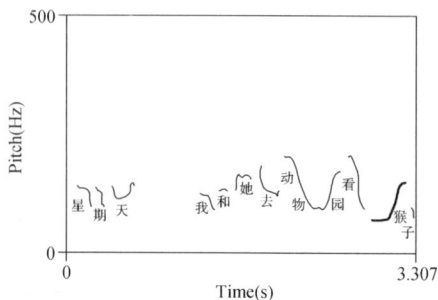

Xīngqītiān, / wǒ hé tā qù dòngwùyuán kàn hóuzi.
②　　　　①①　　　　　①　　　④

（星期天，我和她去动物园看猴子。）

（汉语逻辑重音表现为升调）

语图 25

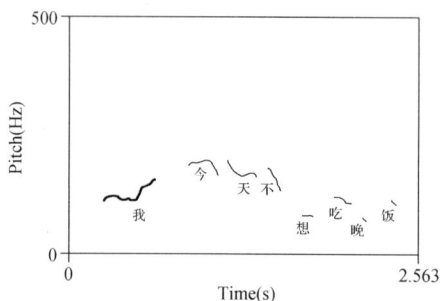

Wǒ jīntiān bù xiǎng chī wǎnfàn. （我今天不想吃晚饭。）
④　①　　①　①　　①

（汉语逻辑重音表现为降升调）

语图 26

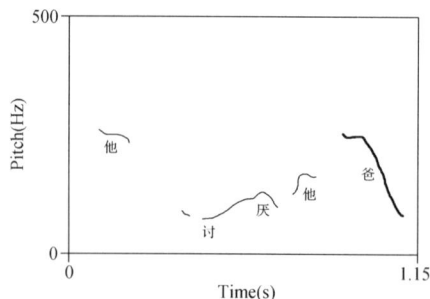

Tā tǎoyàn tā bà? （他讨厌他爸?）
①　①　　④

（汉语逻辑重音表现为降调）

语图 27

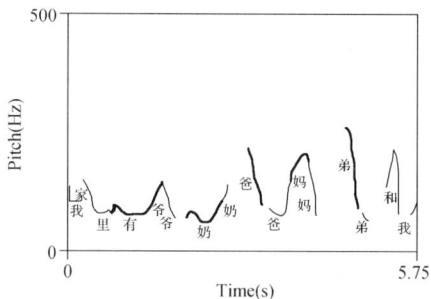

Wǒ‿jiāli yǒu / yéye, / nǎinai, / bàba, / māma, / dìdi / hé‿wǒ.
　①　②　　②　　②　　②　　②　　②　　③

（我家里有爷爷、奶奶、爸爸、妈妈和我。）

（汉语语段重音表现为降升调、升调、降升调、降调、平调、降调）

语图 28

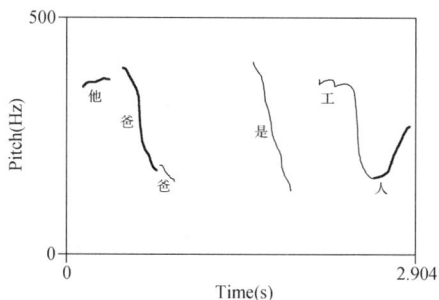

Tā bàba shì gōngrén.（他爸爸是工人。）
①①　③　　①

（汉语节奏重音表现为平调、降调、升调）

语图 29

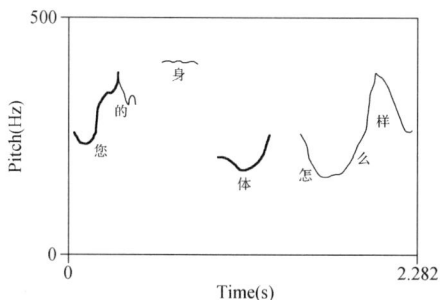

Nín‿de shēntǐ zěnmeyàng?（您的身体怎么样?）
①　　①　　④

（汉语节奏重音表现为升调、降升调）

另外,在分析汉语语流重音实验数据和语图过程中,我们还发现两个饶有趣味的现象。

我们发现的第一个有趣现象是:汉语语流重读音节的音强和能量,与其在语段中的所处位置有一定关联,汉语语流重读音节在音强和能量方面的变化,通常以一个语段为变化区段,重读音节在语段中的位置越是靠前,那么,其音强和能量通常就会更强一些,重读音节在语段中的位置越是靠后,那么,其音强和能量通常就会更弱一些。① 换言之,一个汉语语段中的重读音节的音强和能量,大致呈前强后弱趋势。为了直观地说明这一现象,我们挑选了几个较为典型的例句,请看表18、表19、表20。②

表 18　语音句"Tóngxué ， / bù yào jí ， / mànman de shuō ."
②　　　　　　②　　③　　　　　①
音长、音强、能量数据表

	Tóng	xué ②	bù	yào	jí ②	màn ③	man	de	shuō ①
音长	201	333	142	176	303	357	202	94	288
音强	74.918	70.112	71.200	70.847	60.998	76.421	67.762	59.982	55.370
能量	69.548	62.252	67.433	67.162	55.756	71.486	65.608	56.421	50.691

表 19　语音句"Tā de huà/ shí fēn shēnkè ."音长、音强、能量数据表
②　③　　　　　①

	Tā	de	huà ②	shí ③	fēn	shēn ①	kè
音长	191	106	334	556	260	360	268
音强	71.486	66.962	63.086	68.915	68.170	69.940	61.277
能量	67.317	62.989	57.216	64.638	65.216	65.638	55.402

---

①　如果是单语段句,那么,汉语语流重读音节在音强和能量方面的变化,通常就会以一个语音句为变化区段。

②　根据声学语音学原理,音强(和能量)主要取决于发音时声门下压力的大小,同时也跟声腔共鸣特征有关。(语言学名词审定委员会,2011:45)也就是说,音强(和能量)与音位的发音方式、开口度大小有着很大关系。因此,我们这里所说的"一个汉语语段中的重读音节的音强和能量,大致呈前强后弱趋势",只能说是一个大致的趋势,而不是说语段中每个音节的音强和能量数据都会十分工整地按照此规律排列。

表 20　语音句"Tāmen kàn‿le gōngchéngshī，/ kàn‿le xiūlǐchǎng‿de
①　　①　　　　②　①　　　　①
chǎngzhǎng，/ yě‿kàn‿le zǒngjīnglǐ，/ hái‿yòng‿shǒu qù‿mōmo."
②　　①　　　　②　　　　①　③

音长、音强、能量数据表

	Tā①	men	kàn①	le	gōng	chéng	shī②	kàn①	le
音长	255	189	234	156	220	238	337	285	166
音强	80.208	76.763	76.942	72.308	69.190	67.444	67.226	81.048	74.957
能量	74.490	72.703	70.275	69.304	64.107	64.715	64.078	74.540	71.860
	xiū	lǐ	chǎng①	de	chǎng	zhǎng②	yě	kàn①	le
音长	266	150	320	133	348	388	237	293	141
音强	70.841	67.217	71.316	68.144	70.510	72.923	75.040	79.271	74.271
能量	67.357	65.429	63.484	65.008	63.492	67.592	70.697	72.315	71.617
	zǒng	jīng	lǐ②	hái	yòng	shǒu①	qù	mō③	mo
音长	241	241	329	200	231	291	218	392	170
音强	71.278	66.024	67.531	77.633	74.294	74.168	69.798	67.369	68.802
能量	65.370	62.327	61.722	72.065	70.340	68.691	63.713	65.292	64.512

　　我们发现的第二个有趣现象是：汉语逻辑重音的音高，从高低走向趋势来看，似乎与其他汉语语流重音变体并无二致，都是取决于音节原有声调而呈现出平调、升调、降升调和降调四种情况，但是，如果看音节的起始音高值，我们可以发现，汉语逻辑重音与其他语流重音变体有明显的差别：汉语逻辑重音的起始音高值，与它们的相邻音节相比，往往有明显的抬高现象（而且经常是整个语音词所有音节一起抬高音高值）。为了直观地说明这种情况，我们挑选了几个比较典型的例句，请看语图30、语图31、语图32、语图33。

语图 30

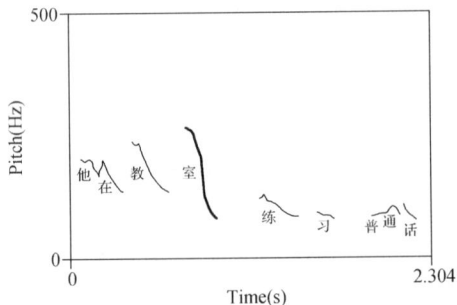

Tā zài jiàoshì liànxí pǔtōnghuà.（他在教室练习普通话。）
①　　　④　①　　　　①
（汉语逻辑重音的起始音高值比相邻音节有明显抬高现象）

语图 31

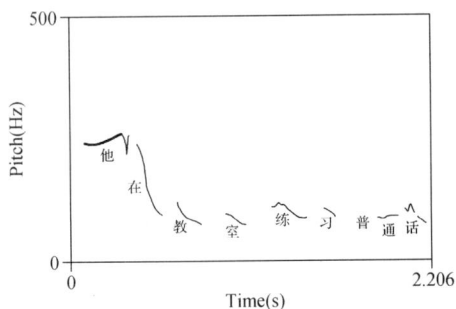

Tā zài jiàoshì liànxí pǔtōnghuà.（他在教室练习普通话。）
④　　　①　①　　　　①
（汉语逻辑重音的起始音高值比相邻音节有明显抬高现象）

语图 32

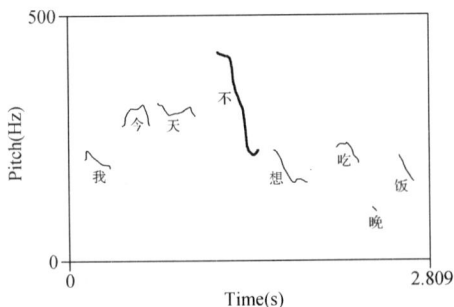

Wǒ jīntiān bù xiǎng chī wǎnfàn.（我今天不想吃晚饭。）
①　①　④　　　①　　①
（汉语逻辑重音的起始音高值比相邻音节有明显抬高现象）

语图 33

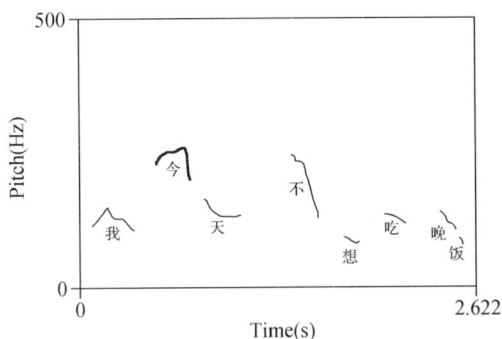

Wǒ jīntiān bù xiǎng chī wǎnfàn.（我今天不想吃晚饭。）
①④　　　①　　①　　①
（汉语逻辑重音的起始音高值比相邻音节有明显抬高现象）

现在，我们综合考察音长、音强、能量和音高四个声学要素，来依次分析各类汉语语流重读音节，即汉语节奏重音、语段重音、句重音、逻辑重音在汉语语流重音体系中的等级表现情况。[①]

在汉语语流中，节奏重读音节在发音时，其音长等级表现为 1 级，音强等级表现为 2 级，能量等级表现为 3 级，而音高变化没有明显的区别性特征，根据音节本身原有的声调可以相应地表现为平调、升调、降升调和降调。综合考察各种声学要素，我们认为，在所有汉语语流重读音节中，节奏重读音节突出程度最小。具体来讲，在决定性要素——音长方面，汉语节奏重读音节比所有其他重读音节都要短；在音强方面，汉语节奏重读音节比句重音、逻辑重音弱，比语段重音强；在能量方面，汉语节奏重读音节比逻辑重音弱，比句重音、语段重音强；在音高方面，汉语节奏重读音节没有特别明显的音高变化特征。在此，我们发现，汉语节奏重音的音强等级和能量

---

① 我们在分析俄语语流重音声学实验结果时已经指出，20 世纪 80 年代国内外一些语音声学实验研究证明，在判断重音时，音强（和能量）往往不是决定性要素。对于汉语这样的声调语言来讲，音长是导致响度高低的最主要原因；而对于俄语以及其他一些重音语言来讲，重音的主要征兆是音长和音高。因此，我们在综合判断俄语语流重音变体的声学特征等级表现情况时，以音长、音高数值为主要衡量标准，以音强、能量数值为参考衡量标准；我们在综合判断汉语语流重音变体的声学特征等级表现情况时，以音长数值为主要衡量标准，以音强、能量以及音高数值为参考衡量标准。

等级没有对应性。究其原因,很可能是由于某些偶然因素所致,正如本书第二章所言,如果以音节为单位,排除偶然因素,音强与能量之间应该是有对应关系的;如果加上各种偶然因素,那么,音强与能量之间就没有对应关系。

总之,在汉语语流中,节奏重读音节就其综合的声学特征来看,是所有语流重音变体中最不突出的。当然,汉语节奏重读音节不管怎么说毕竟是重读音节,它们之所以成为重读音节,是因为有汉语非重读音节及中重音节作为它们的陪衬音节。与非重读音节及中重音节相比,汉语节奏重读音节在语流中毕竟还保留了重读音节的基本声学特征。根据我们的观察,与非重读音节及中重音节相比,汉语节奏重读音节音长较长,音强和能量较大,其中,尤以音长差异最为明显。汉语节奏重读音节与非重读音节及中重音节的声学特征对比,请看表21。

表21　汉语节奏重读音节和非重读音节及中重音节的声学特征对比表

	节奏重读音节	非重读音节	中重音节
音长	268	181	216
音强	72.6	68.6	70.8
能量	68.4	64.9	67.0

在汉语语流中,语段重读音节在发音时,其音长等级表现为2级,音强等级表现为1级,能量等级表现为1级,而音高变化没有明显的区别性特征,根据音节本身原有的声调可以相应地表现为平调、升调、降升调和降调。由此,我们认为,如果从综合的声学要素来看,在所有汉语重读音节中,语段重读音节只能说是较为突出的。具体来讲,在音长方面,汉语语段重读音节比节奏重读音节长,比句重读音节和逻辑重读音节短;在音强和能量方面,汉语语段重读音节比节奏重读音节、句重读音节、逻辑重读音节弱;在音高方面,汉语语段重读音节没有显著的区别性特征。

总之,在汉语语流中,语段重读音节就其综合的声学特征来看,是所有语流重音变体中较为突出的,它们得以突出的陪衬音节是节奏重读音节。
至于汉语语段重读音节的音强和能量在所有语流重音变体中居于末位,很
可能是由于在我们所选取的例句中,汉语语段重音的位置基本位于语段末
尾。而前文已经说过,一个汉语语段中的重读音节的音强和能量,大致呈前
强后弱趋势。也就是说,对于音强和能量参数来说,在我们选取的例句中,
汉语语段重音的位置相对其他语流重音变体来讲最为不利,因而语段重读
音节才会具有最小的音强和能量。汉语语段重音得以突出的陪衬是节奏重
音。与节奏重音相比,汉语语段重读音节音长明显较长,音强和能量略小,
其中,尤以音长差异最为明显,而音长也正是汉语语流重音变体突出程度的
决定性要素。汉语语段重读音节、节奏重读音节的声学特征对比,请看
表22。

表22　汉语语段重读音节和节奏重读音节的声学特征对比表

	语段重读音节	节奏重读音节
音长	327	268
音强	70.5	72.6
能量	66.0	68.4

在汉语语流中,句重读音节在发音时,其音长等级表现为4级,音强等
级表现为3级,能量等级表现为2级,而音高方面没有明显的区别性特征。
在此,我们再一次发现音强和能量不对应的现象:汉语句重音的音强等级和
能量等级没有表现出对应关系。我们认为,这可能还是和前文所说的那样,
由于某些偶然因素所致。

如果从综合的声学要素来看,在所有汉语语流重音中,句重读音节是明
显突出的。具体来讲,在音长方面,汉语句重读音节比逻辑重读音节、语段
重读音节、节奏重读音节长;在音强方面,汉语句重读音节比逻辑重读音节
弱,比语段重读音节、节奏重读音节强;在能量方面,汉语句重读音节比逻辑
重读音节、节奏重读音节弱,比语段重读音节强;在音高方面,汉语语段重读
音节没有显著的区别性特征。总之,在汉语语流中,句重读音节就其综合的

声学特征来看,是所有语流重音变体中明显突出的,它们得以突出的陪衬音节是语段重读音节。总的来说,在汉语语流中,句重读音节明显地突出于语段重读音节。与语段重读音节相比,汉语句重读音节的突出手段是音长更长、音强更大、能量更大。汉语句重读音节和语段重读音节的声学特征对比,请看表23。

表 23   汉语句重读音节和语段重读音节的声学特征对比表

	句重读音节	语段重读音节
音长	426	327
音强	72.9	70.5
能量	67.5	66.0

在汉语语流中,逻辑重读音节在发音时,其音长等级表现为 3 级,音强等级表现为 4 级,能量等级表现为 4 级,而音高特征表现为起始音高值明显抬高。在此,我们发现了一个非常有趣的现象:汉语逻辑重读音节在语流中并非是最长的,但是,在音强、能量、音高方面都明显地区别于其他语流重音变体。综合考虑种种声学要素,我们可以认为,汉语逻辑重音在汉语语流中是最为突出的,因为,它可以由于音长、音高、音强、能量的合力作用,给人造成突出程度最强的听觉心理印象。汉语逻辑重音得以突出的陪衬是节奏重音、语段重音、句重音。汉语逻辑重音和句重读音节、语段重读音节、节奏重读音节的声学特征对比,请看表 24 和语图 34、语图 35。

表 24   汉语逻辑重音和其他汉语语流重音的声学特征对比表

	逻辑重读音节	节奏重读音节	语段重读音节	句重读音节
音长	377	268	327	426
音强	73.9	72.6	70.5	72.9
能量	68.8	68.4	66.0	67.5

语图 34

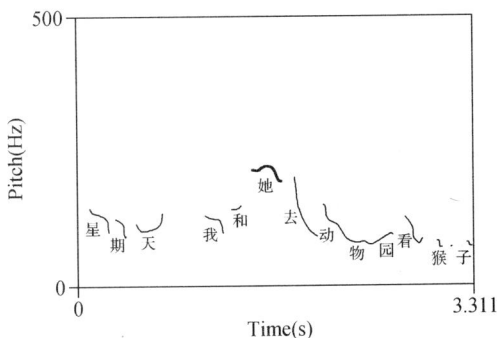

Xīngqītiān, / wǒ hé tā qù dòngwùyuán kàn hóuzi.
　②　　　　　④ ①　　①　　　　　①

（星期天,我和她去动物园看猴子。）

（汉语逻辑重音音高值明显比语段重音、节奏重音高）

语图 35

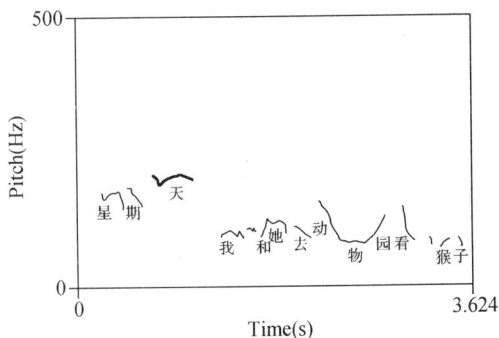

Xīngqītiān, / wǒ hé tā qù dòngwùyuán kàn hóuzi.
　④　　　　　① ①　　①　　　　　③

（星期天,我和她去动物园看猴子。）

（汉语逻辑重音音高值明显比节奏重音、句重音高）

　　综上,汉语语流重音变体的决定性声学要素主要为音长,而音强、能量和音高在汉语语流重音体系中的突出作用不是十分明显。在汉语语流中,一个重读音节的音强和能量的大小,主要取决于该重读音节在语段中的所处位置,通常来讲,重读音节越是靠前,其音强和能量就越大;反之,重读音节越是靠后,其音强和能量就越小。但是,对于汉语逻辑重音来讲,音高、音强和能量都是伴随性声学要素,在大多数情况下,汉语逻辑重读音节的音强和能量，与其相邻音节相比，有明显加大的现象，而音高值则有明显抬高现象。

　　从我们的声学实验结果来看，汉语语流重音根据不同的声学特征表现出不同的层级序列。就音长而言，汉语语流重音层级序列表现为：句重音＞逻辑重音＞语段重音＞节奏重音；就音强而言，汉语语流重音层级序列表现为：逻辑重音＞句重音＞节奏重音＞语段重音；就能量而言，汉语语流重音层级序列表现为：逻辑重音＞节奏重音＞句重音＞语段重音；就音高而言，汉语语流重音层级序列表现为：逻辑重音＞语段重音、句重音、节奏重音。因此，汉语语流重音层级序列可以大致图示如下：

　　音长：句重音＞逻辑重音＞语段重音＞节奏重音

　　音强：逻辑重音＞句重音＞节奏重音＞语段重音

　　能量：逻辑重音＞节奏重音＞句重音＞语段重音

　　音高：逻辑重音＞语段重音、句重音、节奏重音

　　如果我们综合考虑各种声学要素，那么，汉语语流重音层级序列大致为：逻辑重音＞句重音＞语段重音＞节奏重音。

本章小结

　　本章首先简单介绍了有关汉语词重音的种种学术争议，并且对此提出了我们自己的观点。我们认为，汉语存在词重音，汉语中所有载有四声的音节都是重读音节，而轻声音节则是非重读音节。在汉语语言系统中，起区别性作用的具有音系学意义的只有两个重音等级：重读音节和非重读音节。中度重音是汉语重读音节在语流中的变体，没有区别性作用，不具备音系学意义。汉语重音的"中"与"重"之间只有量的差异，没有质的区别。汉语中不含轻声音节的正常双音节词的重音，是一种极为特殊的重音类型，它没有"左重"、"右重"、"等重"的固定模式，而是具有一种在音系学意义上的"双重"模式。

　　随后，本章对于汉语词重音的定义、位置、功能以及语音本质进行了必要的讨论。

　　根据我们的观点，所谓汉语词重音，就是指汉语的词汇词，它们可能是单音节词，也可能是多音节词，它们在孤立发音时，通过在一定时间内保持发音器官的紧张状态，使得词内某些音节保持声调完整、音色完满，这就是汉语的

词重音,而被保持声调完整、音色完满的音节就是汉语的词重读音节。

汉语词重音既不是自由重音,也不是固定重音,而是一种特殊的"遍布重音",汉语词重音位置的特点是遍布性;而汉语轻声是受限自由轻声,汉语轻声在汉语词中的位置具有"受限自由性"。在音节排列位置方面,汉语轻声并非总是固定在词的某个音节上,而是具有一定的自由性,它们可以出现在词的第一音节、第二音节、第三音节、第四音节等,但是不可能出现在汉语多音节词的第一音节;在语素类型的选择方面,汉语轻声并非总是固定在词的某类语素类型上,汉语词汇词的词根、中缀、后缀等语素都有可能有轻声,但是,汉语合成词的前缀不可能会出现轻声现象。

汉语轻声在汉语词汇体系中有着重要作用,它们主要行使凝聚功能和辨义功能。而汉语词重音在词的语音凝聚方面、在词的语义辨别和词类辨别方面,基本可以说是没有太明显的作用。汉语轻声的凝聚功能,是指通过声调缺失、音长缩短等语音手段弱读汉语词的轻声音节,形成词汇词中的非重读成分,它们如同粘合剂,将原本字字重读、各自突出的松散型汉语词汇词,凝聚成为一个完整而又独立的语音单位。此外,轻声在汉语词汇体系中还行使着辨义功能。而汉语轻声的辨义功能,是指汉语轻声具有区别词义和词类的作用。

汉语词重音的语音本质在于声调的完整,其伴随性语音特征是音长加长、音色清晰。音节的声调变化,在汉语词重音的突出中起着主导性作用。汉语的词重音是一种独特的乐调重音,而且根据音高的变化特点,可区分为四种类型:阴平调、阳平调、上声调、去声调。至于轻声,不是四声之外的第五种声调,而是四声的一种特殊音变,是失去原来声调而变成取决于其前一音节声调的特殊的依附性声调。

重轻异读现象在汉语词汇体系中是一种普遍的客观现象。这一点说明,汉语词中的非重读音节具有口语语体特点,在标准汉语普通话中,有不少汉语轻声音节有着回归重读音节的倾向。也就是说,汉语的重读是汉语音节的常态特征,重读音节在汉语词汇体系中是一种普遍的常态现象。

我们认为,汉语词重音一旦进入汉语语流之后,同样也会受到语流中不同语调类型和韵律结构的调节和影响而发生种种变化,形成各种层级不同的语流重音变体,在汉语语流的韵律结构中扮演不同的角色,有的依然重读,有的降为中重,有的则变成强重读甚至特强重读,还有的变成非重读。

本章随后对于各类汉语语流重音变体进行必要的概念梳理。汉语节奏重音是指汉语语音句中那些不承担任何中心作用的背景语音词的语流重读音节。根据语流重音层级体系理论,汉语节奏重音是汉语语流重音在一级重音位上的变体,其重音位具有弱重音位特性,因而,汉语节奏重音突出程度相对弱化,在语句韵律结构中起背景烘托作用。汉语节奏重音在语音句中没有固定位置,它可以位于语音句句首和句末,也可以位于语音句句中。

汉语语段重音是指汉语未完结语段中用来表示该语段语义中心的语音词重音。根据语流重音层级体系理论,汉语语段重音是汉语语流重音在二级重音位上的变体,其重音位具有强重音位特性,因而,汉语语段重音突出程度相对强化,在语句韵律结构中起平常焦点突出作用。汉语语段重音在语音句中没有固定位置,相对比较自由。

汉语句重音是指汉语单语段或多语段陈述句中的完结语段重音。根据语流重音层级体系理论,汉语句重音是汉语语流重音在三级重音位上的变体,其重音位具有强重音位特性,因而,汉语句重音突出程度相对强化,在语句韵律结构中起平常焦点突出作用。汉语句重音在语音句中同样没有固定位置,相对比较自由。

汉语逻辑重音是指某个语境中承担语义逻辑中心的特殊焦点语音词重音。根据语流重音层级体系理论,汉语逻辑重音是汉语语流重音在四级重音位上的变体,其重音位具有特强重音位特性,因而,汉语逻辑重音突出程度高度强化,在语句韵律结构中起特殊焦点突出作用。汉语逻辑重音具有移动性,它不固定在语音句的某个位置上,取决于说话人的用意和交际任务,逻辑重音可以在句首,可以在句中,也可以在句末。

本章的研究重点是在采集和整理声学实验数据和分析语图的基础上,分别讨论汉语语语流重音各种变体的主要声学特征。实验结果表明,在汉语语流中,节奏重读音节就其声学特征来看,是所有语流重音变体中突出程度最小的。汉语节奏重读音节之所以成为重读音节,是因为有汉语非重读音节及中重音节作为它们的陪衬音节。与非重读音节及中重音节相比,汉语节奏重读音节音长较长,音强和能量较大,其中,尤以音长差异最为突出。

在汉语语流中,语段重读音节就其声学特征来看,是所有语流重音变体中较为突出的,它们得以突出的陪衬音节是节奏重读音节。与节奏重音相比,汉语语段重读音节音长明显较长,音强和能量略小,其中尤以音长差异最为明显。

在汉语语流中,句重读音节就其声学特征来看,是所有语流重音变体中明显突出的。汉语句重读音节明显地突出于语段重读音节。与语段重读音节相比,汉语句重读音节的突出手段是音长更长、音强更大、能量更大。

在汉语语流中,汉语逻辑重音就其声学特征来讲,是所有语流重音变体中最为突出的。因为,它可以由于音长、音高、音强、能量的合力作用,给人造成突出程度最强的听觉心理印象。汉语逻辑重音得以突出的陪衬是节奏重音、语段重音、句重音。与节奏重音、语段重音、句重音相比,汉语逻辑重读音节在语流中并非是最长的,比句重音短,但是在音强、能量、音高方面都比其他所有语流重音变体更为突出。

汉语语流重音变体的决定性声学要素主要为音长,而音强、能量和音高在汉语语流重音体系中的突出作用不是十分明显。我们的声学实验结果表明,在汉语语流中,一个重读音节的音强和能量的大小,主要取决于该重读音节在语段中的所处位置,通常来讲,重读音节越是靠前,其音强和能量就越大;反之,重读音节越是靠后,其音强和能量就越小。但是,对于汉语逻辑重音来讲,音高、音强和能量都是伴随性声学要素,在大多数情况下,汉语逻辑重读音节的音强和能量,与其相邻音节相比,有明显加大的现象,而音高值则有明显抬高现象。

从我们的声学实验结果来看,汉语语流重音根据不同的声学特征,表现出不同的层级序列。但是,如果我们综合考虑各种声学要素,那么,汉语语流重音层级序列大致表现为:逻辑重音＞句重音＞语段重音＞节奏重音。

另外,我们在分析汉语语流重音变体的音强和能量的表现等级时发现两个特殊情况,一是汉语节奏重音的音强等级和能量等级没有表现出对应性,二是汉语句重音的音强等级和能量等级同样也没有表现出对应关系。这种情况很可能是由某些偶然因素所致,因为如果以音节为单位,排除偶然因素,音强与能量之间应该是有对应关系的;如果加上各种偶然因素,那么,音强与能量之间就没有对应关系。

第四章　俄汉语流重音声学实验对比研究

众所周知,俄语和汉语分别属于完全不同的语言类型。根据语言谱系分类法,俄语属于印欧语系,而汉语则属于汉藏语系。根据语言形态分类法,俄语属于屈折语,其语法意义往往通过内部曲折或词缀法来表现;而汉语属于分析语,其语法关系的表现手段为词序和助词。根据语言超音段特征分类法,俄语属于典型的重音语言,而汉语则属于典型的声调语言。所有这些必然会造成俄语和汉语之间的诸多本质性差异,语法结构如此,语音特征亦是如此。在重音学范畴,俄汉语之间同样有着多方面的本质性区别,尽管这两种语言有着类似的语流重音体系。

本书第四章首先进行俄汉语流重音的基本依附单位——俄汉语音词的理论对比,主要分析俄汉语音词的本质性异同点,继而在本书第二章、第三章的研究基础上,进行俄汉语流重音声学实验结果的对比分析研究,旨在探寻俄汉语流重音在各种声学特征方面的异同点,重点在于发现其差异性,以期为本书最后一章的中国学生俄语语流重音习得偏误分析与对策研究奠定理论基础。

第一节　俄汉语音词理论对比

我们知道,俄汉语流重音是超音段单位,它们不可能自己单独发音,它们必须要依附在相应的语段单位上,通过相应语段单位的各种韵律节奏特征来表现自己。其中,俄汉语音词是俄汉语流重音的基本依附单位,没有俄汉语音词,就不可能会有俄汉语段、俄汉语音句,从而也就不可能会有各种语流重音变体的出现。因此,我们在进行俄汉语流重音声学实验对比研究之前,很有必要先从理论上探讨俄汉语音词之间的主要异同点。进行俄汉语音词的理论分析,分析其本质性异同点,可以为我们进行俄汉语流重音声学实验对比研究提供必要的理论前提,同时,也有助于我们分析解决中国俄语学习者在俄语语流重音习得方面的诸多问题。

本书第一章曾经指出,语音词是人类语言中普遍存在的语音现象,是组成人类自然语流的重要语音单位之一。不仅英语、俄语、法语等重音语言中有语音词,而且像汉语这一类的声调语言中同样也客观存在着语音词。但是,不同语言中的语音词,由于语言重音特点各异而不可能完全相同。

俄语是典型的重音语言,而汉语是典型的声调语言,它们两者在语音词特征方面有着很多本质性差异。总的来说,尽管俄语语流和汉语语流中都有语音词这一音段单位,而且它们具有不少共性——它们都是语流三级切分得出的线性语音单位,它们的语音标记都是语流重音,它们都是依靠语流重音的联结作用而成为一个个语音整体——但是,据笔者观察,俄汉语音词在词汇词连续发音方式、音节连续发音方式、音位组配方式、词末音节结构模式、重音结构模式等方面,有着很大的本质上的差异。

一、俄汉语音词在词汇词连续发音方式上的差异

俄汉语音词就结构而言,都有简单语音词和组合语音词这两种类型。我们用俄语语音句"Не‿роди́сь краси́вой, ∕ а‿роди́сь счастли́вой. ∥"和汉语语音句"Jīnnián xiàtiān, ∕ tā‿de nǚér kǎo‿shàng‿le dàxué. ∥"(今年夏天,他的女儿考上了大学)来举例说明。简单语音词由 1 个词汇词构成,如例句中的俄语语音词"краси́вой"、"счастли́вой"和汉语语音词"Jīnnián"(今年)、"xiàtiān"(夏天)、"nǚér"(女儿)、"dàxué"(大学);组合语音词由 2—3 个词汇词组合而成,如例句中的俄语语音词"Не‿роди́сь"、"а‿роди́сь"和汉语语音词"tā‿de"(他的)、"kǎo‿shàng‿le"(考上了)。

笔者认为,俄汉组合语音词内部的词汇词,在连续发音方式上有着很大的差异。其最主要差异在于,俄语组合语音词内部往往会发生词汇词连读现象,而汉语组合语音词内部一般不会发生词汇词连读现象。

　　俄语组合语音词内部最为典型的词汇词连读现象,表现在"前词以辅音结尾、后词以元音开头"的语音词中,这样一类的俄语组合语音词,在词汇词之间通常会发生拼读关系——前词结尾的辅音和后词开头的元音拼起来连读。

　　我们知道,就音节性质而言,俄语属于闭音节型语言,其大多数音节为闭音节,因此,俄语词汇词末尾往往会有各种辅音,如 без、перед、над、через、сквозь 等。另外,俄语中还有不少虚词是不成音节的单辅音,如 в、с、к 等。与此同时,俄语词汇词经常会以各种元音开头,且俄语元音大多为真元音,发音时前面一般没有什么其他辅助音。① 所以,如果在一个俄语组合型语音词中,前面一个词汇词以辅音结尾,后面一个词汇词以元音开头,那么,这两个词汇词之间自然而然就会发生拼读关系,如 без◡огня́、через◡окно́、в◡институ́те、об◡э́том、перед◡авто́бусом 等。而汉语属于开音节型语言,其大多数音节为开音节,因此,汉语词汇词末尾很少会有各种辅音,即便有辅音,也只有可能是[n]、[ŋ]、[r]中的 1 个辅音。与此同时,汉语音节大部分是以辅音开头,元音开头的音节很少,即便有元音开头的音节,这些元音在发音时前面通常会有一个辅助音——声门塞音[ʔ],也就是说,它们通常属于不易拼读的准元音。②

　　如此一来,汉语组合语音词中一般不会出现前一个词汇词以辅音结尾、后一个词汇词以元音开头的情况,即便会有这样的情况发生,这两个词汇词之间通常也不可能发生拼读关系。我们很难找到一个前词以辅音结尾、后词以元音开头的汉语组合语音词来说明问题,只能借用几个前音节以辅音

---

　　① 所谓真元音,是指这样一类元音,它们在发音时,前面没有任何辅助音,所以很容易跟它们前面的辅音拼读起来,如英语、俄语中的大多数元音;所谓准元音,是指另外一类元音,它们在发音时,前面往往会有一个辅助音——声门塞音[ʔ],所以很难跟它们前面的辅音拼读起来,如汉语中以韵母开始的音节都不是以真元音开始的,这些韵母中的元音就是发音前带有声门塞音的准元音。具体请参见:桂灿昆《美国英语应用语言学》,上海外语教育出版社,1985 年,第 311－312 页。

　　② 声门塞音(glottal stop),又称喉塞音,是辅音的一种,是由声门关闭引起的气流瞬时中断而成的塞音。由于其发音部位的独特,声门塞音只有清辅音。其国际音标符号为[ʔ]。该音广泛存在于各语言中,但把它当作独立音位看待的语言并不多,通常被人们所忽视。

结尾、后音节以元音开头的、双音节的汉语简单语音词来说明问题，如
"píng'ān"（平安）、"mián'ǎo"（棉袄）、"shān'ào"（山坳）等，这些简单语音
词的第二个音节都是以元音开头，但是，这些元音不是易于拼读的真元音，
而是不易拼读的准元音，它们发音之前都有一个声门塞音，使得它们不能与
第一个音节末尾的辅音拼读，而只能发成 píng[ʔ]ān、mián[ʔ]ǎo、shān[ʔ]
ào 等。汉语中的唯一一个特例是感叹词"啊"[a]。这是一个由真元音单独
构成的词汇词，不抗拒与前面的词汇词拼读。在语流中，感叹词"啊"[a]的
读音可以随着它前面的词汇词末尾音节的韵尾来确定，通常有"哪"[na]、
"呀"[ya]、"哇"[wa]三种形式。如语音句"Zuì bǎoguì de shì shēntǐ
jiànkāng‿a!"（最宝贵的是身体健康啊），其最后一个语音词"jiànkāng‿a"
（健康啊），感叹词"a"（啊）与前面一个词汇词发生拼读关系，发成[na]，而
不是[ʔa]；语音句"Wǒ guòshēngrì nà‿tiān, / nǐ yīdìng yào lái‿a!"（我过
生日那天，你一定要来啊），其最后一个语音词"lái‿a"（来啊），感叹词"a"
（啊）与前面一个词汇词发生拼读关系，发成[ya]，而不是[ʔa]；语音句"Nǐ‿
jiā‿yǒu zhème yǒuqù‿de shū‿a!"（你家有这么有趣的书啊），其最后一个
语音词"shū‿a"（书啊），感叹词"a"（啊）与前面一个词汇词发生拼读关系，
发成[wa]，而不是[ʔa]。

此外，俄语组合语音词内部还有一种典型的词汇词连读现象，表现在
"前词以辅音结尾、后词以辅音开头"的语音词中。这样一类的俄语组合语
音词，在词汇词衔接之处通常会发生噪辅音的联音变化，如辅音的清浊同化
等，如 с‿дéдушкой（清辅音浊化）、к‿бáбушке（清辅音浊化）、в‿сад（浊辅音
清化）、перед‿прáздником（浊辅音清化）等。而汉语词汇词末尾很少会有各
种辅音，即便有辅音，也只能是响辅音[n]、[ŋ]、[r]中的一个辅音，因此，汉
语组合语音词内部的词汇词衔接之处一般不会出现噪辅音连缀现象，因而
根本无从谈起噪辅音的联音变化问题。

二、俄汉语音词在音节连续发音方式上的差异

俄汉语音词内部的音节，在连续发音方式上同样有着很大的差异。笔
者认为，俄语语音词属于"连奏型语音词"（фонетическое слово типа

легато)，而汉语语音词则属于"断奏型语音词"（фонетическое слово типа стаккато）。为方便说明问题，我们借用钢琴弹奏方面的两个术语——"连奏"和"断奏"。所谓连奏（легато），又称连音弹奏法，要求弹奏时音与音之间没有一点空隙；所谓断奏（стаккато），又称断音弹奏法，要求弹奏时每个音之间都断开。在俄语语音词内部，音节连续发音方式表现为"连奏"，音节与音节之间边界不清，在发音上形成一个联系十分紧密的线性音段单位——"连奏型语音词"；而在汉语语音词内部，音节连续发音方式表现为"断奏"，音节与音节之间边界十分固定而又清晰，每个音节相对独立，在发音上形成一个联系相对松散的线性音段单位——"断奏型语音词"。汉语有些双音节语音词，如果词内音节界限不清，就会变成别的词，如"xi'ōu"（西欧）—"xiū"（休）、"dà'yī"（大衣）—"dài"（代）、"pí'ǎo"（皮袄）—"piǎo"（瞟）、"dī'àn"（堤岸）—"diàn"（电）、"hù'àn"（护岸）—"huàn"（换），等等。也正是汉语语音词内部的音节衔接方式为断奏型，因此，汉语语流总体上的节奏特征为"一字一顿"（也就是一个音节一顿）。

俄汉语音词在音节衔接方式上的显著差异，在很大程度上造成了俄汉语流之间的本质性区别——"连奏型俄语语流"和"断奏型汉语语流"，正如陈君华所指出的那样，"……俄语音节之间的联系是紧联系。……与俄语相比，汉语音节之间是松联系，每个音节有一定的独立性"。（陈君华，1993:20）

三、俄汉语音词在音位组配方式上的差异

语言类型学研究成果告诉我们，就音位性质而言，俄语属于"辅音型语言"，其音位总数为 43 个，辅音音位多达 37 个，占音位总数的 86％；而汉语属于"元音型语言"，其音位总数为 32 个，元音音位多达 10 个，占音位总数的 31％。① 俄汉两种语言在音位性质方面的差异，使得它们在语音词内部的音位组配方式上同样也有着本质性差异。

---

① 现代语言类型学根据音位性质把世界语言分为两大类：1. 元音型语言——元音音位占该语言音位总数的 1/3 至 1/2，如英语、汉语等；2. 辅音型语言——辅音音位超过该语言音位总数的 2/3 以上，如俄语、白语、波兰语、阿拉伯语等。

俄汉两种语言在语音词内部的音位组配方式上的本质性差异主要表现在以下两个方面：

第一，汉语语音词中有着丰富的复元音现象，而俄语语音词中没有复元音现象。[①] 俄汉语音词内部的音节中一般都不可能没有元音，但是，俄语语音词的每个音节总是只有 1 个元音，不存在复元音现象；而汉语语音词的音节中元音可以有 1—3 个，存在丰富的复元音现象[②]，如"xiācāi"（瞎猜）、"lǎohuà"（老化）、"块头"（kuàitou）等。[③]

有的时候，俄语语音词内部也会出现 2 个元音相邻（стечение гласных）的情况，但是，这些相邻的元音分别属于不同的音节，在发音上是"叠加"关系而不是"复合"关系，换言之，它们不能复合起来发成汉语的那种复元音，如"идиóт"应该发成 и-ди-óт、"наýка"应该发成 на-ý-ка、"за‿окнóм"应该发成 за-ок-нóм、"на‿óзере"应该发成 на-ó-зе-ре 等。

第二，俄语语音词中有着丰富的辅音群现象，而汉语语音词中没有辅音群现象。俄语语音词的音节中，或音节衔接处，存在丰富的辅音群（стечение согласных）现象。大多数情况下，可以有 2—3 个辅音集结在一起，如"кнóпка"、"юность"、"кáк‿бы"、"вдруг"、"минúстр"、"вздыхáть"等；有时，辅音群中的辅音数量可以多达 4 个，如"лáкомство"、"взгляд"、"встрéча"、"абстрáкция"、"знакóмство"等；极偶然的情况下，可以有 5 个辅音集结成辅音群，如"мýдрствовать"、"бóдрствовать"等。而汉语语音词的音节中没有辅音群现象，同一个音节中，辅音最多只能有 2 个，且这两个辅音必须由元音隔开，即必须是一个辅音在音节开头充当声母，而另一个辅音在音节末尾充当韵尾，如"shān"（山）、"píng"（贫）、"huār"（花儿）等。毋庸

---

①　所谓复元音，是指那种音节内的在发音过程中可以听到音质有明显变化的元音。人们通常说的那种二合元音或三合元音就是复元音。具体请参见：哈特曼等《语言与语言学词典》，上海辞书出版社，1981 年，第 102 页。

②　汉语普通话中共有 13 个复元音，9 个二合元音和 4 个三合元音，它们分别是 ai、ei、ao、ou、ia、ie、ua、uo、üe 和 iao、iou、uai、uei。具体请参见：胡裕树《现代汉语》，上海教育出版社，1995 年第 5 版，第 56 页；诸葛苹等《汉俄语音对比实验研究》，南京大学出版社，2001 年，第 4 页。

③　此处音节下面标注的点，与全书一样，是指语音词的重音，而黑体则突出我们所要说明的语言现象——复元音。

讳言,在汉语语音词的音节衔接处,有时也会出现辅音相邻的情况,如"shānqū"(山区)、"píngkùn"(贫困)、"nánfāng"(南方)、"xiàngzhēng"(象征)等,但是,由于汉语语音词属于"断奏型语音词",音节与音节之间边界十分固定而又清晰,每个音节相对独立,因此,汉语语音词内部音节衔接处的两个辅音,相邻而不连读,因而无法构成一个发音上的整体——辅音群。

由此,我们可以得出结论,俄语语音词中有着丰富的辅音群现象,而汉语语音词中没有辅音群现象;汉语语音词中有着丰富的复元音现象,而俄语语音词中没有复元音现象。这就是俄汉两种语言在语音词内部的音位组配方式上的本质性差异。

四、俄汉语音词在词末音节结构模式上的差异

根据语言类型学的语音分类标准,俄语属于典型的"闭音节型语言",俄语中的大多数音节以辅音收尾,且俄语语音词词末辅音可以是任何辅音或辅音群,如俄语语音句"Преподавátель сейчáс покáжет нáм нóвый фильм."中,前5个语音词均以各种辅音结尾,最后一个语音词以辅音群结尾;而汉语则属于典型的"开音节型语言",汉语中的大多数音节以元音收尾,而闭音节较为少见,且只能以[n]、[ŋ]、[r]这三个辅音中的一个来结尾,如汉语语音句"Gēnjù tiānqì yùbào, míngtiān xiàwǔ yǒu‿yǔ."(根据天气预报,明天下午有雨)中,只有1个语音词"míngtiān"(明天)以辅音[n]结尾,其他5个语音词均以元音结尾。

因此,俄语语音词末尾的闭音节现象相当普遍,而汉语语音词末尾的闭音节现象则较为少见。俄语和汉语在语音词词末音节结构模式方面的本质性差异就在于此。

五、俄汉语音词在重音结构模式上的差异

从语言的超音段特征来看,俄语和汉语完全属于不同类型的语言。就词重音作用而言,俄语是一种典型的"重音语言"(акцентный язык),俄语词重音具有区别词义或词性的功能;而汉语不是典型的重音语言,它的词重音作用远不如俄的重要,在词语中通常来讲无辨义作用。就语言的音调作

用而言,俄语是一种典型的"非声调语言"(нетональный язык、нетоновой язык),或者说是一种典型的"语调语言"(интонационный язык),其语音的高低变化是句子语调的组成要素,音调并非附着在音节上,并非是音节的必要性超音段特征,通常与词汇意义的表达毫不相干;而汉语则是一种典型的声调语言(тональный язык、тоновой язык),其语音的音高变化具有音位学意义,它们附着在音节上,是音节的必要性超音段特征,主要用来区分词汇意义。

俄汉两种语言在超音段特征方面的本质性区别,导致俄汉语音词在重音结构模式上也有着天壤之别。俄语语音词的重音结构模式呈"单核紧凑型",也就是说,一个俄语语音词一般只有一个重读音节,这个重读音节将该语音词中所有其他非重读音节紧紧吸附到一起,形成一个音节之间联系极为紧凑的只有一个韵律节奏中心的语音单位,如俄语语音词"в‿институ́те"的重音结构模式大致可图示为"-- ′ -";而汉语语音词的重音结构模式呈"多核松散型",大多汉语语音词除了一个重读音节之外,往往还会有多个中重音节,这些中重音节如同一个个小的韵律节奏中心,使得重读音节难以将该语音词中所有其他音节紧紧吸附到一起,结果只能形成一个音节之间联系相对松散的有着多个韵律节奏中心的语音单位,如汉语语音词"duōyuánhuà"(多元化)的重音结构模式大致可图示为"、 、 ′"。①

第二节　俄汉语流重音声学实验对比研究

一、俄汉语流重音层级体系对比

本书第一章我们已经详细论述,在语流中,通常把各种语音单位分为音段单位(线性单位)和超音段单位(非线性单位)。简单地来讲,音段单位是指按照时间顺序一个接着一个依次排列的语音或语音组合。语音句、语段、语音词、音节和音素都是音段单位。语音句是最大的音段单位,是语义完整的一个语句,由某个特别的语调所联结(可能是完结陈述语调,也可能是疑

---

① 此处重音结构模式图示中的符号"′"表示重读音节;"、"表示次重读音节,即汉语语音词中的中重音节;"-"表示非重读音节。

问语调），与其他相同的语音单位用较大的停顿来隔开。语段是语音句的组成部分，与其他相同的语音单位用较小的停顿来隔开，以非完结陈述语调为特征。语段之间的停顿通常比语音句之间的停顿短。语音词是语段的组成部分（或者是语音句的组成部分，如果该语音句是个单语段句），依靠一个语流重音来联结。通常来讲，一个语音句中有多少个语流重音，就有多少个语音词。音节是语音词的组成部分。音节本身还可以继续切分，可以切分成更小的音段单位——音素。而音素是语流中的最小的音段单位，音素靠一次发音动作来完成。音素不能再继续切分成更小的音段单位，因此，它们是语流中最小的最基本的音段单位。属于超音段单位的有重音、声调、语调等。超音段单位不同于音段单位，它们无法独立于音段单位，无法单独发音，而只能依附于相应的音段单位。音段单位可以独立，可以单独发音，而超音段单位只能以音段单位为依附，通过相应的依附单位来表现自己的语音特征。

我们认为，在俄语和汉语语流中，有着基本类似的音段切分。在两个语言中，都是先把语流切分成语音句，然后把语音句切分成语段，把语段切分成语音词，把语音词切分成音节，而最后再把音节切分成音素。

在此，我们认为很有必要指出，除了逻辑重音是在语境基础上得以突出的以外，俄语和汉语的其他所有超音段单位，都是在相应的音段单位基础上得以突出的。俄汉超音段单位与音段单位之间的对应关系，具体请看表25。

表 25　俄汉超音段单位与音段单位之间的对应关系对照表

	俄语超音段单位	俄语音段单位	汉语超音段单位	汉语音段单位
一级切分	俄语句重音	俄语语音句	汉语句重音	汉语语音句
二级切分	俄语语段重音	俄语语段	汉语语段重音	汉语语段
三级切分	俄语节奏重音	俄语语音词	汉语节奏重音	汉语语音词
四级切分	无	俄语音节	汉语声调	汉语音节
五级切分	无	俄语音素	无	汉语音素

从上表我们可以发现，俄汉两种语言的超音段单位与音段单位之间的对应关系基本类似，但是同中有异。与俄语相比，汉语多了一层对应关

系——汉语声调和汉语音节之间的对应关系。我们认为,也正是汉语在超音段单位和音段单位对应关系方面的这一独特特点,使得汉语语流重音与俄语语流重音相比,有着很多不同之处。

俄汉两种语言中基本类似的超音段单位与音段单位之间的对应关系,以及前文我们所提及的两种语言基本类似的语流切分,决定了俄语和汉语语流重音层级体系的类似性。无论是在俄语语流中,还是在汉语语流中,语流重音体系都包括节奏重音、语段重音、句重音和逻辑重音。其中,节奏重音将词汇词联结成语音词,语段重音将语音词联结成语段,句重音将语段联结成语音句,而逻辑重音在特定语境中起到突出强调的作用。

节奏重音、语段重音、句重音和逻辑重音,这四个语流重音变体一起构成一个完整的语流重音层级体系。这样的语流重音层级体系既客观存在于俄语语流之中,同样也客观存在于汉语语流之中。总之,俄语语流重音层级体系和汉语语流重音层级体系结构基本类似。

二、俄汉语流重音层级序列对比

从第二章的声学实验结果来看,俄语语流重音根据不同的声学特征表现出不同的层级序列。就音长而言,俄语语流重音层级序列表现为:句重音＞逻辑重音＞语段重音＞节奏重音;就音强而言,俄语语流重音层级序列表现为:语段重音＞逻辑重音＞节奏重音＞句重音;就能量而言,俄语语流重音层级序列表现为:语段重音＞逻辑重音＞节奏重音＞句重音;就音高而言,俄语语流重音层级序列表现为:语段重音、句重音、逻辑重音＞节奏重音。如果我们综合考虑各种声学要素,也就是说,以音长、音高数值为主要衡量标准,以音强、能量数值为参考衡量标准,那么,俄语语流重音层级序列大致为:逻辑重音＞句重音＞语段重音＞节奏重音。

从第三章的声学实验结果来看,汉语语流重音,根据不同的声学特征,同样也表现出不同的层级序列。就音长而言,汉语语流重音层级序列表现为:句重音＞逻辑重音＞语段重音＞节奏重音;就音强而言,汉语语流重音层级序列表现为:逻辑重音＞句重音＞节奏重音＞语段重音;就能量而言,汉语语流重音层级序列表现为:逻辑重音＞节奏重音＞句重音＞语段重音;

就音高而言,汉语语流重音层级序列表现为:逻辑重音＞语段重音、句重音、节奏重音。如果我们综合考虑各种声学要素,也就是说,以音长数值为主要衡量标准,以音强、能量以及音高数值为参考衡量标准,那么,汉语语流重音层级序列大致为:逻辑重音＞句重音＞语段重音＞节奏重音。

　　对比分析第二、三两章的声学实验结果,我们可以认为,无论是俄语语流重音,还是汉语语流重音,根据不同的声学特征,都可以表现出不同的层级序列。但是,如果我们综合考虑各种声学要素,那么,俄、汉两种语言的语流重音层级序列大致相同:逻辑重音＞句重音＞语段重音＞节奏重音。

三、俄汉语流中的音节重读等级对比

　　在俄语语流中,音节根据重读等级通常分为两大类:重读音节和非重读音节。其中,俄语重读音节发音时,音长较长,音质清晰,元音无弱化现象;而非重读音节发音时音长较短,音质相对模糊,元音音质发生质变,有明显弱化现象。此外,俄语非重读音节还可以根据其相对于重读音节的距离而表现出不同的弱化程度,可以进一步细分为一级弱化非重读音节和二级弱化非重读音节。通常来讲,重读音节前第一个非重读音节发生一级弱化现象,读得比重读音节稍短一些、略模糊一些;其他非重读音节发生二级弱化现象,读得比一级弱化非重读音节更短一些、更模糊一些。

　　在汉语语流中,音节根据重读等级同样可以分成两大类:重读音节和非重读音节。不过,汉语语流中的重读音节通常可以细分为两个小类:重重音节和中重音节。其中,细化出来的重重音节和中重音节,都保留汉语重读音节的特征——声调完整、音质清晰。重重音节和中重音节相互之间的区别不是太大,它们没有质的区别,只有量的差异:重重音节与中重音节相比,音长更长,声调更完整,音质更清晰。而非重读音节与重读音节相比,有着质的区别:非重读音节在汉语语流中发音时,音长较短,声调特征发生质变,表现为轻声,但音质通常无本质性改变。

　　俄汉语流中的音节重读等级对照,请看表26。

表 26　俄汉语流中的音节重读等级对照表

	音　节　重　读　等　级		
俄语语流	重读音节	非重读音节	
		一级弱化 非重读音节	二级弱化 非重读音节
汉语语流	重读音节		非重读音节
	重重音节	中重音节	

在此,有一点需要特别说明的是:本书第二章我们曾提及,在俄语中有一小部分复合词带有次重音。这种次重音在强调程度上比俄语词重音稍弱,与汉语的中重音节有点类似。但是,带有次重音的俄语词汇词在整个俄语词汇系统中所占比例微乎其微。对于俄语来讲,极为普遍的是带有一个重音的词汇词。例如在我们用于实验的俄语语音句中,没有一个词汇词带有次重音。与此情况相反,汉语中重音节在汉语语流中极为普遍。例如,在我们用于实验的汉语语音句中,481 个音节中有 203 个是中重音节,比例高达 42%。因此,我们在分析汉语语流中的音节重读等级时,把中重作为汉语语流中的音节重读等级之一;而在分析俄语语流中的音节重读等级时,我们没有考虑俄语次重音。

四、俄汉语流中的重读音节和非重读音节比例对比

在俄语语流中,重读音节明显要比非重读音节少很多。在本课题用于声学实验的俄语语音句中,音节总数为 374 个。其中重读音节有 165 个,约占音节总数的 44.12%,包括节奏重读音节、语段重读音节、句重读音节和逻辑重读音节;而非重读音节多达 209 个,约占音节总数的 55.88%。

在汉语语流中,情况恰恰相反,重读音节(包括重重音节和中重音节)总数要比非重读音节多很多。在本课题用于声学实验的汉语语音句中,音节总数为 481 个,其中有 429 个重重音节和中重音节,它们约占音节总数的 89.19%;而非重读音节只有 52 个,仅占音节总数的 10.81%。

毋庸讳言,我们选取的俄汉语音句,当然不可能精准反映整个俄汉语流的全貌,但至少可以让我们管窥一斑。以本课题用于声学实验的俄汉语音

句为例,俄汉语流中的重读音节和非重读音节数量及比例的对照,请看表 27。

表 27　俄汉语流中的重读音节和非重读音节比例对照表

	音节总数	重读音节总数 (比例)	非重读音节总数 (比例)
俄语语流	374	165 (44.12%)	209 (55.88%)
汉语语流	481	429 (89.19%)	52 (10.81%)

通过分析上表数据,我们不难发现,俄语语流中的大多数音节是非重读音节,重读音节所占比例相对较小;而汉语语流中的绝大多数音节是重读音节,非重读音节所占比例极低。由此,我们可以得出这样一个结论:在俄语语流中,音节的非重读现象是一种随处可见的普遍现象,它们不仅在绝大多数语音句中客观存在,甚至可以说是在绝大多数语音词中客观存在。根据我们的观察,在俄语语流中,这些随处可见的非重读音节往往会若干个连起来,它们一个挨着一个集结在一起,形成俄语语流中的一种独特的语音现象——"非重读音节链"(цепь безударных слогов)。非重读音节链对于俄语语流来讲相当典型。这种非重读音节链有时可以由 2—3 个非重读音节组成,有时甚至会包含大约 5—6 个非重读音节。有时在同一个语音句中可以有若干个这样的非重读音节链。例如:①

1. Нáшего преподавáтеля зовýт Ивáн Пáвлович. (俄语语音句中有 3 个非重读音节链)

2. Шестóй автóбус / останáвливается напрóтив. (俄语语音句中有 2 个非重读音节链)

3. Óперы Чайкóвского / запúсаны на пластúнки. (俄语语音句中有 3 个非重读音节链)

---

① 本书用符号"～～"来表示俄语语音句中的非重读音节链和汉语语音句中的重读音节链。

在本书第三章中讨论汉语词重音的位置特点时,我们曾明确指出,汉语词重音既不是自由重音,也不是固定重音,而是一种特殊的"遍布重音",汉语词重音位置的特点是"遍布性"。因此,与上述俄语语流情况恰恰相反,在汉语语流中,音节的重读现象是一种随处可见的普遍现象。根据我们的观察,在汉语语流中,这些随处可见的重读音节(确切地来讲,是重重音节和中重音节,而重重音节和中重音节之间的差异,一般人是难以觉察的)往往会若干个连起来,它们一个挨着一个集结在一起,形成汉语语流中的一种独特语音现象——"重读音节链"(цепь ударных слогов)。汉语语流中到处都客观存在着这种重读音节链。汉语重读音节链短的由2—3个重读音节构成,长的由多个重读音节组成。此外,还有很多汉语语音句每个音节都重读,即"字字重读",结果整个句子的所有音节一起构成重读音节链。在我们用于语流重音实验的所有汉语语音句中,基本上每个语音句都带有重读音节链。具体来讲,有一部分语音句的绝大多数音节构成重读音节链;另外,还有一部分语音句"字字重读",整句构成重读音节链。前者如例句1、2、3,后者如例句4、5、6。

1. Cóngqián shēnghuó hěn kǔ, / xiànzài hǎo duō le.

   (从前生活很苦,现在好多了。)

   (汉语语音句的绝大多数音节构成重读音节链)

2. Xīngqītiān, / wǒ hé tā qù dòngwùyuán kàn hóuzi.

   (星期天,我和她去动物园看猴子。)

   (汉语语音句的绝大多数音节构成重读音节链)

3. Mǎi zhè tào fángzi / xūyào hěnduō qián.

   (买这套房子需要很多钱。)

   (汉语语音句的绝大多数音节构成重读音节链)

4. Tā xiǎng dāng yī míng yǔhángyuán.

   (他想当一名宇航员。)

   (汉语语音句整句构成重读音节链)

5. Tā qù mǎi yóupiào.

   (他去买邮票。)

（汉语语音句整句构成重读音节链）

6. Tā zài jiàoshì liànxí pǔtōnghuà.

（他在教室练习普通话。）

（汉语语音句整句构成重读音节链）

　　我们认为，俄语的独特语音现象——非重读音节链，和汉语的独特语音现象——重读音节链，它们的出现并非偶然，它们是由两种语言的重音特点所决定的。其根本原因在于俄语和汉语在超音段特征方面的一个本质性差异：俄语属于典型的重音语言，重音是俄语语流的主导性超音段单位，它以语音词为基本依附单位；而汉语属于典型的声调语言，声调是汉语的主导性超音段单位，它以音节为依附单位。俄语的非重读音节链，从反面衬托出重音在俄语韵律结构中的特殊的醒目的地位，因为只有在众多非重读音节的衬托下俄语重音才得以发挥其重要作用；而汉语的重读音节链，恰恰说明重音在汉语韵律结构中的遍布性，说明重音在汉语语流中是随处可见的遍布的常态现象，因而也就无法在汉语语流中占据特殊的醒目的地位，人们反而往往会忽略汉语重音的存在，去关注它们的对立面——在汉语语流中占据突出醒目地位的非重读音节（轻声）。

　　俄汉语言中都有音调（或声调），也都有重音，但它们在两种语言中行使着完全不同的作用。重音是俄语的主导性超音段单位，它在俄语韵律结构中起着主导性作用，而音调在俄语韵律结构中仅仅是个伴随性超音段单位，它在俄语韵律结构中是个不确定的要素；与此相反，声调是汉语的主导性超音段单位，它在汉语韵律结构中起着主导性作用，而重音只是汉语的伴随性超音段单位，它在汉语韵律结构中是个不确定的要素。俄语和汉语在超音段特征方面的本质性差异，充分反映出重音语言和声调语言这两种不同类型的语言在超音段特征方面的本质性差异。

五、俄汉语流中的非重读音节发音特点对比

　　在俄语语流中有着大量的非重读音节。俄语非重读音节在语流中会发生各种语音变化。在俄语非重读音节的所有语音变化中，最为重要、最为显著的就是元音的弱化。总的来说，俄语重读音节发音时，整个发音器官处于

紧张状态,元音发音清晰,音质饱满;而非重读音节发音时,发音器官较为松弛,元音发音趋于模糊,元音音质发生明显变化,尤其是一些开元音,表现出明显的央化倾向,发生明显质变。尤其值得强调的是,根据非重读音节相对于重读音节的距离远近,俄语非重读音节中的元音有着相对固定的弱化等级和弱化变体。如俄语元音[a]、[o]位于非重读词首,或者位于硬辅音后重读音节前第一个音节时,发生一级弱化,弱化变体为短而弱的[ʌ]音;位于硬辅音后其他非重读音节时,发生二级弱化,弱化变体为更短更弱的[ъ]音。再如,俄语元音[a]、[ə]在软辅音后重读音节前第一音节时,发生一级弱化,弱化变体为短而弱的[иᵉ]音;在软辅音后其他非重读音节里,发生二级弱化,弱化变体为更短更弱的[ь]音。

有部分俄罗斯语音学家认为,非重读音节在俄语语流中所发生的元音的弱化,具有音系学意义。对此,Л. В. Щерба 曾经明确指出,“在俄语中有两类音质不同的元音——重读元音和非重读元音”(转引自 Л. Р. Зиндер, 1979:264)。因此,元音弱化规则历来是俄语语音规则中的重要组成部分。俄语语音教程在介绍重读元音发音规则的同时,通常都会专门介绍非重读音节中弱化元音的弱化规则和发音特点。也正是由于这个缘故,俄罗斯人在发自己母语的非重读音节时,更注重的是非重读音节中元音的弱化。我们认为,非重读音节在俄语语流中所发生的元音在音质方面的弱化,具有音系学意义,而音长缩短等,是俄语非重读音节的伴随性特征。

在汉语语流中只有少量的非重读音节,亦即轻声音节。汉语非重读音节在语流中同样也会发生各种语音变化。在汉语非重读音节的所有语音变化中,最为重要、最为显著的是四声的特殊音变——轻化,而元音的弱化、音长缩短只是伴随现象。俄罗斯著名汉学家 Н. А. Спешнев 曾经指出:“通常来讲,汉语中的非重读音节发音时‘带轻声’,或者说‘无声调’。很有必要更为细致地讨论这一概念,以期确定其声学特征。轻声在声学特征方面可以有不同的表现。顺便提一下,它的音高和走向,和四声中的任何一个声调都不吻合,主要取决于前面那个音节的声调。”(Спешнев Н. А.,1980:72)我们知道,根据前一个音节的声调类型,汉语非重读音节的声调,有着相对固定的轻化模式。一般来说,汉语非重读音节的声调轻化规律如下:阴平调后面的轻声音节要读成半低调,阳平调后面的轻声音节要读成中调,上声调后面

的轻声音节要读成半高调,去声调后面的轻声音节要读成低调。至于汉语
非重读音节中的元音弱化,通常在快速口语中,才会有所表现,而在正常语
速的标准普通话语流中,这些非重读音节的元音弱化很不明显,根本就没有
达到俄语语流中的那种音系学意义上的元音弱化程度。

因此,声调轻化规则,历来是汉语语音规则中的重要组成部分。汉语
语音教程在介绍重读音节四声的发音规则的同时,通常都会专门介绍非
重读音节声调的轻化规则和发音特点。也正是由于这个缘故,我们汉人
在发自己母语的轻声音节时,更注重的是非重读音节中四声的轻化,而不
是非重读音节中元音的弱化。我们认为,非重读音节在汉语语流中所发
生的四声的轻化,具有音系学意义,而元音弱化、音长缩短只是伴随性
特征。

六、俄汉语流重音位置对比

俄汉语流重音的位置基本上可以说是同中有异:俄汉节奏重音和逻辑
重音位置基本类似,但是,俄汉语段重音和句重音的位置不尽相同。

具体来讲,俄语节奏重音在语音句中没有固定位置,它可以位于语音句
句首和句末,也可以位于语音句句中。而汉语节奏重音在语音句中同样也
没有固定位置,它可以位于语音句句首和句末,也可以位于语音句句中。

俄语语段重音在语音句中有着相对固定的位置,它通常位于多语段句
的未完结语段末尾,也就是落在未完结语段中最后一个语音词上;俄语句重
音在语音句中同样有着相对固定的位置,它通常位于语音句末尾,也就是落
在语音句中最后一个语音词上。而汉语语段重音和句重音在语音句中没有
固定位置,相对比较自由。主要原因在于俄语和汉语在语言类别上的本质
性差异。根据语言形态分类法,俄语是典型的屈折语,其语法意义往往通过
内部曲折或词缀法来表现,所以,俄语句子的词序相对比较自由,语义重要
成分通常会后置;而汉语属于典型的分析语,其语法意义往往通过词序和助
词来表现,所以,汉语句子的词序相对比较固定,汉语句子中的语义重要成
分,并不会一概置于语句的某个确定位置,而是可以取决于句子语法结构而
置于语句的任何位置,因此,用来强调语段或语音句语义中心的汉语语段重
音和句重音,其位置同样也是不确定的。

俄语逻辑重音在语音句中没有固定的位置,根据交际任务的不同,俄语逻辑重音可以落在语音句的任何一个语音词的重读音节上,可以在句首,可以在句中,也可以在句末。而汉语逻辑重音同样不固定在语音句的某个位置上,取决于说话人的用意和交际任务,汉语逻辑重音可以在句首,可以在句中,也可以在句末,可以出现在语音句的任何一个语音词的重读音节上。

总之,俄汉节奏重音和逻辑重音的位置基本类似,它们在语音句中没有固定位置,它们可以位于语音句句首和句末,也可以位于语音句句中;但是,俄汉语段重音和句重音的位置不尽相同:俄语语段重音和句重音在语音句中有着相对固定的位置,前者通常位于多语段句的未完结语段末尾,后者通常位于语音句末尾;而汉语语段重音和句重音在语音句中没有固定位置。

七、声学特征在俄汉语流重音突出过程中的功能对比

无论是在俄语语流重音的突出过程中,还是在汉语语流重音的突出过程中,都有很多声学要素参与其中,而我们考察的主要对象是重读音节的音长、音强、能量和音高。我们的声学实验结果表明,这些声学特征在俄汉两种语言的语流重音的突出过程中所发挥的功能既有相同之处,又有种种差异。

重读音节的音长特征,是俄汉两种语言语流重音突出过程中的决定性要素。无论是在俄语语流还是在汉语语流中,节奏重音、语段重音、句重音、逻辑重音都是主要通过延长重读音节的音长来得以突出的。而且,俄汉两种语言的不同语流重音类别,在音长方面所表现出来的层级序列大致相同:

俄语语流重音音长层级序列:句重音>逻辑重音>语段重音>节奏重音;

汉语语流重音音长层级序列:句重音>逻辑重音>语段重音>节奏重音。

重读音节的音高特征,在俄汉两种语言语流重音突出过程中的功能有很大的差异。在俄语语流重音的突出过程中,音高特征有着重要的区

别性功能：句重音的音高通常会明显下降，语段重音的音高通常会明显上升，而逻辑重音的音高通常会明显上升或明显下降。而在汉语语流重音的突出过程中，音高的作用不是非常明显：重读音节音高的高低走向趋势不是取决于汉语语流重音类别，而是取决于重读音节原有声调，呈现出与四声相对应的平调、升调、降升调和降调；只有逻辑重音会通过突然抬高音节起始音高值的方式来得以突出，而其他语流重音则无此特点。因此，俄汉两种语言的不同语流重音类别，在音高方面所表现出来的层级序列截然不同：

俄语语流重音音高层级序列：语段重音、句重音、逻辑重音＞节奏重音；

汉语语流重音音高层级序列：逻辑重音＞语段重音、句重音、节奏重音。

重读音节的音强和能量特征，与两种语言中的语段重音、节奏重音、句重音突出程度的相关性较差，它们与其说是受到语流重音类别的制约，不如说是受到重音在语音句或语段中的位置的影响。在俄语语流中，通常来讲，一个重音在语音句中的位置越是靠前，那么该重读音节发音时所用的强度和能量就越大；反之，一个重音在语音句中的位置越是靠后，那么该重读音节发音时所用的强度和能量就越小。例如俄语句重读音节，由于它们通常位于语音句末尾，因而发音时所用的强度和能量等级为 1 级，也就是"弱突出级"；再如，俄语语段重读音节既不像句重音那样居于句末，也不像节奏重读音节、逻辑重读音节那样可以居于语音句的任何句段，而是大多偏向于句子前部或中部，也就是说，对于音强和能量参数来说，俄语语段重音的位置相对其他语流重音变体而言最为有利，因而发音时所用的强度和能量等级为 4 级，也就是"最强突出级"。

在汉语语流中，通常来讲，一个重音在语段中的位置越是靠前，那么该重读音节发音时所用的强度和能量就越大；反之，一个重音在语段中的位置越是靠后，那么该重读音节发音时所用的强度和能量就越小。例如汉语语段重读音节，在我们选取的语料中，由于它们基本位于语段末尾，因而发音时所用的强度和能量等级为 1 级，也就是"弱突出级"。

饶有趣味的是，俄语重音的音强和能量大多以语音句为变化区段，大致呈前强后弱的趋势；而汉语重音的音强和能量大多以语段为变化区段，也是大致呈前强后弱的趋势。至于为何俄语重音音强和能量的变化区段为语音句,而汉语重音音强和能量的变化区段为语段,目前还没有相关研究。笔者认为,这很可能与俄汉两个民族的说话换气习惯密不可分。

但是,对于俄汉逻辑重音来讲,音强和能量两个参数的重要性并不亚于音长。无论是俄语逻辑重音还是汉语逻辑重音,在所有语流重音变体中之所以得以明显突出强调,都与它们具有绝对"最强"或相对"最强"的强度和能量有关。在俄语语流中,如果去掉占据相对有利位置的语段重音,逻辑重读音节的音强和能量表现等级可以说是相对"最强",也就是说,加强音强和能量是俄语逻辑重音的重要突出手段。而汉语逻辑重音的音强和能量则是更加突出,在汉语语流重音变体中处于绝对"最强"地位,也就是说,加强音强和能量同样是汉语逻辑重音的重要突出手段。

我们认为,也正是由于俄汉不同语序特点所决定的俄汉语流重音的不同位置特点,以及上文我们所提及的俄汉两种语言音强和能量参数的不同变化规律,使得俄汉两种语言的不同语流重音类别在音强和能量方面所表现出来的层级序列有着明显差异:

俄语语流重音音强层级序列:语段重音＞逻辑重音＞节奏重音＞句重音;

俄语语流重音能量层级序列:语段重音＞逻辑重音＞节奏重音＞句重音;

汉语语流重音音强层级序列:逻辑重音＞句重音＞节奏重音＞语段重音;

汉语语流重音能量层级序列:逻辑重音＞节奏重音＞句重音＞语段重音。

另外,正如本书第三章所指出的那样,汉语节奏重音、句重音的音强等级和能量等级之间没有表现出对应关系。究其原因,很可能是由于某些偶然因素,因为,如果以音节为单位,排除偶然因素,音强与能量之间应该是有对应关系的;如果加上各种偶然因素,那么音强与能量之间就没有对应关系。这一点也可以说明,除了俄汉逻辑重音以外,音强和能量两个参数与汉语语流重音的相关性,比音强和能量两个参数与俄语语流重音的相关性更差。

俄汉语流重音变体声学特征等级对比,具体请看表 28。①②

表 28　俄汉语流重音变体声学特征等级对照表

		逻辑重读音节	句重读音节	语段重读音节	节奏重读音节
音长	俄	3	4	2	1
	汉	3	4	2	1
音强	俄	3	1	4	2
	汉	4	3	1	2
能量	俄	3	1	4	2
	汉	4	2	1	3
音高	俄	4	4	4	0
	汉	4	0	0	0
综合	俄	4	3	2	1
	汉	4	3	2	1

　　因此,无论是对于俄语语流重音来讲,还是对于汉语语流重音来讲,重读音节的音长是最为重要的声学特征;重读音节的强度和能量受到语流重音位置的极大影响,它们在俄语和汉语语流重音的突出过程中起到的作用不太明显,在此,只有俄汉逻辑重音除外,因为俄汉逻辑重音在语流中以"最强"等级或"强"等级的音强和能量来得以突出,对于逻辑重音来讲,音强和能量是它们重要的伴随性突出手段;汉语重读音节的音调,除了四声连续变

----

　　① 由于在俄语逻辑重音、句重音、语段重音的突出过程中,音高特征作用明显,而在俄语节奏重音的突出过程中,音高特征作用不明显,为直观地表现音高特征在俄语不同语流重音变体突出过程中的功能差异,我们把俄语逻辑重音、句重音、语段重音的音高特征等级标为 4 级,而把节奏重音的音高特征等级标为 0 级;由于在汉语逻辑重音的突出过程中,音高特征作用明显,而在汉语句重音、语段重音以及节奏重音的突出过程中,音高特征作用不明显,为直观地表现音高特征在汉语不同语流重音变体突出过程中的功能差异,我们把汉语逻辑重音的音高特征等级标为 4 级,而把汉语句重音、语段重音以及节奏重音的音高特征等级标为 0 级。

　　② 和前文第二章、第三章相同,我们在综合判断俄语语流重音变体的声学特征等级表现情况时,以音长、音高数值为主要衡量标准,以音强、能量数值为参考衡量标准;我们在综合判断汉语语流重音变体的声学特征等级表现情况时,以音长数值为主要衡量标准,以音强、能量以及音高数值为参考衡量标准。

调以外,在语流中没有明显的变化,它对于区别汉语语流重音变体并不重要,而在俄语语流中,音调的变化在语流重音的突出过程中起到重要的区别性作用。此外,汉语逻辑重音起始音高值明显抬高,因此,音高同样也是汉语逻辑重音的重要突出手段之一。

总之,在俄语语流重音不同变体突出过程中,音长和音高是决定性要素,而音强和能量在俄语语流重音体系中的突出作用不是十分明显;而在汉语语流重音不同变体突出过程中,音长是决定性要素,而音强、能量和音高在汉语语流重音体系中的突出作用不是十分明显。其中,逻辑重音的突出方法比较特殊,无论是俄语逻辑重音,还是汉语逻辑重音,都是充分利用了各种声学要素来加以突出:音长、音高、音强和能量,也正是音长、音高、音强和能量等其他各种声学要素的合力作用,才使得俄汉逻辑重音在各自语流中得以最大程度地突出。

八、俄汉语流重音音调对比

音调,也就是音节在音高这一物理参数上的高低变化模式。在俄语语流中,音调是各种语流重音变体的区别性特征。俄语语段重读音节、句重读音节和逻辑重读音节在语音句的语调结构中起调型中心的作用,它们在发音时音调有明显的变化,或者表现为升调,或者表现为降调,或者表现为降升调。而节奏重读音节和非重读音节在语音句的语调结构中构成调心前部或调心后部,发音时带有相对平稳调。正如前文所言,在俄语语流中,语段重读音节、句重读音节和逻辑重读音节在语流音节总量中仅仅占一小部分,语流中的绝大多数音节为节奏重读音节和非重读音节,它们在语音句中往往一个挨着一个构成"相对平稳调音节链"(цепь слогов со сравнительно ровным тоном)。所有这些导致这样一个结果:在俄语语流中绝大多数音节,包括节奏重读音节和非重读音节,它们在发音时带有相对平稳调;只有少数音节,包括语段重读音节、句重读音节和逻辑重读音节,它们在发音时音调有明显变化。相对平稳调音节链可以说是俄语语流的独特语音现象。在我们用来进行声学实验的俄语语音句中,就发现不少这样的例句。俄语语音句中的相对平稳调音节链,请看语图36、语图37和语图38。

语图 36

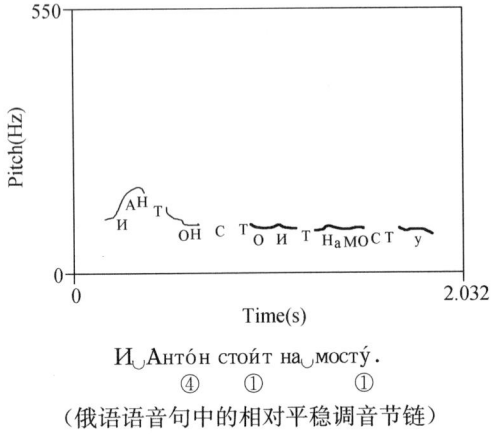

И Антóн стоúт на мостý.
④　　①　　　①
（俄语语音句中的相对平稳调音节链）

语图 37

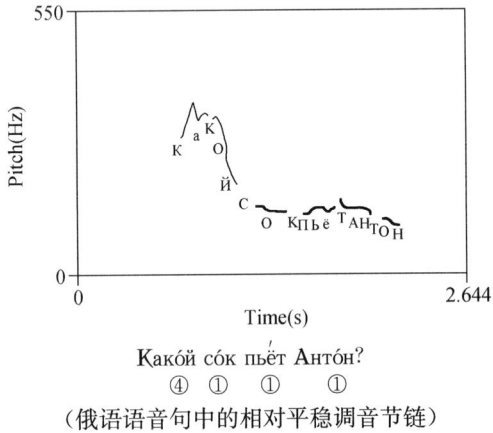

Какóй сóк пьёт Антóн?
④　①　　①　　①
（俄语语音句中的相对平稳调音节链）

语图 38

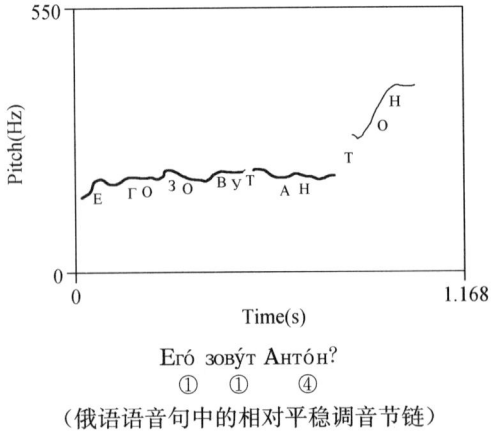

Егó зовýт Антóн?
①　　①　　④
（俄语语音句中的相对平稳调音节链）

　　在汉语语流中,音调并不是各种语流重音变体的区别性特征。在汉语语流中,无论是哪一种语流重音变体,通常都保留着自己原有的音调——声调:第一声、第二声、第三声、第四声。众所周知,汉语四声中只有第一声(55调)大致为平调,而其他三个声调都具有明显的音高变化:第二声是升调(35调),第三声是降升调(214调),第四声是降调(51调)。在汉语语流中几乎所有重读音节都保留着自己原有的四声(除了部分发生连续变调的重读音节以外)。前文已经谈及,汉语语流中的绝大多数音节为重读音节,这些重读音节的不同四声类型交互汇织,再加上偶尔夹杂其中的轻声音节,它们在汉语语音句中一个挨着一个构成"波浪起伏调音节链"(цепь слогов с волнистым тоном)①。波浪起伏调音节链可以说是汉语语流的独特语音现象。在用来进行声学实验的汉语语音句中,我们发现,几乎所有语音句的音高图都表现出我们所说的"波浪起伏调音节链"。52 个汉语语音句中,只有 1 个语音句例外:Jīntiān xīngqīsān.(今天星期三)。该语音句刚巧由 5 个阴平调的音节构成,因而构成汉语语流中极为罕见的"平稳调音节链"。汉语语音句中极为罕见的"平稳调音节链",请看语图 39;汉语语音句中相当普遍的"波浪起伏调音节链",请看语图 40、语图 41、语图 42。

语图 39

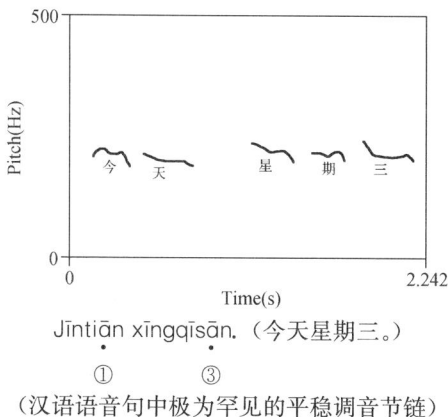

Jīntiān xīngqīsān.(今天星期三。)

(汉语语音句中极为罕见的平稳调音节链)

---

　　①　汉语语流中的轻声音节,正如前文所言,通常也有音高的高低变化,只是它们的音高变化没有独立的变化模式,而是取决于前面相邻重读音节的声调类型——阴平调、阳平调、上声、去声,而相应地读成半低调、中调、半高调、低调。由于它们的加入,汉语语音句的波浪起伏调变得更为错综复杂。

语图 40

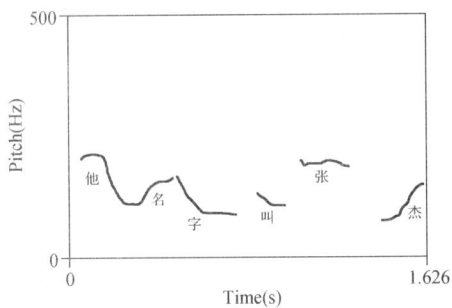

Tā‿míngzi jiào Zhāng‿Jié.（他名字叫张杰。）
　①　　①　　　　③
（汉语语音句中的波浪起伏调音节链）

语图 41

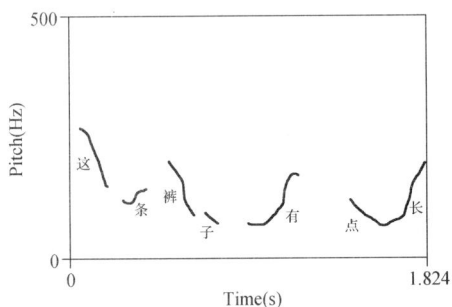

Zhè‿tiáo kùzi yǒudiǎn‿cháng.（这条裤子有点长。）
　①　①　　　　　③
（汉语语音句中的波浪起伏调音节链）

语图 42

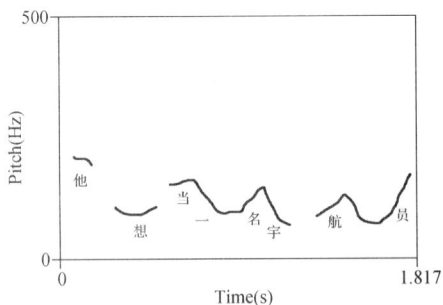

Tā‿xiǎng dāng‿yī‿míng yǔhángyuán.（他想当一名字航员。）
　①　　　　　①　　③
（汉语语音句中的波浪起伏调音节链）

因此,相对平稳调音节链是俄语语流的音调特征,与之相反,汉语语流的音调特征是波浪起伏调,两种语言的语流音调轮廓线自然也就大不相同。俄语语流中的相对平稳调音节链,使得俄语语音句句调调心更加突出,形成明显的句调"大波浪";而汉语语流中的波浪起伏调,使得汉语语音句的句调调心难以得到突显,难以形成明显的句调"大波浪"。这一点可以说是重音语言和声调语言在语流音调特征方面的最大差异。其根本原因在于俄语和汉语在音调方面的一个本质性差异:俄语属于典型的语调语言,音调在俄语中的主要依附单位是语段和语音句;而汉语属于典型的声调语言,音调在汉语中的主要依附单位是音节。

本章小结

本章首先进行了俄汉语流重音的基本依附单位——俄汉语音词的理论对比,主要分析俄汉语音词的本质性异同点。我们认为,俄汉语流中都有语音词这一音段单位,而且它们具有不少共性:它们都是语流三级切分得出的线性语音单位,它们的语音标记都是语流重音,它们都是依靠语流重音的联结作用而成为一个个语音整体。但是,俄汉语音词在词汇词连续发音方式、音节连续发音方式、音位组配方式、词末音节结构模式、重音结构模式等方面,有着很大的本质性差异。俄汉语音词在词汇词连续发音方式上的本质性差异在于:俄语组合语音词内部往往会发生词汇词连读现象,而汉语组合语音词内部一般不会发生词汇词连读现象。俄汉语音词在音节连续发音方式上的本质性差异在于:俄语语音词属于"连奏型语音词",而汉语语音词则属于"断奏型语音词"。俄汉语音词在音位组配方式上的本质性差异在于:俄语语音词中有着丰富的辅音群现象,而汉语语音词中没有辅音群现象;汉语语音词中有着丰富的复元音现象,而俄语语音词中没有复元音现象。俄汉语音词在词末音节结构模式方面的本质性差异在于:俄语语音词末尾的闭音节现象相当普遍,而汉语语音词末尾的闭音节现象则较为少见。俄汉语音词在重音结构模式上的本质性差异在于:俄语语音词的重音结构模式呈"单核紧凑型",而汉语语音词的重音结构模式呈"多核松散型"。

本章继而在本书第二章、第三章的研究基础上,进行了俄汉语流重音声学实验对比研究,旨在探寻俄汉语流重音在各种声学特征方面的异同点,重点在于发现其差异性,以期为本书最后一章的中国学生俄语语流重音习得偏误分析奠定理论基础。我们认为,俄汉两种语言中基本类似的超音段单位与音段单位之间的对应关系,以及两种语言基本类似的语流切分,决定了俄语和汉语语流重音层级体系的类似性。无论是在俄语语流中,还是在汉语语流中,语流重音体系都包括节奏重音、语段重音、句重音和逻辑重音。节奏重音、语段重音、句重音和逻辑重音这四个语流重音变体一起构成一个完整的语流重音层级体系。这样的语流重音层级体系既客观存在于俄语语流之中,同样也客观存在于汉语语流之中。

　　无论是俄语语流重音,还是汉语语流重音,根据不同的声学特征,都可以表现出不同的层级序列。但是,如果我们综合考虑各种声学要素,那么,俄、汉两种语言的语流重音层级序列大致相同:逻辑重音>句重音>语段重音>节奏重音。

　　俄汉语流中的音节重读等级同中有异。无论是俄语语流,还是汉语语流,音节根据重读等级都可以分为重读音节和非重读音节两大类,不过,俄语非重读音节还可以细分为一级弱化非重读音节和二级弱化非重读音节两个小类,而汉语重读音节还可以细分为重重音节和中重音节两个小类。

　　俄语语流中的大多数音节是非重读音节,重读音节所占比例相对较小,因而很容易形成"非重读音节链";而汉语语流中的绝大多数音节是重读音节,非重读音节所占比例极低,因而很容易形成"重读音节链"。"非重读音节链"是俄语语流中的一种独特语音现象;而"重读音节链"是汉语语流中的一种独特语音现象。其根本原因在于俄语和汉语在超音段特征方面的一个本质性差异:俄语属于典型的重音语言,重音是俄语语流的主导性超音段单位,它以语音词为基本依附单位;而汉语属于典型的声调语言,声调是汉语的主导性超音段单位,它以音节为依附单位。俄语的非重读音节链,从反面衬托出重音在俄语韵律结构中的特殊的醒目的地位,因为只有在众多非重读音节的衬托下俄语重音才得以发挥其重要作用;而汉语的重读音节链,恰恰说明重音在汉语韵律结构中的遍布性,说明重音在汉语语流中是随处可见的遍布的常态现象,因而也就无法在汉语语流中占据特殊的醒目的地位,人们反而往往会忽略汉语重音的存在,去关注它们的对立面——在汉语语流中占据突出醒目地位的非重读音节(轻声)。

非重读音节在俄语语流中所发生的元音在音质方面的弱化,具有音系学意义,而音长缩短等,是俄语非重读音节的伴随性特征;非重读音节在汉语语流中所发生的四声的轻化,具有音系学意义,而元音弱化、音长缩短只是伴随性特征。

俄汉语流重音的位置基本上可以说是同中有异:俄汉节奏重音和逻辑重音位置基本类似,都可以位于语音句的句首、句中和句末;但是,俄汉语段重音和句重音的位置不尽相同。俄语语段重音和句重音位置固定,俄语语段重音多半位于多语段句的未完结语段末尾,俄语句重音多半位于语音句末尾;而汉语语段重音和句重音在语音句中没有固定位置,相对比较自由。

俄语语流重音和汉语语流重音的决定性声学要素有一定的差异,两种语言在声学特征方面的突出方法也不尽相同。在俄语语流重音不同变体突出过程中,音长和音高是决定性要素,而音强和能量在俄语语流重音体系中的突出作用不是十分明显;而在汉语语流重音不同变体突出过程中,音长是决定性要素,而音强、能量和音高在汉语语流重音体系中的突出作用不是十分明显。其中,逻辑重音的突出方法比较特殊,无论是俄语逻辑重音,还是汉语逻辑重音,都是充分利用了各种声学要素来加以突出:音长、音高、音强和能量。

在俄语语流中,音调是各种语流重音变体的区别性特征:俄语语段重读音节、句重读音节和逻辑重读音节,在发音时音调有明显的变化,或者表现为升调,或者表现为降调,或者表现为降升调;而节奏重读音节在发音时通常带有相对平稳调。在汉语语流中,音调并不是各种语流重音变体的区别性特征:无论是哪一种语流重音变体,通常都保留着自己原有的音调——声调:阴平调、阳平调、上声、去声。

相对平稳调音节链是俄语语流的音调特征,而波浪起伏调则是汉语语流的音调特征。俄语语流中的相对平稳调音节链,使得俄语语音句句调调心得以更加突出,形成明显的句调"大波浪";而汉语语流中的波浪起伏调,使得汉语语音句的句调调心难以得到突显,难以形成明显的句调"大波浪"。其根本原因在于俄语和汉语在音调方面的一个本质性差异:俄语属于典型的语调语言,音调在俄语中的主要依附单位是语段和语音句;而汉语属于典型的声调语言,音调在汉语中的主要依附单位是音节。

第五章　中国学生在俄语语流重音习得中的典型偏误分析与对策研究

　　长期以来,俄语语流重音在中国俄语教学中始终没有得到应有的重视。我国的俄语教师,通常也就是在俄语的语音导论课部分极为简单地向学生介绍一下俄语词重音知识,例如什么叫词重音、非重读音节的元音如何弱化等。中国学生所能掌握的俄语重音知识充其量一般也就仅此而已。在语音导论课之后的长达四年的俄语教学过程中,教师最多也就会不时提醒学生要注意词重音位置。似乎搞清楚什么是词重音、非重读音节的元音如何弱化、每个多音节词重音落在何处,就可以万事大吉。然而,事实并非如此。在俄语教学实践中,往往有很多中国学生,他们大体知道什么是词重音,知道非重读音节的元音该如何弱化,也知道每个多音节词重音该落在何处,但是,他们努力用心说出或读出的俄语,听起来依然是那么生硬别扭。一个很重要的原因在于,他们不知道俄语词重音一旦进入俄语语流之后,通常会发生种种变化,形成各种层级不同的语流重音类型,在俄语语流的韵律结构中扮演不同的角色,有的依然重读,有的降为次重读,有的则变成强重读甚至特强重读,还有的变成非重读。因此,我们很有必要从语流视角出发来重新审视俄语重音教学问题。

　　本书第五章由两个部分组成。第一部分重点讨论"语言迁移"的定义和分类,回顾语言迁移理论的研究历史,旨在厘清语言迁移的内涵、外延和本质特征,从而有效进行语言迁移理论在中国学生俄语语流重音习得中的应用研究。第二部分以语言迁移理论为依托,拟在前文研究的基础上,结合俄汉语流重音在各种声学特征方面的本质性差异,重点分析中国学生在俄语语流重音习得中的一些典型偏误及其母语负迁移因素，试图探寻纠正和预防这些典型偏误的有效策略。

第一节　语言迁移理论对中国学生俄语语流重音习得研究的启示

　　长期以来，语言迁移一直是应用语言学、二语习得和语言研究领域中的重要课题。语言迁移研究的核心问题是如何评估母语或第一语言在二语习得中的影响。追溯半个多世纪以来二语习得领域语言迁移理论的研究历史，我们不难发现，人们对于语言迁移的认识几经反复，大致经历了一个从片面到全面、从肤浅到深刻的发展过程。国内外二语习得领域的研究成果表明，语言迁移研究的历史大致可以分为三个阶段：兴盛时期、衰落时期、重新崛起时期。讨论"语言迁移"的定义和分类，回顾语言迁移理论的研究历史，旨在全面了解、科学把握语言迁移现象及其在二语习得中的种种影响，从而有效进行语言迁移理论在中国学生俄语语流重音习得中的应用研究。

一、"语言迁移"的定义和分类

　　语言迁移就是二语习得的学习心理理论。二语习得所说的"语言迁移"中的"迁移"这一概念，最初源于行为主义心理学，也称"学习迁移"或"训练迁移"，是指学习过程中学习者已有的知识或技能对新知识或新技能的获得产生影响这一现象，或者说是一种学习对另外一种学习的影响。从 20 世纪 50 年代开始，语言教学研究者开始从心理学借用"迁移"这一概念，探讨母语迁移在第二语言习得中的影响，继而产生"语言迁移"理论。半个多世纪以来，语言迁移理论始终是应用语言学、第二语言习得和语言教学领域中的重要研究课题。然而，在很长一段时间内，语言学界对"语言迁移"概念及术语的界定存在种种分歧，先后曾有数十位学者对此发表过自己的看法。目前，国内外学术界最为通行的说法是 Odlin T. 在其专著《语言迁移》中所下的定义，他认为，"迁移是指目标语和其他任何已经习得的（或者没有完全习得的）语言之间的共性和差异所造成的影响"（Odlin T.，1989：27）。尽管 Odlin T. 本人对此定义并非完全满意，称之为"工作定义"（Working

Definition)，但是，迄今为止，"尚没有其他二语习得研究者提出一个比上述定义更能涵盖语言迁移实质的定义"（俞理明，2004：4）。我们认为，Odlin T. 关于"语言迁移"的定义深刻地揭示了语言迁移现象的本质特征：第一，语言迁移本质上是指学习者已有的习得语对于其目标语学习的影响；第二，学习者已有的习得语对于其目标语学习的影响，不仅包括来自学习者母语的影响，还可以包括学习者母语以外的已经习得的任何其他语言对于新语言习得的影响；第三，学习者已有的习得语可能是已经完全习得的，也可能是还没有完全习得的；第四，语言迁移对于语言学习所带来的影响不仅源自目标语和习得语之间的共性，而且还源自它们之间的差异。当然，一般来讲，语言迁移研究者的讨论重点是第一语言或母语在二语习得过程中所发生的种种语言迁移现象，换言之，语言迁移研究者的研究重心通常在于第一语言或母语对二语习得的影响。因此，下文主要讨论第一语言或母语在二语习得过程中的语言迁移现象。

语言迁移"被认为既是一个结果（Product）也是一个过程（Process）"（俞理明，2004：4）。当语言迁移被看作结果时，通常可以分为正迁移和负迁移两大类型，它们的产生是由于学习者在第二语言的习得过程中，往往自觉或不自觉地将第一语言（通常为母语，下文同）中的语言规则、文化规则、语用规则迁移到第二语言的习得过程中，给第二语言的学习带来积极或消极的影响。所谓正迁移（positive transfer），通常是指第一语言规则对第二语言习得的积极影响和促进作用：当第一语言的语言规则、文化规则、语用规则与第二语言的相同或相近时，学习者把第一语言的规则迁移到第二语言的学习过程中去，这时第一语言的规则能够减轻第二语言学习的负担，减少第二语言习得中的错误，从而促进第二语言的学习。所谓负迁移（negative transfer），通常是指第一语言规则对第二语言习得的消极影响和干扰作用：当第一语言的语言规则、文化规则、语用规则与第二语言的不同或有差异时，学习者把第一语言的规则迁移到第二语言的学习过程中去，这时第一语言的规则便会加重第二语言学习的负担，增加第二语言习得中的错误，从而干扰第二语言的学习。换言之，正迁移表现为一种已经获得的知识对新知识的学习起促进作用，有利于新知识的掌握；而负迁移则表现为过去获得的知识对新知识的学习产生阻碍作用，使新知识的学习和掌握发生困难。

此外,还有学者提出零迁移现象。所谓零迁移(zero transfer),又称中性迁移(neutral transfer),就是指第一语言中不存在第二语言中的某个规则,因而造成学习者在第二语言学习过程中出现种种错误的迁移现象。(张慧芬、徐雅琴,1989:67)显然,零迁移和负迁移在第二语言学习过程中所起的作用在本质上是相同的,它们都是对新知识的学习产生阻碍干扰作用,因此,我们主张把零迁移纳入负迁移范畴。本书作者所研究的中国学生在俄语语流重音习得中的负迁移现象包括零迁移现象。

综上,依据第一语言对第二语言习得的影响性质,我们可以把第二语言习得中的语言迁移分成正迁移和负迁移两大类。而事实上,语言迁移还可以依据其他各种不同标准,从多个角度进行分类。例如,依据语言迁移现象所涉及的语言层面,我们可以将语言迁移具体分为语音迁移、词汇迁移、词法迁移、句法迁移、语义迁移、语用迁移等。其中,语音迁移还可以继续细分为几个小类:音位迁移、节奏迁移、重音迁移、语调迁移等。本书作者所研究的中国学生在俄语语流重音习得中的负迁移现象属于语音迁移范畴。

二、语言迁移现象的研究历史

追溯历史,半个多世纪以来,语言迁移现象的研究发展大致经历了三个阶段:20 世纪 50 年代和 60 年代前期的"鼎盛时期"、60 年代后期和 70 年代的"衰落时期"、70 年代末至 80、90 年代的"重新崛起时期"。

1. 语言迁移现象研究的"鼎盛时期"

语言迁移现象研究,在 20 世纪 50 年代和 60 年代前期得到了广大语言教学研究者的特别关注。当时,在行为主义心理学理论的影响下,语言学习者的母语知识在二语习得中发生什么样的迁移和影响,被认为是二语习得中的决定性要素,因此,语言学习者的母语和第二语言之间的对比分析成了当时语言迁移现象研究的主要模式。所谓语言迁移现象研究中的对比分析,"就是指对母语和目标语之间的异同进行比较和分析,通过这样的对比分析后,就能了解到学习者的原有知识或母语是如何迁移的,进而解释二语习得的本质"(俞理明,2004:10)。

早在 20 世纪 50 年代,对比分析假设理论就开始在二语习得研究领域中孕育产生。受结构主义语言学语言对比研究传统和行为主义学习心理学迁移理论的影响，Lado R. 于 1957 年在《跨文化语言学》一书中提出了对比分析假说，他明确指出，"通过对学生的母语和文化与所学的语言和文化作一系统的比较，我们就能预测和描述在学习中可能会/不会引起困难的模式"（Lado R.，1957：vii），具体来讲，"如果目标语中的知识与母语相似，那么学习者学起来会感到很容易；如果目标语中的知识与母语不同，那么学习者学起来会很困难"（Lado R.，1957：2）。显然，对比分析假设理论的基本原则主要在于以下两点：1. 第二语言习得中的难点可以通过对比分析第一语言和第二语言之间的差异来预测；2. 在第二语言习得中那些与第一语言相同或相近的地方就相对容易学，而那些与第一语言不同或相异的地方就相对难学。R. Lado 的这种观点可以简单表述为"距离＝难度"，即母语与目的语之间的距离大小和目的语学习难度成正比。（王文宇，1999：6）

此后，依托对比分析假设理论的语言迁移现象研究在二语习得研究领域中迅速占据了统治地位。20 世纪 50 年代和 60 年代前期成了语言迁移现象研究的"鼎盛时期"。

2. 语言迁移理论的"衰落时期"

正如上文所言，对比分析假设理论的主要观点在于：语言迁移现象是第二语言习得中的主要障碍，而通过对比分析第一语言与第二语言之间的异同，可以预测第二语言学习者易犯的错误和学习上的难点。然而，由于对比分析假设对第二语言习得中的语言迁移现象，不论是在实际预测中还是在理论分析上都过于简单化，于是，语言研究者便开始探索新的理论。

20 世纪 60 年代后期和 70 年代，在乔姆斯基转换生成语法和认知心理学的影响之下，中介语假设理论逐渐兴起，以对比分析假设理论为依托的语言迁移现象研究不断遭到质疑，开始进入"衰落时期"。更有甚者，之前的语言迁移现象研究成果一度被部分学者全盘否定。当时，不少二语习得研究者以转换生成语言学的语言习得观和认知语言学的语言习得观为理论依托，通过实证研究证明，第二语言习得与第一语言习得具有极为相似的发展过程，第二语言习得的困难并非总是源于第一语言和第二语言之间的差异，也并非总是能够通过对比分析来预测。于是，依托对比分析假设理论的语言迁移现象研究遭到了种种质疑。首先，研究人员对对比分析假设的理论基础——行为主义学习心理学提出了批评,他们认为,语言是人类特有的一种先天性机制,而行为主义学习心理学不能说明语言体系的习得本身是创造性的和无限的;其次,研究人员发现,语言学习者在二语习得中所出现的偏误不能完全归咎于第一语言的负迁移。此外,研究人员还发现,通过对比分析所预测到的难点往往不是学生难以掌握的语言项目。(张慧芬、徐雅琴,1989:67-68)于是,对比分析假设理论被众人所摒弃,而语言迁移现象研究在二语习得领域中也就失去了它原有的重要地位,取而代之的是以中介语假设理论为依托的二语习得偏误分析。

　　中介语(interlanguage)假设理论创立于20世纪60年代末70年代初。这种理论被广泛应用于语言教学,是目前语言教学研究者用来解释和分析二语习得偏误的理论基础。在乔姆斯基转换生成语法和认知心理学的影响之下,L. Selinker于1969、1972年率先提出"中介语"概念。所谓中介语,"是指学习者所使用的介于母语和目标语之间的过渡性语言"(俞理明,2004:34)。中介语理论认为,第二语言学习者在学习过程中有一种特定的语言系统,这种语言系统在语音、词汇、语法、文化、语用等方面,既不同于他们自己的母语,又不同于他们所学习的目的语,而是一个随着学习的深入向目的语不断靠拢的动态的语言系统。由于这是一种介于母语和目的语之间的语言系统,所以被称为"中介语"。中介语"处于母语与目的语的中间状态"(姚晓波,2009:18)。中介语假设理论研究者反对行为主义学习理论,反对把语言学习看成一种学习者的母语迁移现象,即反对对比分析假设理论。因此,中介语假设理论的兴起,直接导致了语言迁移研究的衰落。

　　中介语假设理论模式在二语习得领域确立的一个重要标志是对比分析被偏误分析所替代。L. Selinker在研究中介语时所采用的方法是对第二语言学习者所产生的过渡性语言进行客观描述,"这一方法实际上与Pit Corder提出的'偏误分析'法大同小异"(袁博平,1995:54)。P. Corder认为,学生的语言偏误为中介语研究提供了一个"窗口",通过这个窗口,语言研究者可以观察到中介语在学生头脑中的运作情况。学生的语言偏误可以如实反映"中介语"所处的状态。P. Corder的理论在二语习得研究界产生了轰动效应。70年代,偏误分析法在二语习得研究中曾风靡一时。(袁博平,1995:54)

3. 语言迁移理论的"重新崛起时期"

尽管从 20 世纪 60 年代后期到 70 年代,语言对比分析假设理论视角下的语言迁移现象研究在二语习得领域受到了猛烈抨击,但是,还是有不少语言教学研究者能够保持冷静,他们发现,语言迁移现象本身在第二语言学习中的作用客观存在、不容否定。

70 年代中后期,以 E. Kellerman 为代表的语言学习研究者以认知语言学理论为视角,对语言迁移现象进行了一系列新的探索研究。(俞理明,2004:76)70 年代末、80 年代初,语言迁移现象再次成为二语习得研究领域中的热门话题,"它被视为语言学习中一种重要策略,一个复杂且受诸多因素影响和制约的认知过程,人们从心理、语言及社会的角度去深入和全面探讨迁移在外语学习中的作用"(戴炜栋、王栋,2002:1)。这时的语言迁移现象研究者,对语言迁移有了更为理性、更为全面、更为客观的认识。他们认为,全盘否定语言对比分析假设理论显然失之偏颇,二语习得中的母语迁移现象客观存在、不容否定,母语迁移现象必须从宏观角度观察,要进行历时性的动态研究,要关注语言迁移中的种种非语言因素,要关注语言迁移的语用环境、认知心理以及学习者的个体差异等诸多因素及其相互作用。另外,在对待语言迁移的问题上,既要充分认识到由于母语与目标语之间存在差异所造成的负迁移,又要看到母语与目标语的共性带来的正迁移,"语际共性正迁移作用不可忽视"(俞理明,2004:103)。

三、语言迁移理论对中国学生俄语语流重音习得研究的启示

通过对于"语言迁移"定义和分类的讨论,通过对于语言迁移理论研究历史的回顾,我们厘清了语言迁移的内涵、外延、本质特征。我们清楚地认识到,语言迁移是语言习得中的客观现象,是目标语和习得语之间的共性和差异所造成的影响,语言迁移通常可以包括正迁移和负迁移两大类型,其中,目标语和习得语之间的共性通常会导致正迁移,而目标语和习得语之间的差异则通常会导致负迁移。此外,习得语中缺少目标语中的某个规则,同样也会导致目标语习得中的负迁移现象。语言迁移现象可以涉及各个语言层面,包括语音迁移、词汇迁移、词法迁移、句法迁移、语义迁移、语用迁移等。其中,最为突出、最为常见和最为顽固的迁移现象往往发生在语音层

面,因为,"青年学生在学习外语时已经具有了各自的'音域'基础。这种'音域'基础是产生语音迁移的出发点"①(余善沐,1986:41)。本章重点讨论的中国学生俄语语流重音习得中的种种母语负迁移现象,属于语音迁移范畴,同样极具突出性、常见性和顽固性,因而值得我们研究者予以特别关注。

　　在俄语语流重音教学中,我们不难发现,中国学生在说俄语时往往会不自觉地用母语语流重音规则来替代俄语语流重音规则,如此一来,源自母语语流重音规则的种种负迁移也就难以避免。因此,应用语言迁移理论进行中国学生俄语语流重音习得偏误研究,对了解中国学生俄语语流重音习得的特点、指导中国俄语语流重音教学、提高中国俄语语流重音教学质量具有重要的理论意义和现实意义。

　　语言迁移理论对中国学生俄语语流重音习得研究有诸多启示:1. 母语迁移是中国学生俄语语流重音习得中的客观现象,是母语汉语和目标语俄语两种语言的语流重音体系之间的共性和差异所造成的影响;2. 中国学生俄语语流重音习得中的母语迁移包括正迁移和负迁移两大类,其中,母语汉语和目标语俄语语流重音体系之间的共性通常会导致正迁移,而母语汉语和目标语俄语语流重音体系之间的差异则通常会导致负迁移;3. 母语汉语中缺少目标语俄语中的某个语流重音规则,同样也会导致中国学生俄语语流重音习得中的母语负迁移现象;4. 俄汉语流重音对比分析是中国俄语语流重音教学研究不可缺少的重要手段;5. 母语汉语语流重音的迁移研究,和中国学生俄语语流重音习得偏误分析与对策研究密不可分,必须将两者有机结合起来。

第二节　中国学生在俄语语流重音习得中的典型偏误分析与对策研究

　　我们认为,俄语语流重音是俄语语音系统中最为复杂的现象之一。这

---

　　①　这里所说的"音域",是指语言学习者对于语音的感受能力和模仿能力。语音感受能力和模仿能力强,可以称之为"音域宽",反之则是"音域窄"。这种音域的宽窄不排斥一定的先天的生理因素,但主要的音域差异是后天形成的。一个自幼从未离开过出生地的学生,和一个随同家庭走南闯北接触过多种方言的学生相比,通常前者音域较窄,后者音域较宽。具体请参见:余善沐,《外语学习中的迁移》,《外语教学与研究》1986年第4期,第42页。

一现象值得特别关注和专门研究。俄语语流重音的复杂性主要表现在以下两个方面。一方面，俄语语流重音，与其初始超音段单位——俄语词重音一样，同样具有异位性（разноместность）和移动性（подвижность）；另一方面，俄语语流重音本身是一个复杂的重音层级体系，其中包括四个在不同层级的重音位上具体表现出来的语流重音变体：节奏重音、语段重音、句重音和逻辑重音，而且它们的语义功能和语音特征亦各自有别。因此，俄语语流重音在整个俄语语音教学过程中是一个不可或缺的重要环节，也是一大教学难点。

令人遗憾的是，在中国有不少俄语教师并未对于俄语语流重音教学予以应有的关注。他们自觉或不自觉地认为，掌握俄语也就是意味着掌握俄语语法、俄语词汇以及俄罗斯文化，只要教会学生正确选择词汇、正确使用语法规则遣词造句、注意俄汉跨文化交际策略，就已经算是大功告成，至于俄语语音语调，包括俄语语流重音在内，那是语音学专家的研究对象。也正是由于中国的俄语教师大多持有这种片面的教学指导思想，中国学生在俄语习得过程中，往往把全部精力用于俄语词汇习得、语法习得以及俄罗斯文化习得，普遍很少关注俄语语流重音，甚至完全忽视俄语语音语调习得。

还有一个值得强调的是，根据现代语言类型学的各种语音分类法，俄语和汉语分别属于完全不同的语言类型。第一，就音位性质而言，俄语属于"辅音型语言"，其音位总数为 43 个，辅音音位多达 37 个，占音位总数的 86％；而汉语属于"元音型语言"，其音位总数为 32 个，元音音位多达 10 个，占音位总数的 31％。[①] 第二，就音节性质而言，俄语属于"闭音节型语言"，俄语中的大多数音节以辅音收尾；而汉语则属于"开音节型语言"，汉语中的大多数音节以元音收尾。[②] 第三，就词重音作用而言，俄语是一种典型的

[①] 　现代语言类型学根据音位性质把世界语言分为两大类：1. 元音型语言——元音音位占该语言音位总数的 1/3 至 1/2，如法语、英语、德语等；2. 辅音型语言——辅音音位超过该语言音位总数的 2/3 以上，如俄语、波兰语、阿拉伯语等。具体请参见：戚雨村，《语言学引论》，上海外语教育出版社，1985 年，第 295 页。

[②] 　现代语言类型学根据音节性质把世界语言分为两大类：1. 开音节型语言——开音节占优势的语言，如古俄语、日语等；2. 闭音节型语言——闭音节占优势的语言，如英语、德语等。具体请参见：戚雨村，《语言学引论》，上海外语教育出版社，1985 年，第 295 页。

"重音语言"（акцентный язык），俄语的词重音不仅是语音结构的一部分，在由相同音位构成的词语中具有区别词义或词性的功能，而且还是语调和话语节奏结构的基础，是俄语语音表达的重要手段之一；而汉语不是典型的重音语言，它的词重音作用远不如俄语的重要，在词语中通常来讲无辨义作用。第四，就语言的音调作用而言，俄语是一种典型的"非声调语言"（нетональный язык、нетоновой язык），或者说是一种典型的"语调语言"（интонационный язык），其语音的高低变化是句子语调的组成要素，音调并非附着在音节上，并非是音节的必要性超音段特征，通常与词汇意义的表达毫不相干；而汉语则是一种典型的声调语言（тональный язык、тоновой язык），其语音的音高变化具有音位学意义，它们附着在音节上，是音节的必要性超音段特征，主要用来区分词汇意义。上述这些俄汉两种语言就语音单位性质和作用而言在语言类别上的根本性差异，尤其是它们在重音类别上的根本性差异，使得汉语语流重音在很多方面迥然有别于俄语语流重音，从而在中国学生的俄语语流重音习得过程中，形成各种各样的母语负迁移因素，严重干扰中国学生正确掌握俄语语流重音。

　　总之，俄语语流重音系统自身的复杂性、中国俄语语音教学中广大师生对于俄语语流重音的长期忽略、俄汉两种语言在语言类别上的根本性差异，尤其是它们在重音类别上的根本性差异所导致的来自母语语流重音系统的种种负迁移因素，正是这三个方面的原因导致了中国学生在俄语语流重音习得中常常出现这样或那样的偏误，从而使得他们的俄语口语带有明显的"汉腔汉调"。其中，来自母语语流重音系统的种种负迁移因素，是导致中国学生在俄语语流重音习得中常常出现种种偏误的最根本原因。

　　对于俄语语流重音习得偏误与中国学生的"汉腔汉调"俄语之间的关系，我国著名的俄语语音学专家陈君华先生早在 20 世纪 90 年代初期就曾提出了相当精辟的论点。她曾经明确指出，在中国俄语语音教学中时常会出现这样一类奇怪现象，"有些中国学生基本上掌握了俄语发音及语流中的语音变化，基本上掌握了各种基本调型，但是俄罗斯人一听，仍然感到他们有明显的外国口音"（陈君华，1993：16）。对于如何解释这类现象，不少中国学生把自己的"汉腔汉调"归结为俄语口语流利程度不够。他们普遍认为，俄罗斯人说的是自己的母语，自然很流畅、很连贯；而他们说的是外语，必然不甚流畅、不甚连贯。因此,只要切实提高俄语口语流利程度,定能去除"汉腔汉调"。然而,事实上,"这种口音即使在这些学生的快速朗读中也屡见不鲜。……问题不在于语速和流利程度,而在于言语的节律"(陈君华,1993:16)。此外,我国俄语学者尹永波先生也曾发表过类似的论点,她认为,"要将一门外语地道地说出来,掌握了语法、词汇、正确的发音及语调模式还是不够的,每一种语言都有自己固定的节律特征,不能掌握一种语言的节律特征,就无法将这种语言说得鲜明生动、悦耳,就无法避免本国口音"(尹永波,1999:64)。根据语音学常识,所谓节奏或节律是指"话语中重读音节和非重读音节的模式。语言使用重音的方式,对语言的节奏有很大的影响"(哈特曼、斯托克,1981:300)。俄罗斯著名语音学家 Е. А. Брызгунова 也曾经指出俄语词节律(ритмика слова)与重音之间的密切关系,她明确指出,"重读音节与非重读音节在长度和发音紧张度方面的反差是俄语词的节律基础"(Брызгунова Е. А.,1981:14)。显然,词节律的基础就是词重音,而语流节律的基础也就是语流重音。因此,我们完全有理由认为,俄语语流重音习得偏误是造成中国学生的"汉腔汉调"俄语的最重要原因之一。

　　俄语语音学是俄语语言学学科知识体系中一个不可或缺的重要组成部分,俄语口语语音面貌是衡量一个人俄语专业素质高低的重要标志之一。如果一个人在说俄语时带有大量的发音偏误,其中包括大量的语流重音偏误,从而使得他的俄语口语带有明显的"汉腔汉调",那么必定会破坏听者对他的总体印象,严重的时候可能还会影响交际。值得强调的是,中国高校俄语语言文学专业要培养的是俄语通(русисты),而俄语通必须要精通俄语的方方面面,其中包括俄语语音、词汇、语法和俄罗斯文化等。因此,中国俄语教学基础阶段的重要任务之一就是要教会学生掌握正确的俄语发音,其中包括掌握正确的俄语语流重音。

　　据笔者观察,中国学生在俄语语流重音习得中的典型偏误主要有以下8类:1. 俄语语流重音基本依附单位的节律变异现象;2. 俄语语音句中所有音节的一律重读现象;3. 俄语非重读音节上的冗余重音现象;4. 俄语非重读元音的弱化缺失现象;5. 俄语语音句中每个词汇词的刻意重读现象;6. 俄语节奏重音相对平稳调的习惯性升降现象;7. 俄语语流重音的位移现象;8. 俄语语流重音的层次不明现象。在俄语教学实践中,上述俄语语流重音习得典型偏误有时单独出现,但是,更多的时候是多种类型偏误混杂在一起出现。为便于研究和阐述,我们把各种偏误类型单独区分出来逐一进行理论分析。

一、俄语语流重音基本依附单位的节律变异现象

我们知道,俄语语流重音和俄语语流中的其他所有超音段单位一样,不能单独发音,它们只能依附于相应的音段单位之上,通过音段单位来表现自己的语音特征。不同类型的俄语语流重音变体依附于不同的语音单位:节奏重音依附于语音词,语段重音依附于语段,句重音和逻辑重音则依附于语音句。由于语段和语音句均由不同数量的语音词组合而成,因此,语音词是俄语语流重音的基本依附单位。据此,我们研究中国学生在俄语语流重音习得中的典型偏误时,不可能不考虑到俄语语流重音的基本依附单位——俄语语音词的发音习得问题。我们发现,在俄语语流重音基本依附单位——俄语语音词的发音习得过程中,中国学生最容易犯的偏误就是"加音"、"减音"和"断词",这几类偏误往往会破坏俄语语音词的原有节律,从而使得俄语语音词的节律发生种种变异现象。

中国学生发生在俄语语音词发音习得中的加音类偏误,通常发生在俄语语音词中的辅音发音方面。例如,中国学生往往在俄语语音词的辅音群中间,或者在语音词末尾的辅音(或辅音群)后面添加各种元音,从而使得语音词节律产生"拉长"变异现象。[①] 我国学者的俄语语音学应用研究成果表明,中国学生发生在俄语语流中的加音类偏误具有一定的规律性,他们通常在[т]、[д]、[г]、[к]、[х]后添加元音[ъ],在[п]、[б]后面添加元音[ъ]或[у],在[ф]、[в]、[м]后面添加元音[у],在[с]、[з]、[ц]后面添加元音[ɿ],在[ш]、[ж]后面添加元音[ʅ],在软辅音后面添加元音[и]。(陈君华,1993:17;徐来娣,1999:81)据我们观察,在俄语语音词的辅音群中间添加各种元音的偏误相当普遍,如 четверг→чет[ъ]верг、буква→бук[ъ]ва、шахматы→шах[ъ]маты、папка→пап[ъ]ка、библиотека→биб[ъ]лиотека、фрукты→

---

　　① 如本书前文所言,所谓辅音群就是指那些由 2~3 个(甚至 4~5 个)辅音相邻组成的一起发音的辅音组合。

ф[у]рукты、мрачный→м[у]рачный、сходить→с[ı]ходить、подождать→
подож[ı]дать、маменька→мамен[и]ка、пальто→пал[и]то、восьмёрка→
вос[и]мёрка等；在俄语语音词末尾的辅音（或辅音群）后面添加各种元音的
偏误，在我国俄语专业的低年级语音教学实践中更是屡见不鲜，如 томат→
томат[ъ]、город→город[ъ]、утюг→утюг[ъ]、знак→знак[ъ]、страх→страх
[ъ]、стоп→стоп[ъ]、шкаф→шкаф[у]、костюм→костюм[у]、ужас→ужас
[ı]、отец→отец[ı]、карандаш→карандаш[ı]、помочь→помоч[и]、грязь→
гряз[и]、космонавт→космонавт[ъ]、проспект→проспек[ъ]т[ъ]、август→
август[ъ]、ансамбль→ансамб[у]л[и]等。

　　中国学生发生在俄语语音词发音习得中的减音类偏误，主要发生在俄
语语音词的元音发音方面。通常有以下两种情况：一种情况是在"辅音＋元
音"型音节中"吞食"元音，如 читать→чтать、чинить→чнить、новому→
новом、хорошему→хорошем 等；另一种情况是把两个相邻的俄语元音发成
二合元音，如 наоборот→наборот、театр→тятр、сеанс→сянс、радио→радё 等。
此外，中国学生发生在俄语语音词发音习得中的减音类偏误，有时也会发生
在俄语语音词的辅音群发音方面，如 встреча→втреча、сестра→сетра、
внимательно→вниматено、сегодня→сегоня 等。笔者认为，中国学生发生在
俄语语音词发音习得中的减音类偏误，不管是发生在俄语语音词的元音发
音方面，还是发生在俄语语音词的辅音群发音方面，都在某种程度上破坏了
语音词的原有节律，使得语音词节律产生"缩短"变异现象。

　　中国学生在俄语语音词发音习得中的断词类偏误，主要发生在那些
由实词和相邻虚词组合而成的俄语语音词发音方面，表现在前附词或后
附词与语音轴心词之间在发音上的分读，因而使得该语音词的原有节律
发生"断裂"变异现象。如 в‿институ́те→в│институ́те、у‿окна́→ý│окна́、
с‿ба́бушкой→с│ба́бушкой、под‿крова́тью→по́д│крова́тью、перед‿авто́бусом
→пе́ред│авто́бусом 等，前附词与语音轴心词之间在发音上分读，导致语音
词原有节律发生"断裂"变异现象；再如，оте́ц‿бы→оте́ц│бы́、до́ждь‿бы→
до́ждь│бы́、ту́т‿же→ту́т│же́、сайча́с‿же→сейча́с│же́、на́до‿же→на́до│же́
等，后附词与语音轴心词之间在发音上分读，导致语音词原有节律发生"断
裂"变异现象。

　　中国学生在俄语语流重音基本依附单位——语音词的发音习得过程中的常见偏误,也就是加音偏误、减音偏误和断词偏误,都在某种程度上破坏了俄语语音词的原有节律,改变了该词的原有语音面貌,使得这些语音词的节律发生"拉长"、"缩短"、"断裂"变异现象。

　　我们认为,中国学生发生在俄语语音词中辅音发音方面的偏误,无论是加音,还是减音,都源自母语汉语负迁移因素的干扰作用。

　　如前文所述,就音位性质而言,俄语属于典型的辅音型语言,而汉语属于典型的元音型语言。汉语语音词的每个音节最多只能包含 2 个辅音,且辅音不能相邻,因而汉语语音词中没有辅音群现象;而俄语语音词里辅音往往可以 2 个、3 个、4 个(有时甚至 5 个)集结在一起构成辅音群,因而俄语语音词中有着丰富的辅音群现象。也正是受到俄语语音词中有着丰富的辅音群现象、而汉语语音词中没有辅音群现象这一母语负迁移因素的干扰作用,中国学生在俄语语音词辅音群的发音方面常常发生添加元音或减少辅音的偏误。

　　此外,在前文中我们还提到,就音节性质而言,俄语属于典型的"闭音节型语言",俄语中的大多数音节以辅音收尾,且俄语语音词词尾的辅音可以是任何辅音或辅音群;而汉语则属于典型的"开音节型语言",汉语中的大多数音节以元音收尾,而闭音节较为少见,且只能以[n]、[ŋ]、[r]这三个辅音来结尾,因此,俄语语音词末尾的闭音节现象相当普遍,而汉语语音词末尾的闭音节现象则较为少见。也正是由于受到这一母语汉语负迁移因素的干扰作用,中国学生在俄语语音词词末辅音(或辅音群)的发音方面常常发生添加元音的偏误。

　　中国学生发生在俄语语音词中元音发音方面的偏误之一——在"辅音＋元音"型音节中"吞食"元音,主要是因为他们的俄语元音发音不够到位,很难说是母语负迁移因素的干扰作用,但是,中国学生发生在俄语语音词中元音发音方面的偏误之二——把两个相邻的俄语元音发成二合元音,主要源自母语汉语负迁移因素的干扰作用:俄语每个音节总是只有 1 个元音,不存在任何复元音现象;而汉语音节中元音可以有 1 个至 3 个,存在丰富的复元音现象。我们认为,也正是受到俄语语音词没有复元音现象、而汉语语音词富有复元音现象这一母语负迁移因素的干扰作用,中国学生在俄语语音词中常常把两个相邻的俄语元音发成类似于汉语的二合元音。

　　中国学生发生在那些组合型俄语语音词发音方面的断词偏误，主要根源在于俄汉组合型语音词内部的词汇词在衔接方式上有着很大的差异：在俄语组合型语音词内部往往会发生词汇词连读现象，而汉语组合型语音词内部一般不会发生词汇词连读现象。俄语组合型语音词内部最为典型的词汇词连读现象，表现在"前词以辅音结尾、后词以元音开头"的语音词中，这样一类的俄语组合型语音词，在词汇词之间通常会发生拼读关系——前词结尾的辅音和后词开头的元音拼起来连读，如 без⌣огня́、через⌣окно́、в⌣институ́те、об⌣э́том、перед⌣авто́бусом 等；而汉语组合型语音词中一般不会出现前一个词汇词以辅音结尾、后一个词汇词以元音开头的情况，即便偶然会有这样的情况发生，这两个词汇词之间通常也不可能发生拼读关系。此外，俄语组合型语音词内部还有一种典型的词汇词连读现象，表现在"前词以辅音结尾、后词以辅音开头"的语音词中，这样一类的俄语组合型语音词，在词汇词衔接之处通常会发生噪辅音的联音变化，如辅音的清浊同化等，如 с⌣де́душкой（清辅音浊化）、к⌣ба́бушке（清辅音浊化）、в⌣сад（浊辅音清化）、перед⌣кинотеа́тром（浊辅音清化）等；而汉语组合型语音词内部的词汇词衔接之处一般不会出现噪辅音连缀现象，因而根本无从谈起辅音的清浊同化现象。由此可以得出结论，也正是受到汉语语音词内部一般不会发生词汇词连读现象这一母语负迁移因素的干扰作用，中国学生在那些由实词和相邻虚词组合而成的俄语语音词发音方面经常会发生断词偏误。

　　为了帮助中国学生纠正或预防这一类俄语语音词节律习得偏误，我们教师很有必要在俄语语音教学中采取一些相应的教学策略。首先，必须进行适当的俄汉语音词对比分析，重点揭示俄汉两种语言在语音词内部的音节结构方面、在语音词词末的音节结构方面、在语音词内部的音节衔接方式上、在语音词内部的词汇词衔接方式上的本质性差异，重点阐释俄语语音词中特有的辅音群现象和汉语语音词中特有的复元音现象、俄语语音词词末普遍存在的闭音节现象和汉语语音词词末普遍存在的开音节现象、俄语语音词内部的音节连奏型联系方式和汉语语音词内部的断奏型联系方式、俄语语音词内部的词汇词连读现象和汉语语音词内部词汇词非连读现象，从而有效地避免或减少中国学生在俄语语音词节律习得中所受到的源自母语汉语的负迁移因素的干扰作用。

　　此外，我们还建议教师选用一些针对性语音练习，来帮助中国学生纠正或预防这一类的俄语语音词节律习得偏误。例如：①

语音练习范例一　朗读下列俄语语音词，注意不要在语音词末尾辅音（或辅音群）后面添加任何元音。

тома́**т**	го́ро**д**	като́**к**	утю́**г**	успе́**х**
сто**п**	ду**б**	фото́гра**ф**	переры́**в**	а́то**м**
космона́**вт**	арбу́**з**	эго́и́**зм**	ло́**жь**	клю́**ч**
ко́смо**с**	уе́з**д**	певе́**ц**	шала́**ш**	бага́**ж**
учи́**тель**	тетра́**дь**	во́сем**ь**	любо́в**ь**	слова́**рь**
скор**бь**	гря**зь**	сме**сь**	помо́**чь**	жи**знь**

语音练习范例二　朗读下列俄语语音词，注意语音词词首、词中或词末的辅音群的发音，既不要在辅音群中随意添加任何元音，也不要随意减音。

уче́**бн**ик	**ст**уде́**нт**	фонта́н	капу́**ст**а	мо**ст**
внук	**вн**у́**чк**а	су́**мк**а	бу́**кв**а	па́**пк**а
Москва́	**вк**у́**сн**о	а**вт**о́бус	жи**знь**	во**пль**
госуда́**рств**о	**простр**а́**нств**о	**вскр**ыть	**хв**о**ст**	пу**нкт**
четве́**рг**	цили́**ндр**	**фр**у́**кт**ы	фе́ни**кс**	а́в**густ**
анса́**мбль**	**вдр**уг	**проспе́кт**	**ксе́рокс**	мини́**стр**
взгляд	**взр**о́слый	нра́**вств**енный	о́б**щ**е**ств**о	суще**ств**ова́ть

语音练习范例三　朗读下列俄语语音词，注意不要把语音词内相邻的 2 个俄语元音发成汉语的二合元音。

　　①　本书所用的语音练习范例，部分为作者自编，部分选自国内外相关的俄语语音教程并加以改编。主要参考的教材有：1.（俄）О. Н. Короткова 著，李巾译，《俄语语音语调纠正教程》，外语教学与研究出版社，2010 年；2. В. Г. Костомаров 主编，《Русский язык для всех》，《Русский язык》出版社，1982 年；3. Е. А. Брызгнова 著，《Звуки и интонация русской речи》，《Русский язык》出版社，1981 年。

диа́гноз	диало́г	карау́л	кио́ск	па́уза
со́ус	нау́ка	аудито́рия	идио́т	стадио́н
теа́тр	наоборо́т	ра́дио	скорпио́н	неуда́ча
пиа́р	перио́д	соа́втор	сеа́нс	биогра́фия
пенсионе́р	библиоте́ка	био́лог	кло́ун	лауреа́т
на‿углу́	по‿у́лице	на‿остано́вке	на‿уша́х	по‿алле́е
у‿окна́	на‿окне́	у‿О́ли	у‿Ива́на	по‿уста́м
за‿облака́ми	за‿о́кнами	у‿о́зера	за‿о́сень	по‿о́зеру

语音练习范例四　朗读下列组合型俄语语音词，注意语音词内部词汇词的连读。

1）注意俄语语音词内部词汇词衔接处前词词末辅音和后词词首元音之间的拼读：

без‿очко́в	без‿а́дреса	без‿акце́нта	без‿овоще́й
в‿институ́те［вы］	в‿аудито́рии	в‿о́круге	в‿отде́ле
под‿око́ном	над‿оши́бками	перед‿афи́шей	над‿океа́ном
в‿исто́рии［вы］	в‿университе́те	с‿И́рой［сы］	с‿А́нной
из‿авто́буса	из‿общежи́тия	с‿аппети́том	с‿акце́нтом
вот‿о́н	вот‿она́	вот‿они́	вот‿оно́

2）注意俄语语音词内部词汇词衔接处前词词末辅音和后词词首辅音之间的联音变化：

к‿дру́гу	с‿бра́том	с‿де́вушкой	без‿шу́ма
из‿сту́дии	из‿ко́смоса	без‿сестры́	к‿бра́ту
к‿ба́бушке	с‿зо́нтиком	из‿столо́вой	без‿коммента́риев
тут‿же	оте́ц‿бы	сейча́с‿же	так‿бы

语音练习范例五　朗读下列对话，注意语音词内部词汇词的连读。

1）—— Куда́ иду́т студе́нты?

　　—— Они́ иду́т в‿институ́т.

2）—— К‿кому́ вы иде́те?

— **К**‿**И́горю.**

3）— **С**‿**ке́м** ты́ хо́чешь познако́миться?

　　— **С**‿**И́рой. А**‿**ты́?**

　　— **С**‿**А́ней.**

4）— **С**‿**ке́м** ты́ разгова́ривал **по**‿**телефо́ну?**

　　— **С**‿**Ива́ном.**

5）— Где́ на́ш сы́н?

　　— **Вот**‿**о́н. Под**‿**окно́м.**

6）— Куда́ вы́ е́дете?

　　— Я́ е́ду **к**‿**дру́гу. А**‿**ты́?**

　　— **А**‿**я́** е́ду **к**‿**де́душке.**

　　— Ты́ е́дешь оди́н?

　　— Не́т, я́ е́ду **с**‿**бра́том.**

二、俄语语音句中所有音节的一律重读现象

根据我们观察,在俄语教学实践中,不少中国学生经常会同等对待俄语语音句中的所有音节,不管是重读音节还是非重读音节,他们都平均用力,均衡突出,结果几乎所有音节都读得相当用力、相当长、相当清晰,也就是说,几乎所有音节都一律重读,从而使得他们的俄语语流听起来带有极为明显的"字正腔圆"的"汉腔汉调"。正如陈君华曾经指出的那样,这些学生的俄语语流,"由于突出每一个音节,言语便失去从容平稳、整体融合之感(плавность и слитность речи)"(陈君华,1993:21)。这是中国学生在俄语语流重音习得中的一个相当典型的偏误。

我们认为,中国学生在俄语语流重音习得中的所有音节一律重读这一偏误,有着多方面的原因,其中最根本原因在于母语汉语负迁移因素的干扰作用。尽管俄语和汉语语流中都有重读音节和非重读音节,但是,重读音节和非重读音节在俄、汉两种语言中的分布情况有着很大的差异。俄语属于典型的重音语言,在俄语语流中,非重读音节占大多数,重读音节占少数,占少数的重读音节在占大多数的非重读音节的衬托下得以凸显,因此,俄罗斯人从小就习惯了"重读音节和非重读音节交替出现"的俄语语流节奏特征;

而汉语不属于典型的重音语言,在汉语语流中,尽管也有重读音节和非重读音节的对立,但是,非重读音节在汉语语流中的复现率相当低,还不足 3%(许曦明,2008:263),因此,中国学生从小就习惯了"几乎每个音节都重读"的汉语语流节奏特征。也正是由于"几乎每个音节都重读"的汉语语流发音习惯(即"字正腔圆"的"汉腔汉调"),给中国学生的俄语语流重音习得带来了很大的负迁移干扰作用,造成了他们说俄语时所有音节一律重读的偏误。

为了帮助中国学生纠正或预防在俄语语流重音习得中的所有音节一律重读这一类偏误,我们教师首先必须在俄语语音教学中进行恰当的俄汉语流节奏特征对比分析,明确指出"几乎每个音节都重读"是典型的汉语语流节奏特征,而"重读音节和非重读音节交替出现"才是典型的俄语语流节奏特征,要从语音教学的最初阶段开始,着重培养中国学生的俄语语流重音意识,使他们尽快习惯于"重读音节和非重读音节交替出现"这一俄语语流节奏特征。

此外,我们还建议教师选用一些针对性语音练习,例如,那些专门用来训练学生练习各种俄语**重音—节奏模式**(акцентно-ритмические модели)的语音练习,来帮助他们早日确立正确的俄语语流重音意识和俄语语流节律意识,从而有效避免和减少在俄语语流重音习得中的所有音节一律重读这一类偏误。[①]例如:

语音练习范例一　朗读下列语音词,注意这些词的重音—节奏模式。

та́та	до́ма	а́вгуст	бе́лый	сло́во	а́дрес
	бу́ква	ры́ба	ва́за	ко́смос	в⌣ли́нзах
тата́	дома́	домо́й	весна́	костю́м	пора́
	нога́	река́	фонта́н	часы́	в⌣лесу́
та́тата	ба́бушка	де́рево	ве́село	во́время	же́нщина
	хо́лодно	фи́зика	у́лица	ку́рица	за́⌣город
тата́та	авто́бус	доро́га	газе́та	пого́да	немно́го

---

① 所谓俄语词的"重音—节奏模式"是指俄语语音词中重读音节与非重读音节交替排列所形成的节奏模式。俄语中常见的词重音—节奏模式有:та́та、тата́;та́тата、тата́та、тата́та;та́татата、тата́тата、татата́та、тататата́;та́тататата、тата́татата、татата́тата、тататата́та、татататата́ 等。

	мину́та	мужчи́на	рабо́та	бума́га	с⁀акце́нтом
татата́	анана́с	магази́н	помидо́р	разгово́р	дорого́й
	журнали́ст	инжене́р	институ́т	колбаса́	на⁀носу́
та́тататата	за́работок	вы́нужденно	са́харница	па́дчерица	
	дру́жественный	вы́ставочный		бе́ленькая	ве́рующий
	бу́лочная	за́⁀городом			
тата́тата	фами́лия	роди́тели	зада́ние	экску́рсия	столо́вая
	рожде́ние	профе́ссия	кани́кулы	шампа́нское	в⁀учи́лище
татата́та	телеви́зор	медици́на	компози́тор	иностра́нка	девяно́сто
	послеза́втра	перево́дчик	учени́ца	перспекти́ва	в⁀переу́лок
тататата́	автомоби́ль	пенсионе́р	велосипе́д	кинотеа́тр	позавчера́
	недалеко́	универма́г	экскурсово́д	авторите́т	под⁀окно́м

та́тататата	по́льзование	пра́зднование	пья́нствование ска́чивание
	на́бережная	ра́бствование	бра́чущиеся вка́лывание
	вста́лкивание	вчи́тывание	
тата́тататата	четы́рнадцатый	оди́ннадцатый	ана́логовый ара́хисовый
	моро́женое	беспро́игрышно	вреди́тельница лепёшечная
	заку́сочная	тамо́женица	
тататата́тата	матема́тика	общежи́тие	геоло́гия поликли́ника федера́ция
	впечатле́ние	информа́тика	недоста́точно относи́тельно
	до⁀свида́ния		
тататата́та	литерату́ра	температу́ра	библиоте́ка администра́тор
	официа́нтка	великоле́пно	организа́тор перегово́ры
	олимпиа́да	на⁀остано́вке	
татататата́	авианалёт	фотоаппара́т	милиционе́р кондиционе́р
	коллекционе́р	радиоспекта́кль	профессиона́л абитурие́нт
	кинорежиссёр	в⁀университе́т	

语音练习范例二　朗读下列成对的语音词，请比较重音靠后和重音靠前时的词重音—节奏模式。

борода́ — бо́роды	голова́ — го́ловы
носово́й — но́сом	голоса́ — го́лос
молото́к — мо́лот	ранова́то — ра́но
голода́ть — го́лод	сторожи́ть — сто́рож
холода́ — хо́лодно	тополя́ — то́поль
родово́й — ро́дом	хохота́ть — хо́хот
молодо́й — мо́лодость	золото́й — зо́лото
краснова́тый — кра́сный	сторона́ — в⌣сто́рону
фотогра́фия — фо́то	плохова́то — пло́хо
рядово́й — ря́дом	часово́й — ча́сто

语音练习范例三　朗读下列小短文，注意语音词的重音—节奏模式。

На́ша ма́ма в⌣до́ме о́тдыха

Сейча́с на́ша ма́ма до́ма. У́тром мы́ споко́йно за́втракаем. Па́па зна́ет, где́ его́ га́лстук. Я́ зна́ю, где́ мо́й портфе́ль. Макси́м зна́ет, где́ его́ пальто́. Днём ма́ма и⌣па́па рабо́тают, я́ в⌣шко́ле, Макси́м до́ма. Обе́даем мы́ до́ма. Ве́чером мы́ отдыха́ем, слу́шаем ра́дио, у́жинаем. Па́па чита́ет газе́ту, а⌣я́ чита́ю кни́гу. Ма́ма и⌣Макси́м слу́шают му́зыку.

А⌣сейча́с ма́ма в⌣до́ме о́тдыха. У́тром мы́ не⌣за́втракаем — мы́ опа́здываем. Па́па не⌣зна́ет, где́ его́ руба́шка, я́ не⌣зна́ю, где́ мо́й порфе́ль. Макси́м не⌣зна́ет, где́ его́ пальто́... На́ша ма́ма в⌣до́ме о́тдыха!

三、俄语非重读音节上的冗余重音现象

在俄语非重读音节上添加冗余重音，是中国学生在俄语语流重音习得中的一个典型偏误。根据我们的观察，在俄语教学实践中，中国学生经常会不由自主地在俄语语音词中的非重读音节上，尤其是在那些比较长的多音节语音词上，加上一个个原本不应该有的冗余重音，从而使得他们的俄语听起来非常刺耳，带有明显的"汉腔汉调"。例如：

Тепе́рь в⌣университе́те ма́ло студе́нтов хотя́т уча́ствова́ть в⌣

общéственной организáции.（误）

Тепéрь в‿университéте мáло студéнтов хотя́т учáствовать в‿
общéственной организáции.（正）

我们认为,中国学生在俄语非重读音节上添加冗余重音这一偏误,最根本原因在于母语汉语负迁移因素的干扰作用。我国以往的俄汉语音对比研究成果表明,俄汉语音词在节律方面有着很大的差异。所谓语音词的节律,就是指语音词里重读音节与非重读音节交替出现的情况。汉语语音词里多数音节为重读音节,极少数音节为非重读音节。具体来讲,汉语双音节语音词里可能有一个非重读音节(即轻声音节),也有可能没有非重读音节;三音节语音词里有可能有一个非重读音节,也有可能没有非重读音节。而俄语语音词里多数音节为非重读音节,少数音节为重读音节,且每个语音词里一般只能有 1 个重读音节。(诸葛苹等,2001:18)汉语中的语音词以二、三音节词居多,俄语中的语音词以二、三、四音节居多。如果以"–́"表示重读音节、以"–"表示非重读音节,那么,汉语语音词大体可以有以下几种节律模式:"–́–́"、"–́–"、"–́–́–́"、"–́–––"、"–́–́–";而俄语语音词大体可以有以下几种节律模式:"–́–"、"–––́"、"–́––"、"–––́–"、"––––́"、"–́–––"、"–––́–"、"–––––́"、"–––––"等。因此,在俄语语流中,音节不带重音是一个相当普遍的现象,而且,经常会有若干非重读音节一个紧挨着一个集结在一起,形成"非重读音节链"(цепь безударных слогов);而在汉语语流中,情况恰恰相反,音节不带重音是一种特殊的现象,音节带有重音才是普遍现象,而且随处可见若干重读音节(确切地来讲,是若干重读音节和中重音节,而重读音节和中重音节的差异,一般人是难以觉察的),一个紧挨着一个集结在一起,形成"重读音节链"(цепь ударных слогов)。例如:

По‿окончáнии университéта большинствó молоды́х
специали́стов получáют рабóту по‿своéй специáльности.
（俄语语流中的非重读音节链）

Zài dàxué bìyè hòu, juédàduōshù niánqīng yǒuwéi de

zhuānjiā huòdé zhuānyèduìkǒu de gōngzuò.（在大学毕业后，绝大多数年轻有为的专家获得专业对口的工作。）

（汉语语流中的重读音节链）

中国学生，作为汉语操用者，自幼习惯于母语语流中的"重读音节链"，而俄语语流中的"非重读音节链"对他们来讲极为陌生，甚至有点怪异。因此，中国学生在俄语口语实践中，往往会按照自幼形成的母语发音习惯，不由自主地在俄语非重读音节链上添加冗余重音，从而破坏俄语口语重音规范，使其俄语口语带有极为明显的"汉腔汉调"。

为了帮助中国学生纠正或预防这一类俄语语流重音偏误，我们教师很有必要从俄语语音教学的最初阶段开始，用具体实例来说明俄汉语音词在节律方面的本质性差异，说明"非重读音节链"是俄语语流中所特有的语音现象，而"重读音节链"是汉语语流所特有的语音现象。与此同时，还要特别告知学生，在俄语"非重读音节链"上添加冗余重音，不仅违反俄语重音规范，而且还会影响听者对话语意义的理解，从而阻碍交际的顺利进行。

我们建议教师选用一些专门的针对性语音练习，来帮助中国学生纠正或预防这一类俄语语流重音偏误。例如：

语音练习范例一　朗读下列俄语多音节词，注意不要在非重读音节链上添加冗余重音。

1）注意重读音节前面的非重读音节链：

фотоаппара́т	университе́т
преподава́тель	пренебрега́ть
супермикроско́п	рекомендова́ть
электробезопа́сный	революционе́р
благоприя́тный	электронагрева́тель
организова́ть	поблагодари́ть
автомати́ческий	астрономи́ческий
односторо́нний	гастрономи́ческий

2）注意重读音节后面的非重读音节链：

вы́ученный   пе́реданный

гра́ммотность   дру́жественный

при́городный   пра́зднование

тре́бование   на́бережная

иссле́дование   ска́чивание

3）注意重读音节前后的非重读音节链：

педагоги́ческий   политехни́ческий

фотографи́рование   достопримеча́тельность

кинокриминали́стика   монументализи́ровать

взаимоспаси́тельный   документи́рованность

нетелефонизи́рованный   соверше́нствование

语音练习范例二　朗读下列对话，注意不要在俄语语音句中的非重读音节链上添加冗余重音，并注意强调突出各类语流重音。

Диалог 1

— В какой университе́т она́ поступи́ла?

— Она́ поступи́ла в Нанки́нский педагоги́ческий университе́т.

— На какой факульте́т?

— На филологи́ческий факульте́т.

Диалог 2

— Како́й фи́льм идёт в кинотеа́тре «Побе́да» на э́той неде́ле?

— «Сиби́рский цирю́льник».

— Ты ви́дела э́тот фи́льм?

$$\overset{1}{\text{— Нéт.}}$$
③

$$\overset{3}{\text{— Посмóтрим?}}$$
④

— $\overset{1}{\text{Замечá}}$тельно.　$\underset{①}{\text{Я}}$ $\underset{①}{\text{куплю́}}$ $\underset{①}{\text{двá}}$ $\underset{①}{\text{билéта}}$ $\underset{①}{\text{на}}$ $\underset{②}{\text{пя́тницу,}}$ / $\underset{①}{\text{на}}$ $\overset{3}{\underset{①}{\text{вечéрний}}}$
　　③

$$\overset{1}{\text{сеáнс.}}$$
③

四、俄语非重读元音的弱化缺失现象

中国学生俄语语流重音习得中的另一个典型偏误是俄语非重读元音的弱化缺失。笔者在多年的俄语教学中发现，中国学生，尤其是俄语初学者，在俄语口语实践中经常会忘记俄语非重读音节的弱化规则，用发音饱满清晰的元音来代替弱化元音，从而造成俄语非重读元音的弱化缺失现象。

在本书第一章我们曾经指出，尽管俄语词汇词的语音外貌在俄语语流中不会被简单复制，但是大多数俄语词汇词的初始重音结构在语音句中通常会保持一定的稳固性。例如，词汇词"хорошó"重音结构为"非重＋非重＋重"，它的发音为[хърʌшó]，当该词进入语音句"Óн говори́т по-рýсски óчень хорошó"后，其重音结构仍然为"非重＋非重＋重"，发音仍然为[хърʌшó]，尽管在这一个语音句中语音词"хорошó"带有句重音。显然，俄语词汇词的非重读音节的弱化，在俄语口语语流中仍然得到保持。

根据俄语语音学常识，俄语语流中重读音节的元音和非重读音节的元音发音不同。重读音节中的元音音长较长，音质清晰饱满，发音器官肌肉紧张；而非重读音节中的元音音长较短，音质模糊，发音器官肌肉松弛。因而处于非重读位置上的俄语元音，往往会失去部分或全部的原有发音特征，从而取得某些新的发音特征，这就是俄语非重读元音的弱化（редукция безударных гласных）。俄语元音弱化表现为量的弱化（количественная редукция）和质的弱化（качественная редукция）两种。前者主要表现在音长和发音紧张度上，非重读元音的音长比重读元音短，发音紧张度比重读元音弱；后者主要表现在音质的变化上，非重读元音的音质不如重读元音清晰圆满，甚至变成与原来完全不同的元音。在俄语元音中，高元音[и]、[y]、 [ы]在非重读音节中主要发生量的弱化,而质的弱化不明显,因此,在语音教学过程中一般不会成为难点,基本可以一带而过。但是,俄语低元音[a]和中元音[o]、[э]在非重读音节中不仅会发生量的弱化,而且还会发生相当明显的质的弱化,在语音教学过程中往往会成为难点。

根据赵作英编写的《俄语实践语音语调》(1985)和陈君华编写的《俄语语音学教程》(1997),在正常语速的俄语语流中,俄语元音[a]、[o]、[э]在非重读音节中的弱化规则基本可以归纳为以下三种情况:

1. 俄语元音[a](字母 a)、[o](字母 o)在硬辅音后和词首的弱化。位于非重读词首,或者位于硬辅音后重读音节前第一个音节时,弱化成短而弱的[ʌ]音,称为一级弱化,如 арбу́з → [ʌ]рбу́з、огуре́ц → [ʌ]гуре́ц、глаза́ → гл[ʌ]за́、пото́м → п[ʌ]то́м 等;在硬辅音后其他非重读音节里,弱化成更短更弱的[ъ]音,称为二级弱化,如 парово́з → п[ъ]рово́з、голова́ → г[ъ]лова́、суббо́та → суббо́т[ъ]、го́род → го́р[ъ]д 等。

2. 俄语元音[a](字母 я)、[э](字母 e)在软辅音后的弱化。[a]、[э]在软辅音后重读音节前第一音节弱化成短而弱的[иэ]音,如 ряды́ → [р'иэ]ды́、почему́ → по[ч'иэ]му́;[a]、[э]在软辅音后其他非重读音节弱化成更短更弱的[ь]音,如 рядово́й → [р'ь]дово́й、перево́д → [п'ь]рево́д、при́нято → при[н'ь]то、бе́рег → бе́[р'ь]г;[a]在软辅音后非重读词尾或词末发成[ъ]音,如 с‿преподава́телями → с‿преподава́те[л'ъ]ми、чита́я → чита́[jъ],等等。

3. 俄语元音[э](字母 e)在硬辅音[ш]、[ж]、[ц]后面的弱化。[э]在硬辅音[ш]、[ж]、[ц]后重读音节前第一音节弱化成短而弱的[ыэ]音,如 шесто́й → ш[ыэ]сто́й、жена́ → ж[ыэ]на́、поцелу́й→ поц[ыэ]лу́й;[э]在硬辅音[ш]、[ж]、[ц]后面其他非重读音节弱化成更短更弱的[ъ]音,如 ти́ше → ти́ш[ъ]、то́же → то́ж[ъ]、цехово́й → ц[ъ]хово́й 等。(赵作英,1985:44 - 56;陈君华,1997:64 - 69)

然而,中国学生在俄语口语实践中,尤其是在俄语语音初学阶段,往往会忘记俄语非重读元音的弱化,用发音饱满清晰的元音来替代发音短促模糊的弱化元音。根据作者的观点,这同样也是一种来自母语——汉语负迁移因素的干扰现象。

首先,汉语不属于典型的重音语言,在汉语语流中,尽管也有重读音节和非重读音节的对立,但非重读音节在汉语语流中的复现率相当低,因此,中国学生从小就习惯于"几乎每个音节都重读"的汉语语流节奏特征;而俄语属于典型的重音语言,"重读音节和非重读音节交替出现"是俄语语流的典型节奏特征,中国学生对此往往难以习惯。

其次,我们在第四章已经明确指出,非重读音节在俄语语流中所发生的元音在音质方面的弱化,具有音系学意义,而音长缩短等,是俄语非重读音节的伴随性特征;非重读音节在汉语语流中所发生的四声的轻化,具有音系学意义,而元音弱化、音长缩短只是伴随性特征。因此,在正常语速的汉语语流中,音节的非重读现象首先与声调的轻化紧密相关,对于汉语非重读音节来说,元音弱化只是一种处于第二位的伴随性特征;而在正常语速的俄语语流中,音节的非重读现象首先与元音的弱化密切相关,对于俄语非重读音节来说,元音弱化是一种处于第一位的必要性特征。

再者,汉语语流中非重读音节的元音发音发生弱化属于选择性的自由音变,即便处于非重读音节,也并不一定必然发生元音的弱化,随语言环境和个人习惯而异。①我国著名语音学家林焘、王理嘉曾经明确指出,"普通话轻音对韵母元音音色有较大的影响,最明显的是低元音向央元音靠拢,前响复元音有变成单元音的倾向。……轻音还可以使普通话声母浊音化",但是,"以上韵母和声母的变化都比较自由,因人和语言环境而异。随随便便谈话时,这种变化比较容易出现",反之,则不一定出现。(林焘、王理嘉,1992:180)而俄语语流中非重读音节的元音发生弱化则属于非选择性的不自由音变,这种元音弱化现象不受语言环境的影响,不论说话语速快或慢、态度认真或随便,只要是在非重读音节中,都必然会产生。

中国学生自幼习惯说汉语,"几乎每个音节都重读"的汉语语流节奏特征,使得他们一般很少会去关注非重读音节,即便是注意到非重读音节,多

---

①   根据普通语音学理论,语流音变可以分为两种类型:一种是不自由音变,只要音变条件出现,音变现象就必然产生;另一种是自由音变,音变条件虽然出现,但是音变现象并不一定必然产生。不自由音变具有非选择性,不受语言环境的影响,不论说话语速快或慢,态度认真或随便,只要音变条件出现,都必然会产生音变现象;而自由音变则具有选择性,往往受到语言环境的影响,在同样的音变条件下,说话快一些、随便一些,就会产生音变现象,说话慢一些、认真一些,音变现象就可能消失。具体请参见:林焘、王理嘉《语音学教程》,北京大学出版社,1992年,第150页。

半会把更多的注意力集中在声调的轻化上,而不是在元音的弱化上。因此,绝大多数中国学生通常不会发现母语语流中的非重读元音弱化现象,他们心理上完全没有非重读元音必须要弱化这样一个意识。也正是受到上述汉语负迁移因素的干扰作用,中国学生在俄语语音习得中,尤其是在初学阶段,同样也是全然没有元音弱化意识,他们往往习惯性地把俄语弱化元音发成发音饱满清晰的元音,从而严重违反俄语口语的一个重要语音规范——非重读元音弱化规则。例如:

Я люблю́ ру́сский язы́к, потому́ что на э́том языке́ говори́л Пу́шкин.(误)

Я люблю́ ру́сский язы́к, потому́ что на э́том языке́ говори́л Пу́шкин.(正)

为帮助中国学生纠正或预防这一类俄语语流重音偏误,我们教师很有必要在俄语语音教学中进行一些简明的俄汉重音对比。首先,有必要向学生强调俄汉重音之间的本质性差异:俄语词重音是质重音,俄语词重音的本质性语音要素是音质;而汉语词重音是一种独特的乐调重音,汉语词重音的语音本质在于声调的完整。同时,我们教师有必要强调俄汉语流中的非重读音节在发音特点方面的本质性差异:俄语非重读音节的本质特点在于元音在音质方面的弱化;而汉语非重读音节的本质特点在于四声的轻化。元音音色对俄语重音来讲是本质性特征。俄语重读音节与非重读音节的最重要区别性特征在于,重读音节中的元音是发音清晰饱满的重读元音,而非重读音节中的元音则是发音模糊不清的弱化元音。更为重要的是,我们在中国学生的俄语语音初学阶段,必须帮助他们牢固培养俄语非重读元音弱化意识,要向他们一再强调,俄语语流中非重读元音发生弱化属于非选择性的不自由音变,不论说话语速快或慢、态度认真或随便,都必须遵守俄语非重读元音的弱化规则。此外,我们在中国学生的俄语语音教学中,在为中国学生编写系列语音练习时,必须要充分考虑到这一重要的教学任务。

我们建议教师选用一些专门的针对性语音练习，来帮助中国学生纠正或预防这一类的俄语语流重音偏误。例如：

语音练习范例一　朗读下列语音词，请注意元音[a]、[o]、[ə]在非重读音节中的弱化规则。

она́ [ʌна́]，оно́ [ʌно́]，они́ [ʌн'и́]，окно́ [ʌкно́]，огуре́ц [ʌгур'э́ц]，отве́т [ʌтв'э́т]，оте́ц [ʌт'э́ц]，обе́д [ʌб'э́т]，о столе́ [ʌ стʌл'э́]，об окне́ [ʌб ʌкн'э́]，от окна́ [ʌт ʌкна́]，арбу́з [ʌрбу́с]，автобус[ʌфто́бус]，апре́ль [ʌпр'э́л']，арти́ст [ʌрт'и́ст]，аспира́нт [ʌсп'ира́нт]，алфави́т [ʌлфʌв'и́т]，альбо́м [ʌл'бо́м]；

пото́м [пʌто́м]，дома́ [дʌма́]，заво́д [зʌво́т]，глаза́ [глʌза́]，сады́ [сʌды́]，столы́ [стʌлы́]，мосты́ [мʌсты́]，Москва́ [мʌсква́]，сове́т [сʌв'э́т]，страна́ [стрʌна́]，рабо́та [рʌбо́тъ]，трамва́й [трʌмва́j]，бара́н [бʌра́н]，сала́т [сʌла́т]；

ма́ма [ма́мъ]，па́па [па́пъ]，до́ма [до́мъ]，до́ктор [до́ктър]，жа́рко [жа́ркъ]，про́сто [про́стъ]，на́ дом [на́ дъм]，ро́ботом [ро́бътъм]，та́бором [та́бъръм]，за́ город [за́ гърът]，потому́ [път ʌму́]，позвони́ть [пъзвʌн'и́т']，говори́ть [гъвʌр'и́т']，лабора́нт [лъбʌра́нт]，докторáнт [дъктʌра́нт]，бадминто́н [бъдм'инто́н]，буты́лка [буты́лкъ]，забо́та [зʌбо́тъ]，за тобо́й [зъ тʌбо́j]，за гора́ми [зъ гʌра́м'и]，на доро́ге [нъ дʌро́г'ь]，на самолёте [нъ съмʌл'о́т'ь]，надо мно́й [нъдʌ мно́j]，над поля́ми [нът пʌл'а́м'и]；

мясно́й [м'иᵊсно́j]，пятно́ [п'иᵊтно́]，прямо́й [пр'иᵊмо́j]，места́ [м'иᵊста́]，сестра́ [с'иᵊстра́]，мечта́ [м'иᵊчта́]，перо́ [п'иᵊро́]，язы́к [jиᵊзы́к]，яйцо́ [jиᵊjцо́]，янва́рь [jиᵊнва́р']，её [jиᵊjо́]，его́ [jиᵊво́]，Евро́па [jиᵊвро́пъ]，еда́ [jиᵊда́]，на песке́ [нъ п'иᵊск'э́]，в беде́ [в б'иᵊд'э́]，о себе́ [ʌ с'иᵊб'э́]，в октябре́ [в ʌкт'иᵊбр'э́]，по пята́м [пъ п'иᵊта́м]，в ряду́ [в р'иᵊду́]；

языково́й [jьзыкʌво́j]，рядово́й [р'ьдʌво́j]，перево́д [п'ьр'иᵊво́т]，европе́ец [jьврʌп'э́jьц]，единогла́сно [jьд'инʌгла́снъ]，при́нято

[пр'и́н'ьтъ]，бе́рег [б'э́р'ьк]，де́вять [д'э́в'ьт']，о́сень [о́с'ьн']，зна́ет
[зна́jьт]；

с⌣выключа́телями [с⌣выкл'уч'а́т'ьл'ъм'и]，о⌣музе́ях [ʌ⌣муз'э́jъх]，
и́мя [и́м'ъ]，чита́я [ч'ита́jъ]；

жена́ [жыᵇна́]，жесто́к [жыᵇсто́к]，шесто́й [шыᵇсто́j]，пшени́ца
[пшыᵇни́цъ]，на́ шесть [на́⌣шъст']，вшестеро́м [фшъст'иᵇро́м]，цена́
[цына́]，цеме́нт [цыᵇм'э́нт]，цени́ть [цыᵇн'и́т']，целико́м [цъл'ико́м]，
целина́ [цъл'ина́]，центра́льный [цыᵇнтра́л'ныj]，церемо́ния
[цър'иᵇмо́н'иjъ]，цехово́й [цъхʌво́j]，жеребёнок [жър'иᵇб'о́нък]，то́же
[то́жъ]，похо́же [пʌхо́жъ]，на⌣ко́же [нʌ⌣ко́жъ]，к⌣Серёже
[к⌣с'иᵇр'о́жъ]，шерстяно́й [шърст'иᵇно́j]，на́ше [на́шъ]，ти́ше [т'и́шъ]，
вы́ше [вы́шъ]，к⌣Са́ше [к⌣са́шъ]，с⌣Ма́шей [с⌣ма́шъj]，с⌣полоте́нцем
[с⌣пълʌт'э́нцъм]，со́лнце [со́лнцъ]，в⌣та́нц е [ф⌣та́нцъ]，на⌣у́лице
[нʌ⌣у́л'ицъ].

语音练习范例二　朗读下列语音词，请比较重读元音与其一级弱化、二级弱化形式的区别。

враг — враги́ — враждова́ть	но́ги — нога́ — ногтево́й
пар — пары́ — парово́й	глаз — глаза́ — глазоме́р
сам — сама́ — самова́р	стар — стари́к — старова́т
дар — дары́ — дармово́й	так — тако́й — таково́й
пол — полы́ — полово́й	стол — столы́ — столбово́й
добр — добра́ — доброду́шно	дом — дома́ — домово́й
во́ды — вода́ — водяно́й	вор — воро́вка — ворова́ть
ве́чно — века́ — веково́й	зе́лень — зелёный — зелене́ть
ме́дный — меда́ль — медали́ст	че́тверо — четвёртый — вчетверо́м
бе́лый — беле́ть — белова́тый	ве́чер — вече́рний — вечере́ть
не́бо — небе́сный — небеса́	ве́село — весёлый — весели́ться
тя́жесть — тяжёлый — тяжеле́ть	мя́со — мясно́й — мясору́бка
час — часы́ — часово́й	гря́зно — в⌣грязи́ — гря́зево́й

пять — пятёрка — пятьдеся́т   вя́зок — вязка́ — вязкова́тый

ля́гва — лягу́шка — лягушо́нок   ряд — в⌣ряду́ — рядово́й

语音练习范例三　朗读下列对话,请注意非重读元音的弱化。

а)　— Э́то твоя́ ма́ма?
　　　　　①　　①　④
　　　　　　　　3

　　　— Да́ , / ма́ма.
　　　　　②　　③
　　　　　1　　1

　　　— Где́ она́ рабо́тает?
　　　　　④　①　　①
　　　　　　　2

　　　— В⌣университе́те.
　　　　　　　　③
　　　　　　　　1

б)　— Э́то тво́й дя́дя?
　　　　　①　④　　①
　　　　　　　　　3

　　　— Да́ , / дя́дя.
　　　　　②　　③
　　　　　1　　1

　　　— Ка́к его́ зову́т?
　　　　　④　　①　　①
　　　　　2

　　　— Макси́м.
　　　　　③
　　　　　1

　　　— О́н гео́лог?
　　　　　①　④
　　　　　　3

　　　— Да́ , / гео́лог.
　　　　　②　　③
　　　　　1　　1

в)　— Макси́м до́ма?
　　　　　①　④
　　　　　　　3

　　　— Не́т.
　　　　　③
　　　　　1

　　　— Где́ о́н?
　　　　　④①
　　　　　2

　　　— На⌣заво́де.
　　　　　　③
　　　　　　1

五、俄语语音句中每个词汇词的刻意重读现象

根据笔者观察,刻意重读俄语语音句中每个词汇词,是中国学生俄语语流重音习得中相当常见的一种典型偏误。在俄语教学实践中,我们经常会发现,有很多中国学生,其中包括不少俄语学习成绩不错的学生,他们在读或者说俄语时知道俄语词有重音,也知道俄语非重读音节的弱化规则,但是他们不是按照语音词,而是按照词汇词来发音。他们用力均衡地重读俄语语音句中的每一个词汇词,其中包括在俄语语流中通常情况下不带有重音的前置词、连接词和语气词。每一个词汇词他们都单独发音,用力重读,带有极为短暂的停顿,且重读用力程度大致均衡。例如:

Зовёт ¦ Па́вел ¦ то́ к ¦ себе́, / — сказа́ла ¦ она́ ¦ Шу́рке, / й ¦ погляде́ла ¦ на́ ¦ него́ ¦ пове́рх ¦ очко́в. (误)

Зовёт Па́вел‿то к‿себе́, / — сказа́ла она́ Шу́рке, / и‿погляде́ла на‿него́ пове́рх‿очко́в. (正)①

在此,我们同样可以发现来自母语负迁移因素的干扰作用。首先,这是由俄语和汉语语流中虚词重读情况的明显差异所致。尽管俄语和汉语中都有语音词这一音段单位,但是,俄汉语言中的语音词,由于语言重音特点迥然有异而不可能完全相同。俄语中的虚词在语流中往往不重读,它们通常不能独立成为语音词,一般情况下只能充当复合型语音词中的附词成分(前附词或后附词),它们只有在特殊情况下才可以获得语流重音,但是其后必定会有一个实词失去重音而成为它的依附词;而汉语中有很多虚词是重读词,它们在语流中往往独立成为语音词,例如汉语虚词"huòzhě"(或者)(连词)、"suīrán"(虽然)(连词)、"érqiě"(而且)(连词)、"guānyú"(关于)(介词)、"gēnjù"(根据)(介词)、"tōngguò"(通过)(介词),等等。我们认为,也正是由于汉语中有很多虚词可以重读,在语流中可以独立成为语音词,因此

---

① 本书中的符号"¦"用来表示不必要的停顿,符号"/"则用来表示语段的切分,符号"‿"用来表示语音词内部词汇词与词汇词之间的连读。

中国学生在俄语习得过程中全然没有"俄语虚词在语流中通常不重读"的意识。再者,汉语是典型的声调语言,汉语重音在汉语语流中的作用远不如声调那么重要,中国学生通常没有语音词、前附词、后附词这些概念,他们自幼就养成了汉语的"见字读音"习惯,自幼就养成了"字字重读,一字一顿"的汉语语流发音习惯。在成年以后,这种根深蒂固的母语发音习惯,必然会发生迁移,导致他们在俄语习得中相应地"见词读音"、"词词重读,一词一顿",从而形成刻意重读俄语语音句中每个词汇词的这一类偏误。

　　针对这一类俄语语流重音习得偏误,我们教师很有必要在俄语教学初级阶段,向中国学生进行简要的俄汉语流节律特征对比,向他们扼要说明俄语和汉语语流中虚词重读情况的根本性差异,培养他们牢固树立关于"俄语虚词在语流中通常不重读"的意识。要通过俄汉对比、实例说明等方法,使中国学生充分认识到"一字一顿"是汉语语流的节律特征,而"一个语音词一个重音,一个语段一个停顿"才是俄语语流的节律特征。我们很有必要从一开始就向中国学生介绍俄语语流切分规则,向他们介绍俄语语音词、前附词、后附词的概念,教会他们在读或者说俄语时,要按照语音词而不是按照词汇词来发音,要让他们养成把前附词和后附词发成不带重音的习惯。

　　我们建议教师选用一些专门的针对性语音练习,来帮助中国学生纠正或预防这一类的俄语语流重音偏误。例如:

语音练习范例一　　朗读下列复合型语音词,并说出这些语音词内部哪些词汇词是前附词,哪些词汇词是后附词。

　　а) на‿заво́д, на‿окно́, на‿като́к, у‿окна́, у‿мо́ря, у‿ни́х,
　　по‿па́льцам, по‿реке́, по‿дня́м, без‿очко́в, без‿акце́нта, без‿запи́нки,
　　на‿берегу́, на‿балко́не, на‿мосту́, от‿магази́на, от‿до́ма, от‿вокза́ла,
　　со‿мно́й, с‿тобо́й, с‿учителя́ми, и‿сне́г, и‿ве́тер, и‿до́ждь,
　　ни‿ты́, ни‿о́н, ни‿облака́, над‿оши́бками, надо‿мно́й, над‿ва́ми,
　　под‿столо́м, под‿окно́м, под‿дождём, к‿мо́рю, ко‿мне́, к‿дя́де;
　　б) о́н‿то, кака́я‿то, когда́‿то, принеси́‿ка, скажи́‿ка, посмотри́‿ка,
　　‿ка,
　　оте́ц‿бы, му́ж‿бы, ба́бушка‿бы, ту́т‿же, сейча́с‿же, на́до‿же,

зна́ете‿ли, вря́д‿ли, сто́ит‿ли;

в）на́‿берег, на́‿год, на́‿голову, на́‿сторону, на́‿дом, на́‿поле, за́‿
город, за́‿голову, за́‿городом, по́д‿руки, и́з‿лесу, и́з‿дому, у́‿
моря, на́‿два, по́‿два, не́‿был.

语音练习范例二　把下列语音句切分成语音词，并标出其重音。

а）И кинофильм был замечателен, и артисты играли прекрасно.

б）Он принёс и яблоки, и груши.

в）Ребята, хотите поехать за город?

г）Книги нашли не на столе, а под столом.

参考答案①：

а）И‿кинофи́льм ⦚ бы́л ⦚ замеча́телен, / и‿арти́сты ⦚ игра́ли ⦚
прекра́сно.

б）Он ⦚ принёс ⦚ и‿я́блоки, / и‿гру́ши.

в）Ребя́та, /хоти́те ⦚ пое́хать ⦚ за́‿город?

г）Кни́ги ⦚ нашли́ ⦚ не‿на́‿столе, / а‿по́д‿столом.

语音练习范例三　朗读下列对话，注意语音词中的前附词和后附词不能带
有重音。

а）— Пра́вда‿ли, что‿у‿тебя́ е́сть кни́ги на‿ру́сском языке́?

— Нет, / у‿меня́ и́х не́т.

— А‿у‿Ни́ны? У‿Ни́ны е́сть?

— Не‿зна́ю.

---

①　此处参考答案中的符号"⦚"，仅用来表示俄语语流中语音词与语音词之间的
切分，朗读时不需要有明显停顿，而符号"/"用来表示语段和语段之间的切分，朗读时应
有较短的停顿。

б) — Где́ А́нна Петро́вна?
  ④①   ①

— На работе.
  ①

— Где́ она́ рабо́тает?
  ④   ①   ①

— На заво́де.
  ③

в) — У тебя́ когда́ кани́кулы-то начну́тся?
  ①   ①   ①

— Каки́е? Зи́мние?
  ④   ④

— Каки́е же ещё? Ле́тние что́-ли?
  ④   ①   ①   ①

— Двадца́того января́. Ну и что́?
  ①   ① ①

— Зовёт Па́вел-то к себе́.
  ①   ①   ③

— Поезжа́ем, / ра́з зовёт.
  ②   ③

六、俄语节奏重音相对平稳调的习惯性升降现象

很多中国学生在发俄语的节奏重读音节（ритмически-ударные слоги）时,往往不会很好地控制住音调的升降,他们不会用相对平稳的音调来发节奏重读音节,而是不由自主地习惯性升降音调,听起来似乎每一个词的重读音节都是一个"小调心",似乎都在用调型-2、调型-3、调型-4 等调型,似乎在刻意强调突出每一个词,使得原本要靠音高的升降变化来得以突出的语调中心"淹没其中",从而影响交际的顺利进行。例如：

/ - /- - / - / - - / - - / -\ - -

Вы не зна́ете, како́й тролле́йбус идёт до це́нтра го́рода?（误）

- - - - /- - - - - - - - - - -

Вы не зна́ете, како́й тролле́йбус идёт до це́нтра го́рода?（正）

在此,我们同样可以发现来自母语汉语负迁移因素的干扰作用。我们知道,俄语节奏重读音节和非重读音节一起,它们在调型的调心前部或调心后部依次排列(尤其在调型-3 中),通常要发成相对平稳调,从而构成"相对平稳调音节链"(цепь слогов со сравнительно ровным тоном),这也可以说是俄语语流的一大特点。而在汉语语流中,绝大多数音节是重读音节或中重音节,它们通常保留着自己的各种不同声调,可能是第一声(阴平调、高平调、55 调),可能是第二声(阳平调、中升调、35 调),可能是第三声(上声调、降升调、214 调),也可能是第四声(去声调、全降调、51 调),只有极少数音节是非重读音节,它们发音短促,带有特殊的轻声。在汉语语流中,四个声调无序地、杂乱地交织在一起,共同构成音高升降不定的"波浪起伏调音节链"(цепь слогов с волнистым тоном)。通常情况下,我们在汉语语流中一般很难找到俄语语流所特有的那种"相对平稳调音节链"。试比较:

> Вы́ не зна́ете, како́й тролле́йбус идёт до це́нтра го́рода?
> (俄语语流中的相对平稳调音节链)
>
> Qǐngwèn, nǎlù diànchē dào shìzhōngxīn?(请问,哪路电车
> 到市中心?)
> (汉语语流中的波浪起伏调音节链)

由此,我们可以得出结论,"相对平稳调音节链"是俄语语流的一大特色,而"波浪起伏调音节链"则是汉语语流的独特特点。也正是由于这一母语负迁移因素的干扰作用,中国学生很难习惯俄语语流中的"相对平稳调音节链",他们不习惯把俄语节奏重读音节发成相对平稳调,往往控制不住音高变化,使得俄语节奏重读音节的音高忽升忽降,由此而产生汉语语流所特有的"波浪起伏调音节链"。

在这种情况下,我们教师必须要在俄语语音教学中适当采用俄汉对比法,明确向中国学生指出,"相对平稳调音节链"是俄语语流的一大特色,而"波浪起伏调音节链"是汉语语流的独特特点。要告诉学生,俄语节奏重读音节,位于语调中心前部及语调中心后部,尤其在使用调型-3 时,一定要发

成相对平稳调,否则,语调中心必然会"淹没其中,不见踪影"。换言之,如果想要突出那些位于语调中心位置上的俄语语段重读音节、语句重读音节和逻辑重读音节,我们就必须学会控制俄语节奏重读音节的音高变化,尽量使其保持相对平稳调。

此外,我们建议教师选用一些专门的针对性语音练习,来帮助中国学生纠正或预防这一类的俄语语流重音偏误。例如:

语音练习范例一　朗读下列俄语语音句,请注意使节奏重读音节和非重读音节保持相对平稳调。

　　　　　　／
а) Зде́сь?
　　④

　　　- - -　　／
Встре́тятся зде́сь?
　①　　　　④

- - - - - - - - -　　／
Обяза́тельно встре́тятся зде́сь?
①　　　　①　　　　④

- - - - - - - -. - -　　／
Всё обяза́тельно встре́тятся зде́сь?
①　　①　　　①　　　④

- - - - - - - - - - - -　　／
Всё студе́нты обяза́тельно встре́тятся зде́сь?
①　　①　　　①　　　①　　④

- - - - - - - - - - - - - -　　／
Всё студе́нты факульте́та обяза́тельно встре́тятся зде́сь?
①　　①　　　①　　　①　　　①　　④

　　　　　　　　　　　　　　　　　　　　／
Всё студе́нты на́шего факульте́та обяза́тельно встре́тятся зде́сь?
①　　①　　　①　　　①　　　①　　　①　　④

　／
б) Вы́?
　④

／ - - -
Вы́ е́дете?
④①

/ - - - - -

Вы́ сего́дня е́дете?

④　　①　　　①

/ - - - - - - -

Вы́ сего́дня ве́чером е́дете?

④　　①　　　①　　　①

/ - - - - - - - - -

Вы́ сего́дня ве́чером е́дете в⌣Пари́ж?

④　　①　　　①　　　①　　　　①

/ - - - - - - - - - - -

Вы́ сего́дня ве́чером е́дете в⌣Пари́ж на⌣конфере́нцию?

④　　①　　　①　　　①　　　　①　　　①

/ - - - - - - - - - - - -

Вы́　　сего́дня　　ве́чером　　е́дете　　в⌣Пари́ж　　на⌣междунаро́дную

④　　　　①　　　　①　　　　①　　　　①　　　　①

- - - - --

конфере́нцию?

　　　①

- / -

в) Ната́ша?

　　　④

- - - / -

Это Ната́ша?

①　　　　④

- - - - - - / -

Это подру́га Ната́ша?

①　　　①　　　④

- - - - - - - / -

Это твоя́ подру́га Ната́ша?

①　　①　　　①　　　④

- - - - - - - - / -

Это твоя́ но́вая подру́га Ната́ша?

①　　①　①　　　①　　　④

- - - - - - - - - / -

Это твоя́ но́вая ру́сская подру́га Ната́ша?

①　　①　①　　　①　　　①　　　④

- - - - - - - - - - / -

Это твоя́ но́вая ру́сская подру́га из⌣Москвы́ Ната́ша?

①　　①　①　　　①　　　①　　　　①　　　④

／

г) Та́м?
　④

　　　　／　　-　-　-　-　-　　-　-

　Та́м преподава́тельница?
　④　　　　　①

　　　　／　-　-　-　-　-　-　　-　-

　Та́м на́ша преподава́тельница?
　④　①　　　　　　①

　　　　／　-　-　-　-　-　-　-　　-　-

　Та́м на́ша но́вая преподава́тельница?
　④　①　①　　　　　　①

　　　　／　-　-　-　-　-　-　-　-　-　-

　Та́м на́ша но́вая ру́сская преподава́тельница?
　④　①　①　①　　　　　①

　　　　／　-　-　-　-　-　-　-　-　-　-　-　-

　Та́м на́ша но́вая ру́сская преподава́тельница ждёт?
　④　①　①　①　　　　①　　　　　①

　　　　／　-　-　-　-　-　-　-　-　-　-　-　-　-

　Та́м на́ша но́вая ру́сская преподава́тельница ждёт на́с?
　④　①　①　①　　　　　①　　　　①　①

　　　／-　-

д) Зна́ете?
　④

　　　-　　／-　-

　Не‿зна́ете?
　　　④

　　　-　-　　／-　-

　Вы́ не‿зна́ете?
　①　　④

　　　-　-　　／-　-　-　-

　Вы́ не‿зна́ете, где́ Ни́на?
　①　　④　　　①　①

　　　-　-　　／-　-　-　-

　Вы́ не‿зна́ете, где́ портфе́ль?
　①　　④　　　①　　①

　　　-　-　　／-　-　-　-　-

　Вы́ не‿зна́ете, где́ мо́й портфе́ль?
　①　　④　　　①　①　　　①

Вы не знаете, где дом номер один?

Вы не знаете, где остановка автобуса?

Вы не знаете, какой троллейбус идёт до Ленинского проспекта?

语音练习范例二　朗读下列对话，注意语调中心的音高升降，以及调心前部和调心后部的音调平稳。

а) — Ты видела этот фильм?

— Нет.

— Посмотрим?

— С удовольствуем.

— Прекрасно. Я куплю два билета.

б) — Ты не знаешь, где идёт фильм «Журналист»?

— «Журналист»? В кинотеатре «Россия».

— Ты его уже видел?

— Нет.

— Пойдём?

— Пойдём. Ты не можешь сходить за билетами?

　　　　1　　　　　1
— Хорошó. Я схожý.
　　③　①　　　③

七、俄语语流重音的位移现象

俄语语流重音的位移现象，是中国学生俄语语流重音习得中的一个极为常见的偏误，历来是中国俄语语音教学和研究中的一大难点。在俄语教学实践中，我们经常会发现，有很多中国学生的俄语语流重音，不是落在该落的那个音节上，而是在语音句中随意地“跳来跳去”。例如：

Онú мoй двоюродны́е сестры́ и‿братья́.（误）
①　①　　　　①　　　①　　　③

Онú мoй двою́родные сёстры и‿бра́тья.（正）
①　①　①　　　　①　　　③

我们认为，此类俄语语流重音习得偏误的产生，主要有三个方面的原因：第一，中国学生没有很好掌握俄语词重音分布规律；第二，中国学生普遍忽略俄语词重音位置的掌握；第三，来自母语负迁移因素的干扰作用，即汉语和俄语在重音方面存在很多显著差异。

首先，中国学生普遍缺乏足够的俄语重音知识，他们普遍没有很好地掌握俄语词重音分布规律。这一现象与我国俄语重音教学现状有着直接的因果关系。根据俄语语音学理论，俄语重音是一种非常复杂的语言现象，俄语重音同时具有异位性和移动性，对于中国学生来说历来是一大难点。因此，中国学生要想全面掌握俄语重音，就必须学习和掌握一些基本的俄语词重音分布规律。然而，中国目前通行的俄语教科书一般很少介绍俄语词重音知识，充其量也就是在俄语语音导论课部分极为简单地向学生介绍一下，什么叫词重音、非重读音节的元音如何弱化等最最基本的俄语词重音知识，至于俄语词重音分布规律，基本上可以说是只字未提。相关知识我们也只能在极个别的俄语语音学专著中才能找到。在这样的情况下，中国俄语教师大多很难全面了解俄语重音知识，而中国学生当然也就无从学习和掌握俄语词重音分布规律。因此，中国学生在俄语口语实践中，必然会经常发生错误判断俄语词重音位置的情况。

　　另外,很多中国学生在俄语学习中通常对俄语词重音位置不够重视,他们对于俄语词重音的关注程度相当低,个别人甚至完全缺失重音意识。笔者发现,很多中国学生学习俄语单词时,更为关注的往往是词的拼写、意义和用法,而重音在各种词形中的位置往往被忽略,他们往往凭自己的感觉,想当然地把重音落在他们认为可能落的音节上,而实际上他们并没有掌握基本的俄语词重音分布规律,并没有很好的俄语节奏感,因而经常发生错误判断重音位置的现象。与此同时,还有不少中国学生认为,俄语口语中的重音移位偏误无伤大雅,一般不会影响语义,不会影响交际。甚至还有个别中国学生错误地认为,既然俄语重音是不固定的,那么,也就可以随意地挪来挪去。诚然,就整个词汇体系而言,俄语词重音具有异位性(разноместность);就一个词的各种语法形式而言,俄语词重音又具有移动性(подвижность)。但是,就俄语语流中的每一个具体的语音词而言,俄语语流重音的位置又是固定的,也就是说,俄语语音词的重音位置通常不能随意挪动。俄语语流重音的随意挪动,通常会违反俄语重音规范,有时甚至会影响交际。

　　在此,我们同样能发现来自母语汉语负迁移因素的干扰作用。由于语言类型的截然不同,重音在俄语和汉语两种语言中的作用有着很大的差异。汉语属于典型的声调语言,汉字声调在表达语义方面起着重要作用,而词重音的辨义作用也就不是那么明显。中国人一般只会注意字的声调,而不会去注意词的重音位置。在汉语语流中,"无轻声音节语音词"(фонетические слова без безударных слогов),与"有轻声音节语音词"(фонетические слова с безударными слогами)相比,占有绝对的优势地位。这些"无轻声音节语音词",其语流重音有时可以从一个音节挪到另一个音节,这样并不会违反汉语的重音规范,与此同时,该语音词的意义并不会发生变化。所以,与其说是汉语重读音节有辨义作用,还不如说是非重读音节(即轻声音节)有辨义作用,如"私房"(sīfang°)(指家庭成员的个人积蓄)和"私房"(sīfáng)(指产权属于个人的房屋)、"大意"(dàyi°)(指疏忽)和"大意"(dàyì)(指主要意思)、"土地"(tǔdi°)(迷信传说中指管一个小地区的神,即土地爷)和"土地"(tǔdì)(指田地、疆域),等等。汉语语流中,除了那些带有轻声字的词以外,一般正常的双重词,其重音落在何处,通常都不会影响词的意义,如

"wàiyǔ"（外语）、"xuéxí"（学习）、"xiāngdāng"（相当）、"yǒuqù"（有趣），这些语音词的重音结构无论表现为前重，还是表现为后重，或者表现为等重，都不会改变词义。与此相反，俄语属于典型的重音语言，俄语词重音位置有着重要的区别意义作用，词重音位置是俄语词的重要辨义手段之一。其中，有的词重音用来区别词汇意义，如мýка（痛苦）和мукá（面粉）、зáмок（城堡）和замóк（锁）、óрган（器官）和оргáн（管风琴）；有的词重音用来区别语法意义，如рукú（名词рукá的单数第二格形式）和рýки（名词рукá的复数第一格形式）、мáстера（名词мáстер的单数第二格形式）和мастерá（名词мáстер的复数第一格形式）、лю́бите（俄语动词люби́ть的现在时复数第二人称形式）和люби́те（俄语动词люби́ть的第二人称命令式复数形式）；还有的词重音用来区别修辞意义，如и́наче（按另一种方式，口语）和инáче（按另一种方式，一般语体）、мóлодец（英姿飒爽的年轻人、棒小伙子，民间诗歌语体）和молодéц（英姿飒爽的年轻人、棒小伙子，一般语体）、твóрог（乳渣、奶渣、酸凝乳，口语）和творóг（乳渣、奶渣、酸凝乳，一般语体），等等。也正是由于俄汉两种语言在词重音作用方面的根本差异，从小习惯于母语汉语的中国俄语学习者，自幼在汉语口语中一向关注的仅仅是每个字的声调，而对于语音词、语音词重音全然没有意识，他们通常习惯于随意地挪动那些"无轻声音节语音词"的重音，而丝毫不影响语义的表达，无论是说话人还是听话人，对此通常也不会有明显感觉。因此，当中国学生开始接触俄语时，他们通常难以迅速适应俄语语流中的语音词重音，通常难以迅速确立正确的俄语词重音意识，更不要说准确把握每个语流重音的位置。

也正是上述几个原因的合力作用，使得中国学生在俄语语流重音习得中经常会出现随意挪动重音位置的偏误。

针对这种现象，我们俄语教师很有必要向中国学生介绍有关俄语词重音基本分布规律方面的知识，有必要强调俄语词重音位置的辨义作用，有必要引导学生不断强化重音意识，时刻高度重视俄语词重音位置，让他们养成在学习俄语单词的同时关注各词形重音位置的良好习惯。另外，笔者建议，在俄语教材中可以适量补充一些有关俄语词重音基本分布规律方面的知识。

我们建议教师选用一些专门的针对性语音练习，来帮助中国学生纠正或预防这一类俄语语流重音习得偏误。例如：

语音练习范例一　朗读下列语音句,纠正划线语音词中的语流重音位移偏误。

а) Óля, / чувствовáла мáть, / не‿зря задалá брáту такóй вопрóс.

　　(чýвствовала, задалá)

б) Они́ мои́ двоюрóдны́е сестры́ и‿брáтья́.

　　(двою́родные, сёстры, и‿брáтья)

в) На‿мои́х часáх рóвно одиннáдцать часóв.

　　(часáх, оди́ннадцать, часóв)

г) Вы́ выгляди́те óчень плóхо, / нýжно срóчно вызвáть врáча.

　　(вы́глядите, вы́звать, врачá)

д) Лéтом стýденты обы́чно встаю́т в‿шестóм часý ýтра.

　　(студéнты, встаю́т, часý, утрá)

е) На‿прáздник собрáлись всé шкóльные товáрищи и‿всé учи́теля.

　　(собрали́сь, учителя́)

ё) Э́ти дéвушки с‿дéтства мечтáют стать меди́цинскими сестрáми.

　　(мечтáют, медици́нскими, сёстрами)

ж) Мы сфотографировáлись со‿свóим преподавáтелем.

　　(сфотографи́ровались, со‿свóим)

з) Он учи́тся в‿университéте на‿юри́дическом факультéте.

　　(ýчится, в‿университéте, на‿юриди́ческом)

и) По‿вéчерам мы с‿родителя́ми вмéсте смóтрим телеви́зор.

　　(По‿вечерáм, с‿роди́телями, телеви́зор)

语音练习范例二　朗读下列语音句,标出其中各语音词的语流重音位置,尤其注意划线词。

а) Об этой дорогой девушке мы потом поговорим дорогой.

　　(Об‿э́той дорогóй дéвушке мы́ потóм поговори́м дорогóй.)

б) Вести переписку с ним, чтобы получить вести о нём.

　　(Вести́ перепи́ску с‿ни́м, чтóбы‿получи́ть вéсти о‿нём.)

в) Это пальто мне немножко мало, но мне было трудно выбрать

подходящее, ведь их было слишком <u>мало</u>.

(Э́то пальто́ мне́ немно́жко <u>мало́</u>, но̮ мне́ бы́ло тру́дно вы́брать подходя́щее, ведь̮ и́х бы́ло сли́шком <u>ма́ло</u>.)

г) В Ли́тве постро́или <u>замок</u> изо льда, высотой четыре метра.

На двери больницы на набережной повесили <u>замок</u>.

(В̮ Ли́тве постро́или <u>за́мок</u> изо̮ льда́, высото́й четы́ре ме́тра.)

(На̮ двери́ больни́цы на̮ на́бережной пове́сили <u>замо́к</u>.)

д) Из зерна получают такие важные и незаменимые для человека продукты питания, как крупа, <u>мука</u>, макароны, хлопья, и, конечно же, хлеб.

Любовь — это боль и <u>мука</u>, стыд, восторг, рай и ад, чувство, что ты живёшь в сто раз.

(Из̮ зерна́ получа́ют таки́е ва́жные и̮ незамени́мые для̮ челове́ка проду́кты пита́ния, как̮ крупа́, <u>мука́</u>, макаро́ны, хло́пья, и, ̮ коне́чно̮ же, хлеб.)

(Любо́вь — э́то бо́ль и̮ <u>му́ка</u>, сты́д, восто́рг, ра́й и̮ а́д, чу́вство, что̮ ты́ живёшь в̮ сто́ ра́з.)

е) Такую скучную книгу не <u>стоит</u> читать.

Моя любимая девушка <u>стоит</u> возле какого-то высокого парня.

(Таку́ю ску́чную кни́гу не̮ <u>сто́ит</u> чита́ть.)

(Моя́ люби́мая де́вушка <u>стои́т</u> во́зле̮ како́го-̮ то высо́кого па́рня.)

ё) В посёлке можно купить или снять загородные <u>дома</u> с полной отделкой.

Хозяин <u>дома</u> должен подумать, как раздвинуть стол и удобно усадить всех гостей.

(В̮ посёлке мо́жно купи́ть и́ли̮ сня́ть за́городные <u>дома́</u> с̮ по́лной отде́лкой.)

(Хозя́ин <u>до́ма</u> до́лжен поду́мать, как раздви́нуть сто́л и̮ удо́бно усади́ть все́х гостей.)

语音练习范例三　朗读下列句子,标出其中成对的斜体词的重音,注意其不同意义。

1. Я изучаю историю своей *страны*. Он объехал многие *страны*.

   (страны́, стра́ны)

2. На лепестках розы видны капельки *росы*. Прохладны весенние *росы*.

   (росы́, ро́сы)

3. Давно не было *грозы*. Люблю весенние *грозы*.

   (грозы́, гро́зы)

4. Мы остановились около лисьей *норы*. Вокруг тоже виднелись *норы*.

   (норы́, но́ры)

5. В чашке нет *воды*. В киоске продают минеральные *воды*.

   (воды́, во́ды)

6. У Иры не было *косы*. В сенях, в углу, стояли *косы*.

   (косы́, ко́сы)

7. На поляне не было *травы*. Пионеры собирают лечебные *травы*.

   (травы́, тра́вы)

8. У бабушки не было *козы*. На лугу паслись *козы*.

   (козы́, ко́зы)

9. В лаборатории нет *доски*. В школу привезли *доски*.

   (доски́, до́ски)

10. У куклы нет *ноги*. У Саши болят *ноги*.

    (ноги́, но́ги)

11. Мы стояли у подножья *горы*. Вокруг были высокие *горы*.

    (горы́, го́ры)

12. Лодку перевернуло ударом *волны*. На озере большие *волны*.

    (волны́, во́лны)

13. Не прошло и *года*. Прошли *года*.

    (го́да, года́)

14. У куклы нет *глаза*. У Лены красивые *глаза*.

（гла́за，глаза́）

15. Около *дома* сад. Вокруг высокие *дома*.

（до́ма，дома́）

16. Ребёнок лежал у *бока* матери. В драке ему намяли *бока*.

（бо́ка，бока́）

17. Это мыло высшего *сорта*. В магазине есть различные *сорта* мыла.

（со́рта，сорта́）

18. Стол стоит у *окна*. В комнате большие *окна*.

（окна́，о́кна）

19. Я не знала этого *слова*. Постараюсь запомнить новые *слова*.

（сло́ва，слова́）

20. У меня нет такого *кольца*. Они купили обручальные *кольца*.

（кольца́，ко́льца）

八、俄语语流重音的层次不明现象

根据笔者观察，很多中国学生在俄语口语实践中，往往不分层次、用力均衡地强调俄语语音句中所有的词重读音节。不管一个句子有多少重读音节，也不管这些重读音节在句子语调结构中所担任的角色如何，他们都平等对待，用几乎相等的音长、音强、音高去强调每一个词重音。这种现象在中国学生中极为普遍。这就是中国学生俄语语流重音习得中的重音层次不明现象。

中国学生俄语语流重音层次不明这一类偏误的发生，与母语汉语负迁移因素的干扰作用不无关系。尽管汉语和俄语有着类似的语流重音层级体系，但是，汉俄两种语言不同语流重音变体之间的区别不尽相同。正如本书第四章所言，俄语语流重音和汉语语流重音的决定性声学要素有一定的差异，两种语言在声学特征方面的突出方法也不尽相同。在俄语语流重音不同变体突出过程中，音长和音高是决定性要素，而音强和能量在俄语语流重音体系中的突出作用不是十分明显；而在汉语语流重音不同变体突出过程中,音长是决定性要素,而音强、能量和音高在汉语语流重音体系中的突出作用不是十分明显。在俄语语流中,音调是各种语流重音变体的区别性特征:俄语语段重读音节、句重读音节和逻辑重读音节在发音时音调有明显的变化,或者表现为升调,或者表现为降调,或者表现为降升调;而节奏重读音节在发音时通常带有相对平稳调。在汉语语流中,音调并不是各种语流重音变体的区别性特征:无论是哪一种语流重音变体,通常都保留着自己原有的音调——声调:阴平、阳平调、上声、去声。因此,俄语语流重音不同变体之间的相互区别,尤其在音高特征方面,相对来讲要比汉语语流重音不同变体之间的相互区别更为明显、更为突出。

汉语是典型的声调语言,声调构成汉语语流节奏的主要特征,重音在汉语语流中仅仅处于从属地位,不同类型的汉语语流重音之间的区别一般不是特别明显;而俄语是典型的重音语言,重音构成俄语语流节奏的主要特征,在俄语语流中处于主导地位,不同类型的俄语语流重音之间有着明显的区别。

中国学生从小习惯于母语语流的声调节奏,对于俄语语流的重音节奏感觉模糊,对于俄语语流重音层级体系方面的知识更是全然不知。他们大多不了解,不同类型的俄语语流重音在俄语语音句的语调结构中起着不同的作用。本书第二章第四节曾指出,俄语词重音进入语音句以后,就会在句子语调结构中担任不同的角色:一部分语流重音扮演调心的作用,成为“调心重音”,它们是语段重音、句重音、逻辑重音;而另一部分语流重音只是构成这个调心的“陪衬”,成为“陪衬重音”,它们就是节奏重音。通常来讲,在俄语语音句调型结构中,调心重音明显比陪衬重音更突出,它们相对长而紧张,音高变化突出;陪衬重音相对短而松弛,音高变化较小;而非重读音节则更短、更松弛,几乎无音高变化。然而,中国学生对于上述俄语语流重音层级体系方面的知识普遍不甚了解,更谈不上正确使用,所以,他们不分层次地、用力均衡地强调俄语语音句中所有的词重读音节,结果导致调心重音不够强,陪衬重音不够弱,使得其俄语语流听起来极为苍白、单调乏味、层次不明、毫无生气,有时甚至影响语义的表达。对于此类俄语语流重音习得偏误,我国俄语语音学专家陈君华也曾经有过类似的观点,她曾经指出,“多数情况下一个调型结构含有一个调心,调心与结构内其他重读音节的区别,不仅表现在音高变化方面，也表现在音长及音质清晰度方面。从这一意义上说，其他重读音节处于从属地位，而调心促使全语段形成一个整体……不少中国学生对这一点认识不足，他们把非调心的重读音节也读得相当长、相当清晰，音调变化也相当大，从而几乎突出了语段中每一个词，造成多中心"（陈君华，1993：21）。

　　针对中国学生俄语语流重音层次不明这一类偏误，我们可以采用如下策略。在俄语课上，教师可以向中国学生简略介绍俄语语流重音的概念和类型，并且引导学生关注不同类型的俄语语流重音在语音句语调结构中的不同作用，让他们养成一个区别对待"调心重音"和"陪衬重音"的习惯。尤其要向他们强调，俄语节奏重音在语音句语调结构中扮演"陪衬重音"的角色，它们位于语句语调结构的调心前部或调心后部，与处于调心位置上的语段重音、句重音、逻辑重音相比，其音调相对平稳、用力较少、音长较短，否则起调心作用的那些语段重音、句重音、逻辑重音必定会变得模糊不清。

　　此外，我们建议教师选用一些专门的针对性语音练习，来帮助中国学生纠正或预防这一类俄语语流重音习得偏误。例如：

语音练习范例一　将下列语音句切分成语段，标出所有语音词的重音，并说明其所属语流重音类型。

1）Я купила мясо, рыбу, овощи, фрукты, чёрный и белый хлеб.

（Я купи́ла мя́со, / ры́бу, / о́вощи, / фру́кты, / чёрный и ⌣бе́лый
① ① ② ② ② ② ① ①
хле́б. ）
③

2）Она хорошо говорит по-немецки, по-английски и по-французски.

（ Она́ хорошо́ говори́т по-неме́цки, / по-англи́йски /
① ① ① ② ②
и⌣по-францу́зски. ）
③

3）Едут машины, автобусы, троллейбусы, идут люди.

（Е́дут маши́ны, / авто́бусы, / тролле́йбусы, / иду́т лю́ди. ）
① ② ② ② ① ③

4）Мужа зовут Сергей, а жену Наташа.

（Му́жа зову́т Серге́й, / а⌣жену́ Ната́ша. ）
① ① ② ① ③

5）Бабушка готовит обед, а Маша играет.

（Бáбушка готóвит обéд, / а‿Мáша игрáет. ）
　　①　　　　①　　②　　　　　①　　③

6）Вы не знаете, где остановка автобуса?

（Вы́ не‿знáете, гдé останóвка автóбуса? ）
　①　　④　　　①　　①　　　①

7）Вы не знаете, какой троллейбус идёт до Красной площади?

（Вы́ не‿знáете, какóй троллéйбус идёт до‿Крáсной плóщади? ）
　①　　④　　　①　　　①　　　①　　　①　　　①

语音练习范例二　朗读下列对话,注意各类语流重音在语音句调型结构中的作用。

1）— Когдá приéдет твоя́ сестрá?
　　　④　　①　　③　　①

— Сестрá приéдет в‿январé.
　　①　　①　　③

— Когдá?
　　④

— В‿январé.
　　③

2）— Вы́ не‿знáете, котóрый час? Мой часы́ спешáт.
　　①　　④　　　①　　①　　①　①　　③

— Сейчáс одúннадцать часóв.
　　①　　①　　　③

3）— Чтó случúлось?
　　①　　④

— Я óчень плóхо себя́ чýвствую.
　①①　　　①　　　①③

— А‿чтó с‿вáми?
　　④　　①

— У‿меня́ болúт сéрдце.
　　①　　①

— Вы́ бы́ли у‿врачá?
　①④　　　①

$$\overset{1}{\underset{\text{③}}{}}$$

— Ещё⌣не́т.
     ③

                             1
— Ва́м ну́жно сро́чно пойти́ в⌣больни́цу.
   ①   ①   ①   ①   ③

本章小结

本章首先讨论了"语言迁移"的定义和分类,回顾了语言迁移理论的研究历史,对语言迁移的内涵、外延、本质特征进行了一些必要的梳理。我们认为,语言迁移理论对中国学生俄语语流重音习得研究有如下启示:1. 母语迁移是中国学生俄语语流重音习得中的客观现象,是母语汉语和目标语俄语语流重音体系之间的共性和差异所造成的影响;2. 中国学生俄语语流重音习得中的母语迁移包括正迁移和负迁移两大类,其中,母语汉语和目标语俄语语流重音体系之间的共性通常会导致正迁移,而母语汉语和目标语俄语语流重音体系之间的差异则通常会导致负迁移;3. 母语汉语中缺少目标语俄语中的某个语流重音规则,同样也会导致中国学生俄语语流重音习得中的母语负迁移现象;4. 俄汉语流重音对比分析,是中国俄语语流重音教学研究不可缺少的重要手段;5. 母语汉语语流重音的迁移研究,与中国学生俄语语流重音习得偏误分析与对策研究密不可分,必须将两者有机结合起来。

在此基础上,本章结合俄汉语流重音在各种声学特征方面的本质性差异,重点分析了中国学生在俄语语流重音习得中的一些典型偏误及其母语负迁移因素。我们认为,中国学生在俄语语流重音习得中的典型偏误主要有:1. 俄语语流重音基本依附单位的节律变异现象;2. 俄语语音句中所有音节的一律重读现象;3. 俄语非重读音节上的冗余重音现象;4. 俄语非重读元音的弱化缺失现象;5. 俄语语音句中每个词汇词的刻意重读现象;6. 俄语节奏重音相对平稳调的习惯性升降现象;7. 俄语语流重音的位移现象;8. 俄语语流重音的层次不明现象。在俄语教学实践中,上述俄语语流重音习得典型偏误有时单独出现,但更多的时候是多种类型偏误混杂在一起出现。

我们认为,俄语语流重音系统自身的复杂性、中国俄语语音教学中广大师生对于俄语语流重音的长期忽略、俄汉两种语言在语言类别上的根本性差异,尤其是它们在重音类别上的根本性差异所导致的来自母语语流重音系统的种种负迁移因素,正是这三个方面的原因导致了中国学生在俄语语流重音习得中常常出现这样或那样的偏误,从而使得他们的俄语口语带有明显的"汉腔汉调"。其中,来自母语语流重音系统的种种负迁移因素,是导致中国学生在俄语语流重音习得中常常出现种种偏误的最根本原因。

　　本章在分析中国学生俄语语流重音习得典型偏误及其母语负迁移因素时,还提出了一些相应的教学策略,编写了部分专门的有针对性的语音练习。我们认为,中国的俄语教师一方面要重视俄语语流重音教学,要把俄语语流重音教学贯穿到整个俄语教学过程中去,另一方面可以在俄语语音教学中适当地进行一些俄汉语流重音方面的对比,要向学生简要阐明俄汉语流重音之间的本质性差异,要设法引导学生正确认识俄语语流重音,引导他们加强俄语语流重音意识,培养正确的俄语语流重音发音习惯,从而有效地避免或减少中国学生在俄语语流重音习得中所受到的汉语负迁移因素的干扰作用。此外,我们教师还可以编写或选用一些专门的有针对性的语音练习,来帮助中国学生纠正或预防各种俄语语流重音习得偏误。

结　语

　　在俄汉语流重音声学实验对比及应用研究过程中,我们以俄、汉语音学理论为依托,以对比语音学为研究视角,采用先进的声学实验方法,试图在整理声学实验数据和分析语图的基础上进行俄汉语流重音对比研究,发现俄汉语流重音在音长、音强、能量、音高等声学特征方面的主要异同点,从而探索中国学生在俄语语流重音习得中典型偏误发生的最根本原因,最终寻求纠正和预防这些偏误的有效方法。

　　俄汉语流重音声学实验对比及应用研究,不仅使我们认识到俄汉两种语言在重音方面的本质性差异,还使我们进一步认识到非声调语言与声调语言在重音方面的本质性差异。课题研究成果对于俄语语音学、汉语语音学、俄汉对比语音学乃至普通语音学研究具有重要的理论意义,对于语言类型学的理论研究也有一定的参考价值。此外,课题研究成果还具有重要的实践意义,对中国的俄语语音教学具有重要的参考价值。

　　本课题得出的最主要结论有:

　　第一,词重音和语流重音是重音的两个基本对立概念,它们相互之间既有联系,又有区别。

　　词重音就是词汇词作为一个语言单位,由于不同音节发音有强有弱而显现出来的重音,它为词汇词所固有,是没有受到语流中不同语调类型和韵律结构影响的语言学意义上的重音;语流重音就是语音词作为一个语流中的语音单位,由于不同音节发音有强有弱而显现出来的重音,它为语音词所固有,是受到语流中不同语调类型和韵律结构影响的语音学意义上的重音。词重音和语流重音之间的联系主要在于:1. 词重音和语流重音都属于超音段单位,两者都是某个词范围内由于不同音节发音有强有弱而显现出来的重音;2. 词重音和语流重音都不能单独发音,两者都要依附于相应的音段单位,通过相应的音段单位来表现自己的语音特征;3. 词重音和语流重音都是词的语音标记;4. 词重音在很大程度上预先决定了语流重音的结构模式。词重音和语流重音之间的区别主要在于:1. 词重音为词汇词所特有,是语言学意义上的重音;而语流重音为语音词所特有,是语音学意义上的重音。2. 词重音是词汇词的选择性语音标记;而语流重音是语音词的必要性语音标记。3. 词重音位置具有绝对的超个体性质,通常决定于约定俗成的社会习惯;而语流重音位置具有一定的随意性,说话者往往可以根据自己交际任务的不同来改变部分语流重音的位置。4. 词重音是没有受到任何语音句影响的重音,它们具有相对恒定的区别性特征;而语流重音是在语音句语调类型和韵律结构影响下的重音,由于它们在语音句中所处的重音位各有差异,不同类别的语流重读音节与非重读音节的区别程度也会相应有所不同,从而构成强调程度不一的语流重音层级体系。

　　第二,语流重音是一个完整的包括各种突出程度不一的语流重音变体的重音层级体系。

　　语流重音层级体系通常可以包括四种不同类型的语流重音变体:节奏重音、语段重音、句重音和逻辑重音。各种不同类型的语流重音变体,由于它们相对应的语音词在语音句中所承载的语义分量和交际功能不同,在语音句中处于不同的重音位,受到不同的语音条件的限制,因而具有不同的突出程度。语流重音有四个层级不同的重音位:一级重音位、二级重音位、三级重音位和四级重音位。其中,一级重音位是弱重音位;二级重音位、三级重音位是强重音位,而四级重音位则是特强重音位。语流重音类型包括:节奏重音、语段重音、句重音、逻辑重音。它们从本质来讲,就是语流重音在四个不同层级的重音位上的变体:节奏重音是语流重音在一级重音位上的变体,语段重音是语流重音在二级重音位上的变体,句重音是语流重音在三级重音位上的变体,而逻辑重音则是语流重音在四级重音位上的变体。其中,节奏重音是语流重音在弱重音位上的变体,其突出程度相对弱化,在语句韵律结构中起背景烘托作用;语段重音、句重音是语流重音在强重音位上的变体,其突出程度相对强化,在语句韵律结构中起平常焦点突出作用;而逻辑重音是语流重音在特强重音位上的变体,其突出程度高度强化,在语句韵律结构中起特殊焦点突出作用。

第三,不同的声学要素,在俄语语流重音不同变体的突出过程中有着不同的作用。

俄语语流重音变体的决定性声学要素主要为音长和音高,而音强和能量在俄语语流重音体系中的突出作用不是十分明显。我们的声学实验结果表明,在俄语语流中,一个重读音节的音强和能量的大小,主要取决于该重读音节在语音句中的所处位置:重读音节位置越是靠前,其音强和能量就越大;反之,重读音节位置越是靠后,其音强和能量就越小。但是,对于俄语逻辑重音来讲,音强和能量是伴随性声学要素,在大多数情况下,俄语逻辑重读音节的音强和能量,与其相邻音节相比有明显加大的现象。

从我们的声学实验结果来看,俄语语流重音根据不同的声学特征表现出不同的层级序列。但是,如果我们综合考虑各种声学要素,那么,俄语语流重音层级序列大致为:逻辑重音>句重音>语段重音>节奏重音。

第四,不同的声学要素,在汉语语流重音不同变体的突出过程中有着不同的作用。

汉语语流重音变体的决定性声学要素主要为音长,而音强、能量和音高在汉语语流重音体系中的突出作用不是十分明显。我们的声学实验结果表明,在汉语语流中,一个重读音节的音强和能量的大小,主要取决于该重读音节在语段中的所处位置,通常来讲,重读音节越是靠前,其音强和能量就越大;反之,重读音节越是靠后,其音强和能量就越小。但是,对于汉语逻辑重音来讲,音高、音强和能量都是伴随性声学要素,在大多数情况下,汉语逻辑重读音节的音强和能量,与其相邻音节相比有明显加大的现象,而音高值则有明显抬高现象。

从我们的声学实验结果来看,汉语语流重音根据不同的声学特征表现出不同的层级序列。但是,如果我们综合考虑各种声学要素,那么,汉语语流重音层级序列大致为:逻辑重音>句重音>语段重音>节奏重音。

第五,不同的声学要素,在俄汉两种语言的语流重音不同变体的突出过程中有着不同的作用。

在俄语语流重音不同变体突出过程中,音长和音高是决定性要素,而音强和能量在俄语语流重音体系中的突出作用不是十分明显;而在汉语语流重音不同变体突出过程中,音长是决定性要素,而音强、能量和音高在汉语语流重音体系中的突出作用不是十分明显。其中,逻辑重音的突出方法比较特殊,无论是俄语逻辑重音,还是汉语逻辑重音,都是充分利用了各种声学要素来得以突出:音长、音高、音强和能量。

从我们的声学实验结果来看,无论是俄语语流重音,还是汉语语流重音,根据不同的声学特征,都可以表现出不同的层级序列。但是,如果我们综合考虑各种声学要素,那么,俄、汉两种语言的语流重音层级序列大致相同:逻辑重音＞句重音＞语段重音＞节奏重音。

第六,来自母语语流重音系统的种种负迁移因素,是导致中国学生在俄语语流重音习得中常常出现种种偏误的最根本原因。

中国学生在俄语语流重音习得中的典型偏误主要有:1. 俄语语流重音基本依附单位的节律变异现象;2. 俄语语音句中所有音节的一律重读现象;3. 俄语非重读音节上的冗余重音现象;4. 俄语非重读元音的弱化缺失现象;5. 俄语语音句中每个词汇词的刻意重读现象;6. 俄语节奏重音相对平稳调的习惯性升降现象;7. 俄语语流重音的位移现象;8. 俄语语流重音的层次不明现象。

我们认为,俄语语流重音系统自身的复杂性、中国俄语语音教学中广大师生对于俄语语流重音的长期忽略、俄汉两种语言在语言类别上的根本性差异——尤其是它们在重音类别上的根本性差异——所导致的来自母语语流重音系统的种种负迁移因素,正是这三个方面的原因导致了中国学生在俄语语流重音习得中常常出现这样或那样的偏误,从而使得他们的俄语口语带有明显的"汉腔汉调"。其中,来自母语语流重音系统的种种负迁移因素,是导致中国学生在俄语语流重音习得中常常出现种种偏误的最根本原因。

中国的俄语教师一方面要重视俄语语流重音教学,要把俄语语流重音教学贯穿到整个俄语教学过程中去,另一方面可以在俄语语音教学中适当地进行一些俄汉语流重音方面的对比,要向学生简要阐明俄汉语流重音之间的本质性差异,要设法引导学生正确认识俄语语流重音,引导他们加强俄语语流重音意识,培养正确的俄语语流重音发音习惯,从而有效地避免或减少中国学生在俄语语流重音习得中所受到的汉语负迁移因素的干扰作用。此外,我们教师还可以编写或选用一些专门的有针对性的语音练习,来帮助中国学生纠正或预防各种俄语语流重音习得偏误。

另外,我们在俄汉语流重音声学实验对比及应用研究中,还发现一些非常重要的俄、汉语流中所特有的语音现象。

第一,俄语的"非重读音节链"现象和汉语的"重读音节链"现象。

俄语语流中的大多数音节是非重读音节,重读音节所占比例相对较小,因而很容易形成"非重读音节链";而汉语语流中的绝大多数音节是重读音节,非重读音节所占比例极低,因而很容易形成"重读音节链"。非重读音节链是俄语语流中的一种独特语音现象;而重读音节链是汉语语流中的一种独特语音现象。其根本原因在于俄语和汉语在超音段特征方面的一个本质性差异:俄语属于典型的重音语言,重音是俄语语流的主导性超音段单位,它以语音词为基本依附单位;而汉语属于典型的声调语言,声调是汉语的主导性超音段单位,它以音节为依附单位。俄语的非重读音节链,从反面衬托出重音在俄语韵律结构中的特殊的醒目地位,因为只有在众多非重读音节的衬托下,俄语重音才得以发挥其重要作用;而汉语的重读音节链,恰恰说明重音在汉语韵律结构中的遍布性,说明重音在汉语语流中是随处可见的遍布的常态现象,因而也就无法在汉语语流中占据特殊的醒目地位,人们反而往往会忽略汉语重音的存在,去关注它们的对立面——在汉语语流中占据突出醒目地位的非重读音节(轻声)。

第二,俄语的"相对平稳调音节链"现象和汉语的"波浪起伏调"现象。

"相对平稳调音节链"是俄语语流的音调特征,而"波浪起伏调"则是汉语语流的音调特征。俄语语流中的相对平稳调音节链,使得俄语语音句的句调调心得以更加突出,形成明显的句调"大波浪";而汉语语流中的波浪起伏调,使得汉语语音句的句调调心难以得到突显,难以形成明显的句调"大波浪"。其根本原因在于俄语和汉语在音调方面的一个本质性差异:俄语属于典型的语调语言,音调在俄语中的主要依附单位是语段和语音句;而汉语属于典型的声调语言,声调在汉语中的主要依附单位是音节。

　　本书中"语流重音"、"语流重音层级体系"、"语流重音变体"、"重音位"、"弱重音位"、"强重音位"、"特强重音位"、"陪衬重音"、"调心重音"、俄语"非重读音节链"、汉语"重读音节链"、俄语"相对平稳调音节链"、汉语"波浪起伏调"等系列概念的推出,尤其是语流重音层级体系理论构想的推出,对于俄语和汉语重音研究、俄汉重音对比研究以及普通语音学意义上的重音研究,具有重要的理论创新意义。

　　毋庸讳言,俄汉语流重音声学实验对比及应用研究是一个纷繁复杂且范围广泛的课题,我们只是进行了初步的尝试。由于时间及精力、本人知识结构及研究能力的限制,本书还存在着诸多不足之处。本书推出的语流重音层级体系构想,还有待于以后进行更为深入的理论探索。另外,本书对于俄汉语语流重音的研究还不够全面和系统,仍然有着继续研究的空间,例如:

　　1. 俄汉语流重音,除了节奏重音、语段重音、句重音和逻辑重音以外,还有感情重音。感情重音与节奏重音、语段重音、句重音和逻辑重音有着本质上的区别,它用来表达说话者非常态情绪下的激动心情,从而使得其言语听起来充满强烈的感情色彩,况且常常是整整一句话或一段话的所有音节,包括其中的所有重读音节和非重读音节,都一律高度情绪化地突出强调。因此,俄汉感情重音对比,同样很值得我们去研究。

　　2. 传统语音学认为,语流可以切分出如下音段单位:语音句、语段、语音词、音节和音素。但是,随着现代语音学的发展,人们已经认识到在语音句上面还有一个上层音段单位——语篇。如果我们把研究视角扩大到语篇这一层级,那么,语流重音层级体系研究则更加深入、更加完整。

　　3. 汉语语流重音各种变体,在汉语语调结构中扮演什么样的角色,汉语语调如何通过各类语流重音变体来体现语调调型? 汉语语调和汉语语流重音之间的相互关系是什么? 汉语语调和俄语语调之间的主要异同点是什么? 所有这些,同样可以作为我们以后进行研究的课题。

　　还有一点需要说明的是,由于本实验所选用的语料在类型上和数量上有一定的限制,加之俄语和汉语两种语言的重音领域有很多理论问题尚无定论,如俄语音节如何切分、汉语语音词如何切分,尤其是汉语语音词重音位置如何确定等问题,因此,我们本次实验所总结的规律和现象也有可能会失之偏颇，因而还有待于更加科学、更加深入、更加系统的探索研究。

　　总之，俄汉语流重音声学实验对比及应用研究，仅仅是俄汉语流重音和语调对比研究的开始。我们的课题研究成果，若能达到抛砖引玉之功效，则为笔者之愿。

参考文献

外文参考文献

Lado R. Linguistics across cultures. Ann Arbor，MI：University of Michigan Press，1957.

Odlin T. Language transfer. Cambridge：Cambridge University Press，1989.

Аванесов Р. И. Ударение в современном русском литературном языке. М.: Учпедгиз, 1955.

Аванесов Р. И. Фонетика современного русского литературного языка. М.: МГУ, 1956.

Аванесов Р. И. Русская литературная и диалектная фонетика. М.: Просвещение, 1974.

Аванесов Р. И. Русское литературное произношение. М.: Просвещение, 1984.

Аванесов Р. И. Орфоэпический словарь русского языка: Произношение, ударение, грамматические формы. М.: Русский язык, 1989.

Агеенко Ф. Л., Зарва М. В. Словарь ударений для работников радио и телевидения. М.: Русский язык, 1985.

Акишина А. А., Барановская С. А. Русская фонетика. М.: Русский язык, 1990.

Акишина А. А., Барановская С. А. Русская фонетика на фоне общей. М.: Изд-во ЛКИ, 2010.

АН СССР. Институт русского языка. Русская грамматика. Том 1. Фонетика. Фонология. Ударение. Интонация. Словообразование. Морфология. М.: Наука, 1980.

Антонова Д. Н., Щетинина М. И. Фонетика. М.: Русский язык, 1982.

Антонова Д. Н. и др. Пособие по фонетике и инотонации русского языка. М.: Изд-во Московского университета, 1985.

Антонова Д. Н. Фонетика и интонация: корректировочный курс для зарубежных преподавателей. М.: Русский язык, 1988.

Ардентов Б. П. Фонология современного русского литературного языка. Кишинёв: Штиинца, 1979.

Артемов В. А. Экспериментальная фонетика. М.: Изд-во литературы на иностранных языках, 1956.

Баженов Н. М., Черкашин Р. А. Выразительное чтение. Харьков: Изд-во Харьковского университета, 1960.

Барковский М. М. Русское словесное ударение. Минск: Высшая школа, 1969.

Бархударова Е. Л. Консонантизм русского языка. Типологический и структурный анализ. М.: 1999.

Белошапкова В. А. и др. Современный русский язык. М.: Азбуковник, 1999.

Бондарко Л. В. Звуковой строй современного русского языка. М.: Просвещение, 1977.

Бондарко Л. В. Фонетика современного русского языка. СПб.: Изд-во СПбГУ, 1998.

Бондарко Л. В. и др. Акустические характеристики безударности: На материале русского языка // Структурная типология языков. М.: Наука, 1966. С. 56 – 64.

Бондарко Л. В. и др. Основы общей фонетики. СПб.: Санкт-Петербургского университета, 1991.

Братусь Б. В., Вербицкая Л. А. Пособие по фонетике для иностранных студентов-филологов. М.: Русский язык, 1983.

Брызгунова Е. А. Практическая фонетика и интонация русского языка. М.: Наука, 1963.

Брызгунова Е. А. Фонологический метод в интонации // Интонация. Киев: Вища школа, 1978. С. 18 – 33.

Брызгунова Е. А. Звуки и интонация русской речи. М.: Русский язык, 1981.

Брызгунова Е. А. Вводный фонетико-разговорный курс русского языка. М.: Русский язык, 1982.

Брызгунова Е. А. Эмоционально-стилистические различия русской звучащей речи. М.: Изд-во Моск. ун-та, 1984.

Буланин Л. Л. Фонетика современного русского языка. М.: Высшая школа, 1970.

Буланин Л. Л. Фонетика современного русского языка. М.: Книжный дом «ЛИБРОКОМ», 2010.

Валгина Н. С. и др. Современный русский язык. М.: Высшая школа, 1987.

Вербицкая Л. А. Давайте говорить правильно. М.: Высшая школа, 1993.

Виноградов В. В. и др. Грамматика русского языка. М.: Изд-во Академии Наук СССР, 1953.

Вовк П. С. Обучение иностранцев русскому подвижному ударению. Киев: Вища школа, 1979.

Гак В. Г. Сопоставительное изучение языков и лингвистическая типология // Русский язык за рубежом. 1974. № 3. С. 40 – 45.

Гальцев И. Н. Введение в изучение китайского языка. М.: Изд-во литературы на иностранных языках, 1962.

Ганеев Ж. В. Русский язык. Фонетика и орфоэпия. М.: Высшая школа, 1990.

Гвоздев А. Н. Современный русский литературный язык. Фонетика и морфология (Теоретический курс). Самара: СамГПУ, 1997.

Горбушина Л. А. Обучение выразительному чтению младших школьников. М.: Просвещение, 1981.

Горбушина Л. А., Николаичева А. П. Выразительное чтение и рассказывание детям дошкольного возраста. М.: Просвещение, 1983.

Демиденко Л. П. Речевые ошибки. Минск: Вышэйшая школа, 1986.

Житенева Л. И. Современный литературный язык. Фонетика. Л.: Изд-во Ленинградского университета, 1971.

Задоенко Т. П. Ритмическая организация потока китайской речи. М.: Наука, 1980.

Задоенко Т. П. Основы китайского языка: основной курс. М.: Наука, 1993.

Задоенко Т. П., Хуан Шу-ин. Учебник китайского языка. М.: Наука, 1978.

Земская Е. А. Русская разговорная речь: лингвистический анализ и проблемы обучения. М.: Русский язык, 1987.

Зиндер Л. Р. Общая фонетика: учебное пособие для вузов. М.: Высшая школа, 1960.

Зиндер Л. Р. Общая фонетика: учебное пособие для вузов. М.: Высшая школа, 1979.

Златоустова Л. В. Фонетическая природа русского словесного ударения: Дисс. канд. филол. наук. Л., 1953.

Златоустова Л. В. Фонетическая структура слова в потоке речи. Казань: Изд-во КГУ, 1962.

Златоустова Л. В. Фонетические единицы русской речи. М.: Изд-во Моск. университета, 1981.

Златоустова Л. В. и др. Общая и прикладная фонетика. М.: Изд-во Моск. университета, 1997.

Зубкова Л. Г. и др. Современный русский язык. Теоретический курс. Фонетика. М.: Русский язык, 1985.

Иванова-Лукьянова Г. Н. Культура устной речи: интонация, паузирование, логическое ударение, темп, ритм: Учебное пособие. М.: Флинта: Наука, 2003.

Караулов Ю. Н. Русский язык: Энциклопедия. М.: Научное издательство "Большая Российская энциклопедия", 2003.

Касевич В. Б. Фонологические проблемы общего и восточного языкознания. М.: Наука, 1983.

Касевич В. Б. и др. Ударение и тон в языке и речевой деятельности. Л.: Изд-во Ленинградского университета, 1990.

Князев С. В. Структура фонетического слова в русском языке: синхрония и диахрония. М.: Макс-пресс, 2006.

Князев С. В., Пожарицкая С. К. Современный русский литературный язык. Фонетика, орфоэпия, графика и орфография. М.: Академический проект, 2011.

Козырев И. С., Демиденко Л. П. Современный русский язык. Фонетика. Орфоэпия. Минск: Высшая школа, 1981.

Короткова О. Н. Корректировочный курс русской фонетики и интонации для говорящих на китайском языке. М.: Изд-во Московского университета, 2001.

Крейдлин Г. Е. Голос и тон в языке и речи // Язык о языке. М.: Языки русской культуры. 2000. С. 453 – 501.

Кривнова О. Ф. Длительность как средство реализации словесного ударения в тексте (сопоставительный анализ разных способов оценки выраженности ударения в слове) // Язык и речь: проблемы и решения. М.: Макс-Пресс, 2004. С. 77 – 99.

Кузнецова Е. В. Природа и функции побочного ударения в

русском языке.

http: // www. dialog – 21. ru/dialog2006/materials/html/Kuznetsova E. htm.

Лебедева Ю. Г. Звуки, ударение, интонация. М.: Русский язык, 1975.

Лебедева Ю. Г. Пособие по фонетике русского языка. М.: Высшая школа, 1981.

Лекант П. А. и др. Современный русский литературный язык. М.: Высшая школа, 1988.

Леонтьев А. А. Язык, речь, речевая деятельность. М.: Высшая школа, 1989.

Леонтьев А. А. Некоторые проблемы обучения русскому языку как иностранному. М.: Просвещение, 1990.

Любимова Н. А. и др. Русское произношение. Звуки. Ударение. Ритмика: учебное пособие для студентов-иностранцев. М.: Русский язык, 1981.

Лютикова В. Д. Русский язык. Нормы произношения и ударения. М.: Флинта-Наука, 2009.

Матусевич М. И. Введение в общую фонетику. М.: Учпедгиз, 1959.

Матусевич М. И. Современный русский язык. Фонетика. М.: Просвещение, 1976.

Муханов И. Л. Пособие по интонации: для студентов-филологов старших курсов. М.: Русский язык, 1989.

Николаева Т. М. Семантика акцентного выделения. М.: Наука, 1982.

Новиков Л. А. Современный русский язык: Учебник: Фонетика. Лексикология. Словообразование. Морфология. Синтаксис. СПб.: Лань, 2001.

Панов М. В. Русская фонетика. М.: Просвещение, 1967.

Панов М. В. Современный русский язык. Фонетика. М.: Высшая школа, 1979.

Панов М. В., Сабаткоев Р. Б. Русский язык: Лексика. Фонетика. Теория письма. Морфология: учебное пособие. СПб.: Просвещение, 1993.

Пирогова Н. К. Русское литературное произношение. М.: Просвещение, 1970.

Попов Р. Н. и др. Современный русский язык. М.: Просвещение, 1986.

Потапов В. В. Динамика и статика речевого ритма. Сравнительное исследование на материале славянских и германских языков. М.: УРСС, 2004.

Потебня А. А. Ударение. К.: Наук. думка, 1973.

Прохоров А. М. и др. Большая Советская Энциклопедия. М.: Советская энциклопедия, 1969 – 1978.

Редькин А. А. Акцентология современного русского литературного языка. М.: Просвещение, 1971.

Розенталь Д. Э., Теленкова М. А. Словарь-справочник лингвистических терминов. М.: Астрель-АСТ, 2001.

Розенталь Д. Э. и др. Современный русский язык. М.: Айрис-пресс, 2005.

Румянцев М. К. Тон и интонация в современном китайском языке. М.: Изд-во МГУ, 1972.

Светлышев Д. С. и др. Современный русский язык. М.: Просвещение, 1986.

Светозарова Н. Д. Интонационная система русского языка. Л.: Изд-во ЛГУ, 1982.

Светозарова Н. Д. Интонация в художественном тексте. СПб.: Изд-во СПбГУ, 2000.

Сиротинина О. Б. Русская разговорная речь. М.: Просвещение, 1983.

Софронов М. В. Введение в китайский язык. М.: Дом Муравей, 1996.

Спешнев Н. А. Фонетика китайского языка. Л.: Изд-во Ленинградского университета, 1980.

Сюй Лайди. Ударение в интонационной конструкции // Русская речь. 2010(a). № 4. С. 52 – 54.

Сюй Лайди. Роль разновидностей русского речевого ударения в интонационной конструкции // Актуальные проблемы развития речи и межкультурной коммуникации: Сборник материалов Ш Кирилло-Мефодиевских чтений в Международном гуманитарно-лингвистическом институте. М.: МГЛИ, 2010(b). С. 76 – 81.

Сюй Лайди. О типичных ошибках китайских учащихся в русском речевом ударении и методах их исправления // Русский язык за рубежом. 2011. № 1. С. 47 – 50.

Сятковский С. Основные принципы сопоставительного анализа языков // Русский язык за рубежом, 1976, № 4, с. 69 – 73.

Теплякова Н. А. Краткий курс фонетики русского языка для китайцев. М.: Изд-во МГУ, 1960.

Тер-Минасова С. Г. Сопоставительная лингвистика и проблемы преподавания иностранных языков. М.: Изд-во МГУ, 1994.

Трофимов В. А. Современный русский литературный язык. Фонетика. Графика. Л.: Изд-во Ленинградского университета, 1957.

Трофимова Е. Б. Стратификация языка: теоретико-экспериментальное исследование. М.: Биробиджан, 1996.

Трубецкой Н. С. Основы фонологии. М.: Высшая школа, 1960.

Фант Г. Акустическая теория речеобразования. М.: Наука, 1964.

Федянина Н. А. Ударение в современном русском языке. М.: Русский язык, 1982.

Филин Ф. П. и др. Русский язык. Энциклопедия. М.: Советская энциклопедия, 1979.

Фирсов Г. П. Наблюдения над звуковой и интонационной стороной речи на уроках русского языка. М.: Акад. пед. наук РСФСР, 1959.

Хазагеров Т. Г. Ударение в русском словоизменении. Ростов на Дону: Изд-во Ростовского университета, 1985.

Цеплитис Л. К. Анализ речевой интонации. Рига: Зинатне, 1974.

Черемисина Н. В. Русская интонация: поэзия, проза, разговорная речь. М.: Русский язык, 1989.

Щерба Л. В. Фонетика французского языка. М.: Просвещение, 1955.

Щерба Л. В. Избранные работы по языкознанию и фонетике (Том 1). Л.: Изд-во Ленинградского университета, 1958.

Щерба Л. В. Русские гласные в качественном и количественном отношении. Л.: Наука, 1983.

Якобсон Р. К теоретическому обоснованию сопоставительного описания языков // Русский язык за рубежом. 1979. № 6. С. 77 – 80.

Яковенко Н. П. Словесное ударение в современном русском литературном языке. Киев: Изд-во Киевского университета, 1966.

Ярцева В. Н. и др. Лингвистический энциклопедический словарь. М.: Научное издательство «Большая Российская энциклопедия», 2002.

中文参考文献

阿瓦涅索夫著,常伯淳译,《现代俄罗斯标准语言中的重音》,北京:时代出版社,1956 年。

巴维尔,《北京话正常话语里的轻声》,《中国语文》1987 年第 5 期。

布斯曼,《语言学词典》,北京:商务印书馆,2003 年。

曹剑芬,《现代语音基础知识》,北京:人民教育出版社,1990 年。

曹剑芬,《连续变调与轻重对立》,《中国语文》1995 年第 4 期。

曹剑芬,《现代语音研究与探索》,北京:商务印书馆,2007 年。

曹剑芬、杨顺安,《北京话复合元音的实验研究》,《中国语文》1984 年第 6 期。

曹文,《汉语焦点重音的韵律实现》,北京:北京语言大学出版社,2010 年。

曹阳、廖祥红,《谈俄语词重音》,《鞍山师范学院学报》2002 年第 2 期。

陈刚,《北京话里轻声音节的异变》,《语文研究》1986 年第 4 期。

陈国亭,《俄汉语句焦点、逻辑重音与词序》,《语言科学》2003 年第 6 期。

陈环燕,《利用重音格式掌握俄语词的重音》,《杭州师院学报》(社会科学版)1987 年第 2 期。

陈君华,《俄语口语发音、重音的某些特点》,《中国俄语教学》1986 年第 2 期。

陈君华,《俄语词重音本质》,《外语研究》1990 年第 3 期。

陈君华,《再谈俄语词重音本质——与苏联 80 年〈俄语语法〉重音章节作者商榷》,《中国俄语教学》1992 年第 2 期。

陈君华,《重音、节律、语调:俄语语音教学研究》,北京:北京大学出版社,1993 年。

陈君华,《俄语语音学教程》,北京:北京大学出版社,1997 年。

陈莹,《汉英音高体系比较—兼论英语语调模拟教学》,《外语教学》1987 年第 1 期。

陈莹,《英语重音与汉语轻声的功能比较》,《泉州师范学院学报》2004 年第 3 期。

陈玉东,《趣味汉语语音课本》,北京:世界图书出版公司北京公司,2010 年。

陈中绳,《俄语中没有重音的词》,《外语教学与研究》1964 年第 3 期。

崔卫、刘戈,《对比语言学导论》,哈尔滨:黑龙江人民出版社,2000 年。

戴维·克里斯特尔,《现代语言学词典》,北京:商务印书馆,2011 年。

戴炜栋、王栋,《语言迁移研究:问题与思考》,《外国语》2002 年第 6 期。

邓丹,《汉语韵律词研究》,北京:北京大学出版社,2010 年。

邓丹、石锋,《普通话双音节韵律词的音高分析》,《南开语言学刊》2008 年第 2 期。

丁金国,《对比语言学及其应用》,《河北大学学报》1981 年第 2 期。

董少文，《语音常识》，上海：上海教育出版社，1988 年。

端木三，《重音理论和汉语的词长选择》，《中国语文》1999 年第 4 期。

端木三，《汉语的节奏》，《当代语言学》2000 年第 4 期。

端木三，《重音、信息和语言的分类》，《语言科学》2007 年第 5 期。

方梦之，《加强对比语言学研究》，《语言教学与研究》1983 年第 4 期。

冯春田等，《王力语言学词典》，济南：山东教育出版社，1995 年。

冯力、温同悉，《怎样确定俄文重音》，北京：五十年代出版社，1954 年。

冯胜利，《论汉语的"韵律词"》，《中国社会科学》1996 年第 1 期。

冯胜利，《汉语的韵律、词法与句法》，北京：北京大学出版社，2009 年。

高洪儒，《试论俄语词重音的识别功能》，《中国俄语教学》1986 年第 5 期。

高名凯、石安石，《语言学概论》，北京：中华书局，1963 年。

龚卡佳，《英汉语调对比教学》，《现代外语》1991 年第 3 期。

桂灿昆，《美国英语应用语言学》，上海：上海外语教育出版社，1985 年。

郭翠，《第二语言习得中的语言迁移研究》，《天津外国语学院学报》2001 年第 2 期。

郭锦桴，《汉语声调语调阐要与探索》，北京：北京语言学院出版社，1993 年。

哈特曼、斯托克著，黄长著等译，《语言与语言学词典》，上海：上海辞书出版社，1981 年。

何平，《汉语语音教程——基础篇》，北京：北京大学出版社，2006 年。

何善芬，《英汉轻重音对比研究》，《外语与外语教学》1999 年第 12 期。

贺阳、劲松，《北京话语调的实验探索》，《语言教学与研究》1992 年第 2 期。

胡炳忠，《三声三字组的变调规律》，《语言教学与研究》1985 年第 1 期。

胡春燕，《大力加强学科范畴史的研究——关于对比语言学的定义问题》，《外语与外语教学》，2002 年第 4 期。

胡裕树，《现代汉语》，上海：上海教育出版社，1995 年。

黄伯荣、廖序东，《现代汉语》，北京：高等教育出版社，1997 年。

黄玉光，《汉俄语音对比与语音教学》，《中国俄语教学》1991 年第 4 期。

吉音,《谈重音》,《中国俄语教学》1982 年第 2 期。

姜澎,《俄语重音的分类》,《中国俄语教学》1995 年第 2 期。

姜雅明,《俄汉词重音研究》,长春:吉林文史出版社,2006 年。

金有景,《普通话语音》,北京:商务印书馆,2007 年。

科罗特科娃著,李巾译,《俄语语音语调纠正教程》,北京:外语教学与研究出版社,2010 年。

黎锦熙,《国语词典原序》//《汉语词典》,北京:商务印书馆,1957 年。

李国辰,《谈谈俄语语音、语调的自我习练》,《俄语学习》2011 年第 2 期。

李扶乾,《现代汉语语音》,兰州:甘肃人民出版社,1985 年。

李学金,《语言的词重音研究》,《广西广播电视大学学报》2002 年第 1 期。

厉为民,《试论轻声和重音》,《中国语文》1981 年第 1 期。

梁达、金有景,《中俄语音比较》,北京:时代出版社,1955 年。

林茂灿,《普通话的轻声与轻重音》,《语言教学与研究》1990 年第 3 期。

林茂灿等,《普通话二字词的实验研究》,《中国语文》1980 年第 1 期。

林茂灿等,《北京话两字组正常重音的初步实验》,《方言》1984 年第 1 期。

林茂灿、颜景助,《普通话韵律词和重音问题》,《语音研究报告》2000 年。

林焘,《语音探索集稿》,北京:北京语言学院出版社,1990 年。

林焘、王理嘉,《北京语音实验录》,北京:北京大学出版社,1985 年。

林焘、王理嘉,《语音学教程》,北京:北京大学出版社,1992 年。

林玉山,《现代语言学的历史与现状》,郑州:河南人民出版社,2000 年。

刘绯绯,《新视点下的俄语语音教学测量——信息技术应用设计的基础》,《外语与外语教学》,2004 年第 7 期。

刘俐李,《20 世纪汉语轻声研究综述》,《语文研究》2002 年 3 期。

刘俐李,《二十世纪汉语声调理论的研究综述》,《当代语言学》2004 年(a)第 1 期。

刘俐李,《汉语声调论》,南京:南京师范大学出版社,2004 年(b)。

刘现强,《现代汉语节奏研究》,北京:北京语言大学出版社,2007 年(a)。

刘现强,《现代汉语节奏支点初探》,《语言教学与研究》2007 年(b)第 3 期。

刘星华,《俄罗斯人姓氏重音研究》,《外语与外语教学》1985 年第 2 期。

刘永红,《对俄汉对比研究的几点思考》,《中国俄语教学》1997 年第 4 期。

龙在田,《俄语语音教程及教学法》,北京:人民教育出版社,1954 年。

鲁德涅娃,《俄语表情朗读》,北京:时代出版社,1959 年。

陆致极,《普通话双音词"重中"式和"中重"式声学性质初探》,《汉语学习》1984 年第 6 期。

罗常培、王均,《普通语音学纲要》,北京:商务印书馆,1981。

罗常培、王均,《普通语音学纲要(修订本)》,北京:商务印书馆,2002 年。

罗惠美,《略论俄语的朗读》,《华南师范大学学报》(社会科学版)1985 年第 3 期。

吕叔湘,《中国文法要略》,北京:商务印书馆,1982 年。

梅耶著、岑麒祥译,《历史语言学中的比较方法》,北京:世界图书出版公司北京公司,2008。

潘立超、诸葛苹,《俄汉陈述语调对比》,《外语研究》1995 年第 5 期。

潘文国,《关于对比语言学理论建设和学科体系的几点意见》,《青岛海洋大学学报》(社科版)1996 年第 3 期。

潘文国,《汉英对比纲要》,北京:北京语言文化大学出版社,1997 年。

潘文国,《字本位与汉语研究》,上海:华东师范大学出版社,2002 年。

潘文国,《对比语言学的目标与范围》,《外语与外语教学》2006 年(a)第 1 期。

潘文国,《语言对比·语言特点·语言教学》,《云南师范大学学报》(对外汉语教学与研究版)2006 年(b)第 1 期。

潘文国,《二十多年来的对比语言学》,《中国外语》2006 年(c)第 1 期。

戚雨村,《语言学引论》,上海:上海外语教育出版社,1985 年。

戚雨村等,《语言学百科词典》,上海:上海辞书出版社,1993 年。

钱军,《对比语言学浅说》,《外语学刊》1990 年第 1 期。

钱乃荣,《上海话语法》,上海:上海人民出版社,1997 年。

切尔尼亚克、归定康,《俄语的逻辑重音及其教学问题》,《外语学刊》1997 年第 3 期。

裴元,《俄语词重音的力度——介绍 E. A. Земская 主编〈俄语口语〉(1983)中〈词重音力度不稳定的特点〉部分》,《中国俄语教学》1986 年第 6 期。

沈炯,《汉语语调构造和语调类型》,《方言》1994 年第 3 期。

石锋,《语音学探微》,北京:北京大学出版社,1990 年。

石锋、廖荣蓉,《语音丛稿》,北京:北京语言学院出版社,1994 年。

石佩雯,《四种句子的语调变化》,《语言教学与研究》1980 年第 2 期。

史锡尧、杨庆蕙,《现代汉语》,北京:北京师范大学出版社,1984 年。

侍建国,《汉语声调与当代音系理论》,《国外语言学》1997 年第 1 期。

苏国祥,《俄语重音表解》,北京:时代出版社,1955 年。

孙淑惠,《现代俄语的重音及其发展趋向》,《外语学刊》1983 年第 2 期。

孙修章,《普通话轻声词汇编》,上海:上海教育出版社,1985 年。

唐承贤,《第二语言习得中的母语迁移研究述评》,《解放军外国语学院学报》2003 年第 5 期。

陶莹,《俄汉语音节差异浅谈》,《外语与外语教学》1994 年增刊。

汪芳,《掌握俄语发音》,北京:世界图书出版公司,2004 年。

王超尘等,《现代俄语理论教程(上册)》,上海:上海外语教育出版社,1988 年。

王德春,《语言学概论》,上海:上海外语教育出版社,1997 年。

王福祥,《对比语言学论文集》,北京:外语教学与研究出版社,1995 年。

王福祥、吴汉樱,《现代语言学及其分支学科》,北京:外语教学与研究出版社,2007 年。

王洪君,《汉语的韵律词与韵律短语》,《中国语文》2000 年第 6 期。

王洪君,《试论汉语的节奏类型——松紧型》,《语言科学》2004 年第 3 期。

王洪君,《汉语非线性音系学》,北京:北京大学出版社,2008 年。

王晶、王理嘉,《普通话多音节词音节时长分布模式》,《中国语文》1993年第 2 期。

王理嘉,《音系学基础》,北京:语文出版社,1991 年。

王力,《王力论学新著》,南宁:广西人民出版社,1983 年。

王立峰,《基于声波对比的俄语语音训练系统的设计与实现》,《现代教育技术》2007 年第 10 期。

王利众,《对比语言学综述》,《黑龙江教育学院学报》2006 年第 3 期。

王铭玉,《浅议俄汉语调的对比》,《中国俄语教学》1988 年第 2 期。

王庆,《如何教好俄语语音课》,《边疆经济与文化》2011 年第 1 期。

王文宇,《语言迁移现象研究的回顾与思考》,《外语教学》1999 年第 1 期。

王宪荣,《俄汉语语调对比及中国学生在俄语语调方面的典型错误》,《黑龙江大学学报》1979 年第 1 期。

王宪荣,《论俄语学习中的汉语口音》,《外语学刊》1981 年第 3 期。

王宪荣,《俄语中汉语口音的表现》,《中国俄语教学》1982 年(a)第 3 期。

王宪荣,《论俄汉语音、语调、重音——节律的差异》,《外语学刊》1982年(b)第 3、4 期。

王宪荣,《俄汉语调对比及中国口音》,《外语学刊》1994 年第 6 期。

王宪荣,《现代俄语语音学》,哈尔滨:黑龙江人民出版社,1995 年。

王仰正,《社会变迁与俄语语言的变化》,哈尔滨:黑龙江人民出版社,2008 年。

王宗炎,《对比分析和语言教学》,《语言研究》1983 年第 1 期。

文炼,《汉语语句的节律问题》,《中国语文》1992 年第 2 期。

吴洁敏,《汉语节奏的周期及层次》,《中国语文》1993 年第 2 期。

吴洁敏,《新编语音学教程》,杭州:浙江大学出版社,1995 年。

吴洁敏,《汉语节律学》,北京:语文出版社,2001 年。

吴宗济,《试论普通话语音的"区别特征"及其相互关系》,《中国语文》1980 年第 5 期。

吴宗济,《普通话语句中的声调变化》,《中国语文》1982 年第 6 期。

吴宗济,《现代汉语语音概要》,北京:华语教学出版社,1991 年。

吴宗济,《吴宗济语言学论文集》,北京:商务印书馆,2004 年。

吴宗济、林茂灿,《实验语音学概要》,北京:高等教育出版社,1989 年。

伍巍,《现代汉语节律的功能——口语中的"重音"与"断连"》,《修辞学习》2005 年第 3 期。

习晓明,《英语普通话与汉语普通话词重音比较》,《外语教学》1990 年第 1 期。

熊子瑜,《浅析普通话韵律词的组构规则》,《语音研究报告》2006 年。

徐东,《俄语中某些外国人姓氏的重音小议》,《俄语学习》2005 年第 1 期。

徐来娣,《俄汉音节对比》,《外语与外语教学》1999 年(增刊)。

徐来娣,《析中国学生在俄语重音方面的汉语干扰因素》,《外语研究》2000 年第 1 期。

徐来娣,《俄语音节理论研究与俄语音节切分优化方案》,《中国俄语教学》2009 年第 4 期。

徐世荣,《双音缀词的重音规律》,《中国语文》1956 年第 2 期。

徐世荣,《普通话语音讲话》,北京:文字改革出版社,1958 年。

徐世荣,《普通话语音知识》,北京:文字改革出版社,1980 年。

徐世荣,《汉语词句中音节的长度与强度的伴随性》,《世界汉语教学》1988 年第 4 期。

徐世荣,《普通话语音常识》,北京:语文出版社,1999 年。

徐振新,《俄语语音与语调》,北京:商务印书馆,1980 年。

许曦明,《从英语重音看汉腔英语》,《宁波大学学报》(人文科学版),2007 年第 5 期。

许曦明,《英语重音动态研究》,上海:上海交通大学出版社,2008 年。

许余龙,《论语言对比基础的类型》,《外国语》1988 年第 3 期。

许余龙,《对比语言学的定义与分类》,《外国语》1992 年(a)第 4 期。

许余龙,《对比语言学概论》,上海:上海外语教育出版社,1992 年(b)。

杨彩梅,《Hayes 的重音理论与汉语词重音系统》,《现代外语》2008 年第 1 期。

杨文昌,《汉语的词重音与句重音》,《现代语文》2007 年第 10 期。

杨育乔,《现代俄语重音的移动规律》,《兰州大学学报》(社会科学版)1980 年第 4 期。

杨自俭,《简论对比语言学中的几个问题》,《青岛海洋大学学报》(社会科学版)1999 年第 2 期。

杨宗建,《谈谈俄语词的重音》,《外语教学》1986 年第 1 期。

姚晓波,《中介语与对外汉语教学》,上海:学林出版社,2009 年。

叶蜚声、徐通锵,《语言学纲要》,北京:北京大学出版社,1997 年。

叶军,《现代汉语节奏研究》,上海:上海书店出版社,2008 年。

叶履中,《试论俄语词的节律及其教学》,《中国俄语教学》1983 年第 3 期。

叶履中,《俄语词重音基本规律》,北京:商务印书馆,1993 年。

叶斯帕森著、何勇等译,《语法哲学》,北京:语文出版社,1988 年。

殷作炎,《关于普通话双音节词轻重音的初步考察》,《中国语文》1982 年第 3 期。

尹永波,《俄汉语节律对比》,《外语学刊》1999 年第 3 期。

尹永波,《俄语语调研究综述》,《新世纪的现代语音学——第五届全国现代语音学学术会议论文集》,北京:清华大学出版社,2001 年。

于济,《克服本族语音的干扰,掌握俄语的发音方法》,《外语教学》1980 年第 3 期。

俞理明,《语言迁移与二语习得——回顾、反思和研究》,上海:上海外语教育出版社,2004 年。

余善沐,《外语学习中的迁移》,《外语教学与研究》1986 年第 4 期。

语言学名词审定委员会,《语言学名词》,北京:商务印书馆,2011 年。

郁洁,《俄语语音学概论》,北京:时代出版社,1955 年。

袁博平,《第二语言习得研究的回顾与展望》,《世界汉语教学》1995 年第 4 期。

袁长在,《俄语语调——理论与实践》,哈尔滨:黑龙江大学出版社,2012 年。

张慧芬、徐雅琴,《语言迁移和第二语言教学》,《外国语》1989 年第 4 期。

张会森,《对比语言学问题》,《外语学刊》1991 年第 5 期。

张会森,《俄汉语对比研究述要》,《外语学刊》1996 年第 4 期。

张家骅等,《新时代俄语通论》,北京:商务印书馆,2006 年。

张晓云,《小议俄语重音(名词部分)》,《锦州师范学院学报》1994 年第 2 期。

张学曾,《俄语应用语音学纲要》,北京:北京师范大学出版社,1990 年。

张学曾,《俄语中的逻辑重音》,《外语学刊》1991 年第 1 期。

张有恩,《俄语中的意重音》,《松辽学刊》(社会科学版)1997 年第 4 期。

章昌云,《谈谈俄语重音教学》,《中国俄语教学》1988 年第 1 期。

赵爱国、姜雅明,《应用语言文化学概论》,上海:上海外语教育出版社,2003 年。

赵芳丽,《中国人说俄语声学特征的实验分析及训练对策》,《中国俄语教学》2011 年第 3 期。

赵静,《简论汉语音节、声调、语流音变与俄语音节、重音、音变的异同——兼谈两国人学习对方语音的常见错误分析》,《语文学刊》2007 年第 6 期。

赵敏,《语言迁移与第二语言习得》,《国际关系学院学报》2004 年第 4 期。

赵元任,《汉语口语语法》,北京:商务印书馆,1979 年。

赵元任,《语言问题》,北京:商务印书馆,1980 年。

赵元任,《中国话的文法(增订版)》,香港:中文大学出版社,2002 年。

赵元任,《赵元任语言学论文集》,北京:商务印书馆,2006 年。

赵永华,《中国学生常犯俄语发音错误分析》,《俄语学习》2009 年第 4 期。

赵作英,《俄语实践语音语调》,北京:外语与教学研究出版社,1985 年。

郑立信,《试论语言对比分析法》,《外国语》1989 年第 1 期。

郑述谱,《从历史比较语言学到对比语言学》,《外语学刊》2001 年第 4 期。

钟奇,《汉语方言的重音模式》,广州:暨南大学出版社,2010 年。

中国社会科学院语言研究所词典编辑室,《现代汉语词典》(第 5 版),北京:商务印书馆,2005 年。

中央戏剧学院表演系台词教研室,《演员艺术语言基本技巧》,北京:北京文化艺术出版社,2000 年。

周殿福,《艺术语言发声基础》,北京:中国社会科学出版社,1980 年。

周淑娟,《俄语前置词重音前移情况》,《俄语学习》2011 年第 5 期。

周同春,《汉语语音学》,北京:北京师范大学出版社,2003 年。

周元琪,《略谈俄语单词失去重音的现象》,《齐齐哈尔大学学报》(哲学社会科学版),2003 年第 6 期。

朱川,《实验语音学基础》,上海:华东师大出版社,1986 年。

朱得珍、甄磊,《俄语重音规则》,北京:群众书店,1954 年。

朱蝶、朱珊,《语言迁移与基础俄语教学的优化》,《中国俄语教学》2010 年第 4 期。

朱励群,《俄语词重音的特点》,《吉林大学社会科学学报》1996 年第 6 期。

诸葛苹等,《汉俄语音对比实验研究》,南京:南京大学出版社,2001 年。

诸通允,《俄语句末降调回升浅述》,《外国语》1980 年第 4 期。

诸通允,《俄语语调思想在本世纪的发展》,《外国语》1982 年第 2 期。

诸通允,《略论俄语词的语音外貌》,《中国俄语教学》1984 年第 4 期。

诸通允,《逻辑重音及其教学》,《中国俄语教学》1989 年(a)第 6 期。

诸通允,《俄语语调实践》,上海:上海译文出版社,1989 年(b)。

附录一　用于声学实验的
俄语语音句

　　本课题用于声学实验的俄语语音资料,全部取自俄罗斯的俄语语音语调教学理论与实践经典之作,亦即 Е. А. Брызгунова 编著的《俄语语音语调》(《Звуки и интонация русской речи》)(1981)的录音部分。为了分析研究俄语语流重音各种变体的声学特征,我们从该书录音中选取了 56 个语音句,共计 374 个音节,其中包括 90 个节奏重音、19 个语段重音、21 个句重音、35 个逻辑重音以及 209 个非重读音节。

　　本附录俄语例句中的节奏重音、语段重音、句重音、逻辑重音分别用数字序号"①"、"②"、"③"、"④"来表示。俄语音节切分原则见本书第二章第三节,重音类型分析原则见本书第二章第二节。俄语音节切分以语音词为基础。另外还有一点需要说明的是,在俄语语流中带有重音的单音节语音词,以及带有 ё 的语音词,按照俄语书写法规则,通常不专门标注重音,但是,本附录为了更为直观地说明语流重音,上述语音词都专门标注了重音。

1. Это мост.（男声）

　　Э-то мост.（音节切分）

　　Э́то мо́ст.（重音类型分析）
　　①　　　③

2. Это Антон.（女声）

　　Э-то Ан-тон.（音节切分）

Э́то Анто́н.（重音类型分析）
①　　　③

3. Э́то А́нна.（男声）

Э́-то Ан-на.（音节切分）

Э́то А́нна.（重音类型分析）
①　　③

4. Анна стои́т на⌣мосту́.（女声）

Ан-на сто-и́т на-мо-сту́.（音节切分）

А́нна стои́т на⌣мосту́.（重音类型分析）
①　　　①　　　　①　　　③

5. И⌣Антон стои́т на⌣мосту́.（男声）

И-Ан-тон сто-и́т на-мо-сту́.（音节切分）

И⌣Анто́н стои́т на⌣мосту́.（重音类型分析）
④　　　①　　　　①

6. Мы пьём.（男声）

Мы пьём.（音节切分）

Мы́ пьём.（重音类型分析）
①　③

7. Саша пьёт сок.（女声）

Са-ша пьёт сок.（音节切分）

Са́ша пьёт со́к.（重音类型分析）
①　　①　③

8. И⌣Наташа пьёт сок.（男声）

И-На-та-ша пьёт сок.（音节切分）

И⌣Ната́ша пьёт со́к.（重音类型分析）
④　　　①　　①

9. Там стои́т наша машина.（女声）

Там сто-и́т на-ша ма-ши-на.（音节切分）

Та́м стои́т на́ша маши́на.（重音类型分析）
①　　①　　①　　　③

10. И⌣Саша стои́т там.（男声）

И-Са-ша сто-и́т там.（音节切分）

И⌣Са́ша стои́т та́м.（重音类型分析）
④　　　①　　①

11. Кто это?（男声）

Кто э́-то?（音节切分）

Кто́ э́то?（重音类型分析）
　④　①

12. Что это?（女声）

Что э-то?（音节切分）

Что́ э́то?（重音类型分析）
　④　①

13. Что ты ешь?（男声）

Что ты ешь?（音节切分）

Что́ ты́ е́шь?（重音类型分析）
　④　①　①

14. Что ест Наташа?（女声）

Что ест На-та-ша?（音节切分）

Что́ е́ст Ната́ша?（重音类型分析）
　①　①　　　④

15. Что ты пьёшь?（男声）

Что ты пьёшь?（音节切分）

Что́ ты́ пьё́шь?（重音类型分析）
　④　①　　①

16. Что пьёт Саша?（女声）

Что пьёт Са-ша?（音节切分）

Что́ пьё́т Са́ша?（重音类型分析）
　①　①　　④

17. Какой сок пьёт Наташа?（男声）

Ка-кой сок пьёт На-та-ша?（音节切分）

Како́й со́к пьёт Ната́ша?（重音类型分析）
　④　①　①　　　①

18. Какой сок пьёт Маша?（女声）

Ка-кой сок пьёт Ма-ша?（音节切分）

Како́й со́к пьё́т Ма́ша?（重音类型分析）
　①　①　①　④

19. Какой сок пьёт Антон?（女声）

Ка-кой сок пьёт Ан-тон?（音节切分）

Како́й со́к пьё́т Анто́н?（重音类型分析）
　④　①　①　①

20. Это наша машина!（女声）

Э-то на-ша ма-ши-на!（音节切分）

Э́то на́ша маши́на！（重音类型分析）
① ④ ①

21. Это наша машина.（女声）

Э-то на-ша ма-ши-на.（音节切分）

Э́то на́ша маши́на.（重音类型分析）
① ④ ①

22. Это моя сумка！（男声）

Э-то мо-я сум-ка！（音节切分）

Э́то моя́ су́мка！（重音类型分析）
① ④ ①

23. Это моя сумка.（男声）

Э-то мо-я сум-ка.（音节切分）

Э́то моя́ су́мка.（重音类型分析）
① ① ①

24. Это моя папка.（女声）

Э-то мо-я па-пка.（音节切分）

Э́то моя́ па́пка.（重音类型分析）
① ④ ①

25. Это моя папка！（女声）

Э-то мо-я па-пка！（音节切分）

Э́то моя́ па́пка！（重音类型分析）
① ④ ①

26. Её зовут Наташа？（男声）

Е-ё зо-вут На-та-ша？（音节切分）

Её́ зову́т Ната́ша？（重音类型分析）
① ① ④

27. Его зовут Саша？（女声）

Е-го зо-вут Са-ша？（音节切分）

Его́ зову́т Са́ша？（重音类型分析）
① ① ④

28. Вы знакомы？（男声）

Вы зна-ко-мы？（音节切分）

Вы́ знако́мы？（重音类型分析）
① ④

29. Его зовут Антон？（女声）

Е-го зо-вут Ан-тон？（音节切分）

Егó зовýт Антóн?（重音类型分析）
　①　　　①　　　④

30. Он музыкант?（男声）

　　Он му-зы-кант?（音节切分）

　　Óн музыкáнт?（重音类型分析）
　　①　　　　④

31. Он поёт?（女声）

　　Он по-ёт?（音节切分）

　　Óн поёт?（重音类型分析）
　　①　　④

32. Саша поёт?（男声）

　　Са-ша по-ёт?（音节切分）

　　Сáша поёт?（重音类型分析）
　　　④　　　　①

33. Маша танцует?（女声）

　　Ма-ша тан-цу-ет?（音节切分）

　　Мáша танцýет?（重音类型分析）
　　　④　　　　　①

34. Анна пьёт сок?（男声）

　　Ан-на пьёт сок?（音节切分）

　　Áнна пьёт сóк?（重音类型分析）
　　　④　　　①　①

35. Он?（男声）

　　Он?（音节切分）

　　Óн?（重音类型分析）
　　④

36. Ты?（女声）

　　Ты?（音节切分）

　　Тьı?（重音类型分析）
　　④

37. Вы?（男声）

　　Вы?（音节切分）

　　Вы́?（重音类型分析）
　　④

38. Я?（女声）

　　Я?（音节切分）

Я́?（重音类型分析）
　④

39. А◡вы?（男声）

　　А-вы?（音节切分）

　　А◡вы́?（重音类型分析）
　　　④

40. А◡у◡окна?（女声）

　　А-у-о-кна?（音节切分）

　　А◡у◡окна́?（重音类型分析）
　　　④

41. А◡это?（男声）

　　А-э-то?（音节切分）

　　А◡э́то?（重音类型分析）
　　　④

42. А◡Наташа?（男声）

　　А-На-та-ша?（音节切分）

　　А◡Ната́ша?（重音类型分析）
　　　④

43. Чайковский — великий русский композитор.（女声）

　　Чай-ко-вский — ве-ли-кий ру-сский ком-по-зи-тор.（音节切分）

　　Чайко́вский — / вели́кий ру́сский компози́тор.（重音类型分析）
　　　②　　　　　　　　①　　　①　　　　③

44. Чехов — великий русский писатель.（男声）

　　Че-хов — ве-ли-кий ру-сский пи-са-тель.（音节切分）

　　Че́хов — / вели́кий ру́сский писа́тель.（重音类型分析）
　　　②　　　　　①　　　①　　　③

45. Нашу преподавательницу зовут Нина Петровна.（女声）

　　На-шу пре-по-да-ва-тель-ни-цу зо-вут Ни-на Пе-тро-вна.（音节切分）

　　На́шу преподава́тельницу / зову́т Ни́на Петро́вна.（重音类型分析）
　　　①　　　　②　　　　　　　①　　①　　③

46. Нашего преподавателя зовут Иван Павлович.（男声）

　　На-ше-го пре-по-да-ва-те-ля зо-вут И-ван Па-вло-вич.（音节切分）

　　На́шего преподава́теля / зову́т Ива́н Па́влович.（重音类型分析）
　　　①　　　　②　　　　　　①　　①　　③

47. Пятый автобус здесь не◡останавливается.（女声）

　　Пя-тый а-вто-бус здесь не-о-ста-на-вли-ва-е-тся.（音节切分）

Пя́тый автóбус / здéсь не останá́вливается. （重音类型分析）
② ① ① ③

48. Шестой автобус останавливается напротив. （男声）

Ше-стой а-вто-бус о-ста-на-вли-ва-е-тся на-про-тив. （音节切分）

Шестóй автóбус / останáвливается напрóтив. （重音类型分析）
② ① ① ③

49. /В каких городах ты был? /

Я был в Москве, Ленинграде, Киеве, Баку и в Ялте. （男声）

Я был в Мо-скве, Ле-нин-гра-де, Ки-е-ве, Ба-ку и-в Ял-те. （音节切分）

Я́ бы́л в Москвé, / Ленингрáде, / Кúеве, /Бакý/ и в Я́лте. （重音类型分析）
① ① ② ② ② ② ③

50. Это туристы, стажёры, аспиранты, студенты. （男声）

Э-то ту-ри-сты, ста-жё-ры, а-спи-ран-ты, сту-ден-ты. （音节切分）

Э́то турúсты, / стажё́ры, / аспирáнты, / студéнты. （重音类型分析）
① ② ② ② ③

51. Оперы Чайковского / знают все. （女声）

О-пе-ры Чай-ко-вско-го / зна-ют все. （音节切分）

О́перы Чайкóвского / знáют всé. （重音类型分析）
① ② ① ③

52. Оперы Чайковского / записаны на пластинки. （男声）

О-пе-ры Чай-ко-вско-го / за-пи-са-ны на-пла-стин-ки. （音节切分）

О́перы Чайкóвского / запúсаны на пластúнки. （重音类型分析）
① ② ① ③

53. Сегодня вечером / праздничный банкет. （女声）

Се-го-дня ве-че-ром / пра-здни-чный бан-кет. （音节切分）

Сегóдня вéчером / прáздничный банкéт. （重音类型分析）
① ② ① ③

54. Сегодня вечером / торжественное собрание. （男声）

Се-го-дня ве-че-ром / тор-же-ствен-но-е со-бра-ни-е. （音节切分）

Сегóдня вéчером / торжéственное собрáние. （重音类型分析）
① ② ③

55. Ваше письмо / вдохновило меня. （女声）

Ва-ше пи-сьмо / вдо-хно-ви-ло ме-ня. （音节切分）

Ва́ше письмо́ / вдохнови́ло меня́. (重音类型分析)
①　　②　　①　　③

56. Ваше письмо / ещё не‿пришло. (男声)

Ва-ше пи-сьмо / е-щё не-при-шло. (音节切分)

Ва́ше письмо́ / ещё̈ не‿пришло́. (重音类型分析)
①　　②　　①　　③

附录二 用于声学实验的汉语语音句

　　本课题用于声学实验的汉语语音资料，取自我国目前较为权威的 2 本对外汉语语音教材——何平主编的《汉语语音教程·基础篇》(2006)和陈玉东主编的《趣味汉语语音课本》(2010)的录音部分。为了分析研究汉语语流重音各种变体的声学特征，我们从该书录音中选取了 52 个语音句，共计 481 个音节，其中包括 133 个节奏重音、36 个语段重音、25 个句重音、32 个逻辑重音、203 个中重音节和 52 个非重读音节。

　　本附录汉语例句中的节奏重音、语段重音、句重音、逻辑重音分别用数字序号"①"、"②"、"③"、"④"来表示。汉语语音词切分原则见本书第三章第三节，汉语重音类型分析原则见本书第三章第二节。

　　还有一点需要说明的是，在汉语语流中带有语流重音的音节，按照汉语书写法规则，通常不专门标注语流重音，但是，本附录为了更为直观地说明汉语语流重音，所有语音词都专门标注了重音，重读音节用下面一个点表示。① 另外，本附录中的汉语拼音，语音词内的音节之间不空格，语音词与语音词相互之间空一格。

---

　　① 这里所说的汉语语音词重音，也就是汉语语流重音，同汉语词重音不同。原来在汉语词汇词中的重读音节，有一部分在语流中依然重读，成为语流重音；也有一部分重读音节，其重读程度相对来讲略有减弱，成为中重音节。词重音和语流重音之间的区别和联系，具体请看第一章第二节。

1. Tā zǒu‿le.（他走了。）（男声）

   Tā zǒu-le.（音节切分）

   Tā zǒu‿le.（重音类型分析）
   　①　③

2. Zhè‿běn‿shū hǎo.（这本书好。）（女声）

   Zhè-běn-shū hǎo.（音节切分）

   Zhè‿běn‿shū hǎo.（重音类型分析）
   　　　　①　③

3. Tā bàba shì gōngrén.（他爸爸是工人。）（女声）

   Tā bà-ba shì gōng-rén.（音节切分）

   Tā bàba shì gōngrén.（重音类型分析）
   　①　①　　③　　①

4. Jīntiān xīngqīsān.（今天星期三。）（男声）

   Jīn-tiān xīng-qī-sān.（音节切分）

   Jīntiān xīngqīsān.（重音类型分析）
   　①　　　③

5. Wǒ‿kàn diànshì.（我看电视。）（女声）

   Wǒ-kàn diàn-shì.（音节切分）

   Wǒ‿kàn diànshì.（重音类型分析）
   　①　　　③

6. Tā‿qù mǎi yóupiào.（他去买邮票。）（女声）

   Tā-qù mǎi yóu-piào.（音节切分）

   Tā‿qù mǎi yóupiào.（重音类型分析）
   　①　①　　③

7. Mèimei chéng‿le dàxuéshēng.（妹妹成了大学生。）（男声）

   Mèi-mei chéng-le dà-xué-shēng.（音节切分）

   Mèimei chéng‿le dàxuéshēng.（重音类型分析）
   　①　　①　　　③

8. Wǒ chángchang qù gōngyuán.（我常常去公园。）（女声）

   Wǒ cháng-chang qù gōng-yuán.（音节切分）

Wǒ chángchang qù gōngyuán.（重音类型分析）
　①　③　　　①　　　　①

9. Tā yǐjīng chī le.（他已经吃了。）（男声）

Tā yǐ-jīng chī-le.（音节切分）

Tā yǐjīng chī le.（重音类型分析）
　①　③　　①

10. Wǒ bǐ tā qiáng de duō.（我比他强得多。）（女声）

Wǒ-bǐ-tā qiáng-de-duō.（音节切分）

Wǒ bǐ tā qiáng de duō.（重音类型分析）
　　　　①　　　　　　③

11. Shuí qù Shànghǎi?（谁去上海?）（女声）

Shuí-qù Shàng-hǎi?（音节切分）

Shuí qù Shànghǎi?（重音类型分析）
　　④　　　　①

12. Nǐ qù nǎr?（你去哪儿?）（男声）

Nǐ-qù nǎr?（音节切分）

Nǐ qù nǎr?（重音类型分析）
　　　①　④

13. Wǒmen xiànzài zěnme zǒu?（我们现在怎么走?）（女声）

Wǒ-men xiàn-zài zěn-me zǒu?（音节切分）

Wǒmen xiànzài zěnme zǒu?（重音类型分析）
　　①　　　　①　④　　①

14. Zhè shì shénme dōngxi?（这是什么东西?）（男声）

Zhè-shì shén-me dōng-xi?（音节切分）

Zhè shì shénme dōngxi?（重音类型分析）
　①　　④　　　①

15. Nín de shēntǐ zěnmeyàng?（您的身体怎么样?）（女声）

Nín-de shēn-tǐ zěn-me-yàng?（音节切分）

Nín de shēntǐ zěnmeyàng?（重音类型分析）
　①　　　①　　④

16. Wǒ jīntiān bù xiǎng chī wǎnfàn.（我今天不想吃晚饭。）（男声）

Wǒ jīn-tiān bù-xiǎng chī wǎn-fàn.（音节切分）

Wǒ jīntiān bù xiǎng chī wǎnfàn.（重音类型分析）
　④　　①　　　①　　①　　①

17. Wǒ jīntiān bù xiǎng chī wǎnfàn.（我今天不想吃晚饭。）（男声）

　　Wǒ jīn-tiān bù-xiǎng chī wǎn-fàn.（音节切分）

　　Wǒ jīntiān bù xiǎng chī wǎnfàn.（重音类型分析）
　　①④　　　①　　①　　①

18. Wǒ jīntiān bù xiǎng chī wǎnfàn.（我今天不想吃晚饭。）（女声）

　　Wǒ jīn-tiān bù-xiǎng chī wǎn-fàn.（音节切分）

　　Wǒ jīntiān bù xiǎng chī wǎnfàn.（重音类型分析）
　　①　　①　④　　①　　①

19. Wǒ jīntiān bù xiǎng chī wǎnfàn.（我今天不想吃晚饭。）（男声）

　　Wǒ jīn-tiān bù-xiǎng chī wǎn-fàn.（音节切分）

　　Wǒ jīntiān bù xiǎng chī wǎnfàn.（重音类型分析）
　　①　　①　　①　④　①

20. Wǒ jīntiān bù xiǎng chī wǎnfàn.（我今天不想吃晚饭。）（男声）

　　Wǒ jīn-tiān bù-xiǎng chī wǎn-fàn.（音节切分）

　　Wǒ jīntiān bù xiǎng chī wǎnfàn.（重音类型分析）
　　①　　①　　①　①④

21. Nǐ yàoshi bù qù, / wǒ jiù qù ba.（你要是不去,我就去吧。）（男声）

　　Nǐ yào-shi bù-qù, / wǒ-jiù qù-ba.（音节切分）

　　Nǐ yàoshi bù qù, / wǒ jiù qù ba.（重音类型分析）
　　④　①　　①　④　①

22. Cóngqián shēnghuó hěn kǔ, / xiànzài hǎo duō le.（从前生活很苦,现在好多了。）（女声）

　　Cóng-qián shēng-huó hěn-kǔ, / xiàn-zài hǎo-duō-le.（音节切分）

　　Cóngqián shēnghuó hěn kǔ, / xiànzài hǎo duō le.（重音类型分析）
　　④　　①　　①　④①

23. Tāmen kàn le, / gōngchéngshī kàn le, / xiūlǐchǎng de chǎngzhǎng yě kàn le, / zǒngjīnglǐ hái yòng shǒu qù mō mo.

（他们看了，工程师看了，修理厂的厂长也看了，总经理还用手去摸摸。）
（男声）

Tā-men kàn-le, / gōng-chéng-shī kàn-le, / xiū-lǐ-chǎng-de chǎng-
zhǎng yě-kàn-le, /zǒng-jīng-lǐ hái-yòng-shǒu qù-mō-mo. (音节切分)

Tāmen kàn⌣le, / gōngchéngshī kàn⌣le, / xiūlǐchǎng⌣de chǎng
　　①　　　　②　　　　　　　　①　②　　　　　　　　　　①
zhǎng yě⌣kàn⌣le, / zǒngjīnglǐ hái⌣yòng⌣shǒu qù⌣mōmo. (重音类型
　　　　①　　②　　　　　①　　　　　　　　　　　①　　　③
分析)

24. Tāmen kàn⌣le gōngchéngshī , / kàn⌣le xiūlǐchǎng⌣de chǎngzhǎng,
/ yě⌣kàn⌣le zǒngjīnglǐ , /hái⌣yòng⌣shǒu qù⌣mōmo.

（他们看了工程师，看了修理厂的厂长，也看了总经理，还用手去摸摸）
（女声）

Tā-men kàn-le gōng-chéng-shī , /kàn-le xiū-lǐ-chǎng-de chǎng-
zhǎng, /yě-kàn-le zǒng-jīng-lǐ , /hái-yòng-shǒu qù-mō-mo. (音节切
分)

Tāmen kàn⌣le gōngchéngshī , / kàn⌣le xiūlǐchǎng⌣de chǎngzhǎng, /
　　①　　①　　　　②　　　①　　　　　　①　　　　　　②
yě⌣kàn⌣le zǒngjīnglǐ , / hái⌣yòng⌣shǒu qù⌣mōmo. (重音类型分析)①
　　①　　　　②　　　　　　①　　　　　③

25. Tóngxué , / bù⌣yào⌣jí , / mànman⌣de shuō. (同学，不要急，慢慢地
说。)（男声）
Tóng-xué , / bù-yào-jí , / màn-man-de shuō. (音节切分)
Tóngxué , / bù⌣yào⌣jí , / mànman⌣de shuō. (重音类型分析)
　②　　　　②　　③　　　　　　①

————————

① 这里我们发现一个有趣现象，同样是一个语音词"总经理"，出现了 2 个不同的
节奏重音，在第 23 句中被发音人读作"zǒngjīnglǐ"，而在第 24 句中被发音人读作
"zǒngjīnglǐ"。这说明汉语语音词中的重读音节和中重音节之间确实没有特别严格的
界限，往往可以挪动。

26.　Tā‿de‿huà / shí fēn shēnkè.（他的话十分深刻。）（男声）

　　Tā-de-huà / shí-fēn shēn-kè.（音节切分）

　　Tā‿de‿huà / shí fēn shēnkè.（重音类型分析）
　　　　　②　　③　　　　①

27.　Tā‿zài nǎlǐ liànxí pǔtōnghuà?（他在哪里练习普通话?）（男声）

　　Tā-zài nǎ-lǐ liàn-xí pǔ-tōng-huà?（音节切分）

　　Tā‿zài nǎlǐ liànxí pǔtōnghuà?（重音类型分析）
　　　①　　④　①　　　　　①

28.　Tā‿zài jiàoshì liànxí pǔtōnghuà.（他在教室练习普通话。）（男声）

　　Tā-zài jiào-shì liàn-xí pǔ-tōng-huà.（音节切分）

　　Tā‿zài jiàoshì liànxí pǔtōnghuà.（重音类型分析）
　　　①　　　④　①　　　　　①

29.　Shéi‿zài jiàoshì liànxí pǔtōnghuà?（谁在教室练习普通话?）（男声）

　　Shéi-zài jiào-shì liàn-xí pǔ-tōng-huà?（音节切分）

　　Shéi‿zài jiàoshì liànxí pǔtōnghuà?（重音类型分析）
　　　④　　　　①　①　　　　①

30.　Tā‿zài jiàoshì liànxí pǔtōnghuà.（他在教室练习普通话。）（男声）

　　Tā-zài jiào-shì liàn-xí pǔ-tōng-huà.（音节切分）

　　Tā‿zài jiàoshì liànxí pǔtōnghuà.（重音类型分析）
　　　④　　　①　　①　　　①

31.　Tā‿zài jiàoshì gànshénme?（他在教室干什么?）（男声）

　　Tā-zài jiào-shì gàn-shén-me?（音节切分）

　　Tā‿zài jiàoshì gànshénme?（重音类型分析）
　　　①　　　①　　④

32.　Tā‿zài jiàoshì liànxí pǔtōnghuà.（他在教室练习普通话。）（男声）

　　Tā-zài jiào-shì liàn-xí pǔ-tōng-huà.（音节切分）

Tā‿zài jiàoshì liànxí pǔtōnghuà.（重音类型分析）①
　　　　　① ①　　　　④

33. Tā xǐhuān hónghuā.（她喜欢红花。）（男声）

Tā xǐ-huān hóng-huā.（音节切分）

Tā xǐhuān hónghuā.（重音类型分析）②
　　① 　　① 　　　③

34. Tā xǐhuān hónghuā, / bù‿xǐhuān báihuā.（她喜欢红花，不喜欢白花。）

（男声）

Tā xǐ-huān hóng-huā, / bù-xǐ-huān bái-huā.（音节切分）

Tā xǐhuān hónghuā, / bù‿xǐhuān báihuā.（重音类型分析）
　　① 　　① ④ 　　　① ④

35. Tā‿míngzi jiào Zhāng‿Jié（他名字叫张杰。）（男声）

Tā-míng-zi jiào Zhāng-Jié（音节切分）

Tā‿míngzi jiào Zhāng‿Jié.（重音类型分析）
　　　① 　　① 　　　③

36. Tā‿míngzi jiào Zhāng‿Jié, / ér‿bù‿jiào Lǐ‿Jié.（他名字叫张杰，而不

叫李杰。）（男声）

Tā-míng-zi jiào Zhāng-Jié, / ér-bù-jiào Lǐ-Jié.（音节切分）

Tā‿míngzi jiào Zhāng‿Jié, / ér‿bù‿jiào Lǐ‿Jié.（重音类型分析）
　　① ① 　　④ 　　　　① ④

37. Xīngqītiān, / wǒ‿hé‿tā qù dòngwùyuán kàn‿hóuzi.

（星期天，我和她去动物园看猴子。）（男声）

Xīng-qī-tiān, / wǒ-hé-tā qù dòng-wù-yuán kàn-hóu-zi.（音节切分）

Xīngqītiān, / wǒ‿hé‿tā qù dòngwùyuán kàn‿hóuzi.（重音类型分析）
　　② 　　　① ① 　　　① 　　③

---

①　这里的语音词"练习"，也出现了2个不同的节奏音节，在27、28、29、32句中被发音人读作"liànxí"，而在30句中被发音人读作"liànxí"。再次说明汉语语音词中的重读音节与中重音节之间确实没有本质界限，往往可以挪动。

②　第33、34句中的语音词"喜欢"，在商务印书馆《现代汉语词典》（第5版）（2005年)中标注的拼音是"xǐhuan"，但是，发音人在这里念的是"xǐhuān"。这说明汉语中的无规则轻声词的确会出现回归重音的现象。

38. Xīngqītiān, / wǒ‿hé‿tā qù dòngwùyuán kàn‿hóuzi.

（星期天，我和她去动物园看猴子。）（男声）

Xīng-qī-tiān, / wǒ-hé-tā qù dòng-wù-yuán kàn-hóu-zi.（音节切分）

Xīngqītiān, / wǒ‿hé‿tā qù dòngwùyuán kàn‿hóuzi.（重音类型分析）
   ④   ① ①   ①   ③

39. Xīngqītiān, / wǒ‿hé‿tā qù dòngwùyuán kàn‿hóuzi.

（星期天，我和她去动物园看猴子。）（男声）

Xīng-qī-tiān, / wǒ-hé-tā qù dòng-wù-yuán kàn-hóu-zi.（音节切分）

Xīngqītiān, / wǒ‿hé‿tā qù dòngwùyuán kàn‿hóuzi.（重音类型分析）
   ②   ④ ①   ①   ①

40. Xīngqītiān, / wǒ‿hé‿tā qù dòngwùyuán kàn‿hóuzi.

（星期天，我和她去动物园看猴子。）（男声）

Xīng-qī-tiān, / wǒ-hé-tā qù dòng-wù-yuán kàn-hóu-zi.（音节切分）

Xīngqītiān, / wǒ‿hé‿tā qù dòngwùyuán kàn‿hóuzi.（重音类型分析）
   ②   ① ①   ④   ①

41. Xīngqītiān, / wǒ‿hé‿tā qù dòngwùyuán kàn‿hóuzi.

（星期天，我和她去动物园看猴子。）（男声）

Xīng-qī-tiān, / wǒ-hé-tā qù dòng-wù-yuán kàn-hóu-zi.（音节切分）

Xīngqītiān, / wǒ‿hé‿tā qù dòngwùyuán kàn‿hóuzi.（重音类型分析）
   ②   ① ①   ①   ④

42. Wǒ‿jiāli yǒu / yéye, / nǎinai, / bàba, / māma, / dìdi / hé‿wǒ.

（我家里有爷爷、奶奶、爸爸、妈妈、弟弟和我。）（男声）

Wǒ‿jiā-li yǒu / yé-ye, / nǎi-nai, / bà-ba, / mā-ma, / dì-di / hé-wǒ.（音节切分）

Wǒ‿jiāli yǒu / yéye, / nǎinai, / bàba, / māma, / dìdi / hé‿wǒ.
 ① ②   ②   ②   ②   ②   ②   ③
（重音类型分析）

43. Cānjiā zhè‿cì huìyì‿de yǒu / gōngrén、/ nóngmín、/ xuéshēng、/ gànbù、/ zhànshì、/ zhíyuán,/ lǎo-lǎo-shào-shào, / nán-nán-nǚ-nǚ.

（参加这次会议的有工人、农民、学生、干部、战士、职员，老老少少，男

男女女。)(男声)

Cān-jiā zhè-cì huì-yì-de yǒu / gōng-rén、/ nóng-mín、/ xué-shēng、/

gàn-bù、/ zhàn-shì、/ zhí-yuán,/ lǎo-lǎo-shào-shào,/ nán-nán-nǚ-

nǚ.(音节切分)

Cānjiā zhè cì huì yì de yǒu / gōngrén、/ nóngmín、/ xuéshēng、/
　　　①　　①　　①　　　②　　　　②　　　　②　　　　②

gànbù、/ zhànshì、/ zhíyuán,/lǎo-lǎo-shào-shào,/ nán-nán-nǚ-nǚ.
　②　　　②　　　　②　　　　②　　　　　　　　③

(重音类型分析)

44. Wǒmen mǎi le hěn duō shuǐguǒ,/ yǒu píngguǒ、/ pútao、/
xiāngjiāo、/ yòuzi、/shānzhā、/ xīguā、/ fènglí、/ bōluó.

(我们买了很多水果,有苹果、葡萄、香蕉、柚子、山楂、西瓜、凤梨、菠
萝。)(男声)

Wǒ-men mǎi-le hěn-duō shuǐ-guǒ,/ yǒu píng-guǒ、/ pú-tao、/
xiāng-jiāo、/ yòu-zi、/ shān-zhā、/ xī-guā、/ fèng-lí、/ bō-luó.(音节
切分)

Wǒmen mǎi le hěn duō shuǐguǒ,/yǒu píngguǒ、/pútao、/xiāngjiāo、/
　　　①　　①　　①　　　②　①　　②　②　　　②

yòuzi、/shānzhā、/ xīguā、/fènglí、/bōluó.(重音类型分析)
　②　　　②　　　②　　②　　③

45. Zhè tiáo kùzi yǒudiǎn cháng.(这条裤子有点长。)(男声)
Zhè-tiáo kù-zi yǒu-diǎn-cháng.(音节切分)
Zhè tiáo kùzi yǒudiǎn cháng.(重音类型分析)
　①　①　　　　③

46. Nǐ yào qù chī fàn?(你要去吃饭?)(男声)
Nǐ-yào qù-chī-fàn?(音节切分)
Nǐ yào qù chī fàn?(重音类型分析)
①　　　　④

47. Tā xiǎng dāng yī míng yǔhángyuán.(他想当一名宇航员。)(男声)
Tā-xiǎng dāng-yī-míng yǔ-háng-yuán.(音节切分)

Tā‿xiǎng dāng‿yī‿míng yǔhángyuán. (重音类型分析)
　　　①　　　　　　①　　　　　　③

48. Tā shì‿bù‿shì lǎo‿dǎjià? (他是不是老打架?)(男声)

Tā shì-bù-shì lǎo-dǎ-jià? (音节切分)

Tā shì‿bù‿shì lǎo‿dǎjià? (重音类型分析)
　　①　　　　　①　　　　　④

49. Mǎi zhè‿tào fángzi / xūyào hěnduō qián. (买这套房子需要很多钱。)
(男声)

Mǎi zhè-tào fáng-zi / xū-yào hěn-duō qián. (音节切分)

Mǎi zhè‿tào fángzi / xūyào hěnduō qián. (重音类型分析)
　　①　　　①　②　　　①　　　③　①

50. Tā tǎoyàn tā‿bà? (他讨厌他爸?)(男声)

Tā tǎo-yàn tā-bà? (音节切分)

Tā tǎoyàn tā‿bà? (重音类型分析)
　①　　①　　　④

51. Tā‿jiā li yǒu lìu‿kǒu‿rén. (他家里有六口人。)(男声)

Tā-jiā-li yǒu lìu-kǒu-rén. (音节切分)

Tā‿jiāli yǒu lìu‿kǒu‿rén. (重音类型分析)
　　①　　①　　③

52. Xiǎomíng chéngjì hěn‿chà? (小明成绩很差?)(男声)

Xiǎo-míng chéng-jì hěn-chà? (音节切分)

Xiǎomíng chéngjì hěn‿chà? (重音类型分析)
　　①　　　①　　　④

图书在版编目(CIP)数据

俄汉语流重音声学实验对比及应用研究 / 徐来娣著.
— 南京:南京大学出版社,2016.12
ISBN 978 - 7 - 305 - 17836 - 8

Ⅰ. ①俄… Ⅱ. ①徐… Ⅲ. ①语音—对比研究—俄语、
汉语 Ⅳ. ①H351②H11

中国版本图书馆 CIP 数据核字(2016)第 260575 号

出版发行 南京大学出版社
社　　址 南京市汉口路 22 号　　　　　　邮编　210093
出 版 人 金鑫荣

书　　名 **俄汉语流重音声学实验对比及应用研究**
著　　者 徐来娣
责任编辑 沈清清　　　　　　　　　　编辑热线　025 - 83685856

照　　排 南京理工大学资产经营有限公司
印　　刷 南京玉河印刷厂
开　　本 787×1 092　1/16　印张 17.5　字数 268 千
版　　次 2016 年 12 月第 1 版　　2016 年 12 月第 1 次印刷
ISBN　978 - 7 - 305 - 17836 - 8
定　　价 55.00 元

网　　址:http://www.njupco.com
官方微博:http://weibo.com/njupco
官方微信号:njupress
销售咨询热线:(025)83594756